清风荷韵

清廉河南建设论文集

"清风荷韵·中原廉文化"系列活动组委会 / 编

郑州大学出版社

图书在版编目(CIP)数据

清风荷韵：清廉河南建设论文集／"清风荷韵·中原廉文化"系列活动组委会编. -- 郑州：郑州大学出版社，2024. 8. -- ISBN 978-7-5773-0547-9

Ⅰ. D630.9-53

中国国家版本馆 CIP 数据核字第 2024KU0393 号

清风荷韵——清廉河南建设论文集

QINGFENG HEYUN QINGLIAN HENAN JIANSHE LUNWENJI

策划编辑	席静雅	封面设计	苏永生
责任编辑	席静雅	版式设计	王　微
责任校对	郜　静	责任监制	李瑞卿

出版发行	郑州大学出版社	地　　址	郑州市大学路40号(450052)
出 版 人	卢纪富	网　　址	http://www.zzup.cn
经　　销	全国新华书店	发行电话	0371-66966070
印　　刷	河南龙华印务有限公司		
开　　本	710 mm×1 010 mm　1／16		
印　　张	14.75	字　　数	228千字
版　　次	2024年8月第1版	印　　次	2024年8月第1次印刷

书　　号	ISBN 978-7-5773-0547-9	定　　价	72.00元

本书如有印装质量问题，请与本社联系调换。

编委名单

着力开辟党媒引领廉洁文化宣传的新路径

反腐败是最彻底的自我革命。习近平总书记在二十届中央纪委三次全会上的重要讲话中明确指出,自我革命要"以跳出历史周期率为战略目标"。二十届中央纪委三次全会明确要求,"把新时代廉洁文化建设融入党的宣传思想文化工作,充分挖掘优秀传统廉洁文化丰富内容,积极宣传廉洁理念、廉洁典型,注重家庭家教家风建设"。党中央关于自我革命和纵深推进"不想腐"的重要论述,为我们加强新时代廉洁文化建设进一步指明了方向。

河南日报社在河南省纪委监委的指导下,联合周口市纪委监委,依托中原大地得天独厚的历史人文和自然生态,以"莲"和"廉"为主题,连续9年举办"清风荷韵·中原廉文化"系列活动。9年来,在"以河南日报社牵头推动,高校及研究机构提供理论支撑,地方纪委监委为工作基地"的工作机制推动下,"清风荷韵·中原廉文化"系列活动形式不断丰富,影响不断扩大,逐步发展成为涵盖廉洁书画篆刻作品展、中原廉文化研讨会、全国廉政征文、廉洁情景剧巡演、文艺汇演的廉洁文化系列活动,推动廉洁文化融入社会发展各方面、全过程,体现出了蓬勃的生命力和时代价值,为清廉河南建设持续营造良好氛围,探索出一条由党媒引领廉洁文化宣传的新路径。

反腐败工作必须要有理论指导。应当说,这些年我们在反腐败实践方面力度和成效前所未有,但反腐败理论研究相对薄弱,远远落后于反腐败实践。理论如果松松垮垮根本不能解决问题的话,反腐败工作就可能会失效。

所以我们必须高度重视反腐败理论的研究和指导工作。

自 2016 年第二届"清风荷韵·中原廉文化"系列活动开始,增加了"中原廉文化"研讨会和廉洁征文活动,有力助推了河南廉洁文化理论研究向前推进。从"微腐败治理","党员干部作风建设"到"基层反腐败与国家治理现代化""基层反腐败与乡村治理现代化""清廉河南建设的实践与思考"等,研讨会和征文主题紧扣时代脉搏,具有更加鲜明、深刻的理论意义和实践意义。来自北京大学、中国社科院、中南财经政法大学、华中师范大学、北京航空航天大学、郑州大学、河南省社会科学院等大中专院校和科研机构的近百名专家学者围绕论坛主题进行了学术研讨并建言献策,为深入推进清廉河南建设提供了智力支持。截至目前,"清风荷韵·中原廉文化"廉洁主题征文活动共征集论文近千篇,出版《微腐败治理》《基层反腐败与国家治理现代化》《基层反腐败与乡村治理现代化》等论文集,搭建了理论与实践同频共振的平台。周口市淮阳区"四化三查""微权四化"、"二单三问"、巡察村居暨综合治理经验等看得见摸得着的经验做法,都成为了实验田、样板间,为清廉建设提供了丰富的"冒热气、接地气"的研究对象。专家带队开展课题研究,形成的理论成果又为改进相关工作提供了参考和借鉴,通过专业理论指导,进一步完善提高工作水平,推动这些好经验好做法走出河南,走向全国。

站在新的历史起点,2023 年"清风荷韵·中原廉文化"研讨会以"深入学习贯彻党的二十大精神,全面推进清廉河南建设"为会议主题。与往年一样,向全国的理论工作者和实务专家开放,围绕"大兴调查研究,推动新时代新征程纪检监察工作高质量发展""全面加强党的纪律建设的方法和路径""提高一体推进'三不腐'能力和水平""乡村振兴领域不正之风和腐败问题专项整治""优化营商环境监督治理,助推河南高质量发展""构建新时代廉洁文化建设共同体的实践与思考""家风家教在全面从严治党中的地位和作用""如何加强'一把手'和领导班子的监督""如何锻造'忠诚干净担当、敢于善于斗争'的纪检监察铁军""部门联动提高基层治理质效——淮阳区重点村居集中整治的实践探索"等相关分题开展了征文活动,为清廉河南建设工作建言献策、汇智聚力。本册论文集正是研讨会和征文活动主要理论成果的集萃,相信这些成果能带给读者朋友们不少的启发和助益。

2024年9月,"清风荷韵·中原廉文化"系列活动将连续十年在周口举办。主办方通过十年如一日的坚持,打造了全国范围内独具特色的廉洁文化品牌,其持续时间之长,丰富性之强,令人赞叹。这个系列活动不仅展示了河南深厚的文化底蕴和地域特色,更重要的是,它搭建了一个理论与实践交流的平台,促进了不同领域之间的思想碰撞和知识共享。在这个平台上,党政机关的政策导向和实践探索、媒体的传播力和社会影响力、学界的研究深度和理论创新得以有机结合。这个三方合作平台不仅为廉洁文化传播提供了坚实的基础,也为党员干部提供了学习和实践廉洁理念的机会,对引导广大党员干部崇廉、尚廉、践廉起到了积极的推动作用。

当然,如何使反腐败理论与实践同步,用实践推动理论发展、用理论更好指导实践方面,还有大量工作要做。期待未来的"清风荷韵·中原廉文化"系列活动特别是主题研讨会,能够进一步聚焦反腐倡廉的理论和对策研究,形成质量更高的理论研究成果,以更有力有效地为反腐败实践服务,更好地为清廉河南建设,为海晏河清、朗朗乾坤的清廉中国建设贡献智慧和力量。

中国纪检监察学院客座教授,中央纪委研究室原主任

李雪勤

2024 年 8 月 20 日

目 录

地方"一把手"监督的重点、难点和突破点

　　——基于河南省十八大以来查处的市县委书记腐败案例

　　分析 …………………………………… 乔德福　米　多／001

文化与腐败关系视角的廉洁文化建设 ………………… 任建明／015

推动完善基层监督体系:价值意蕴、现实困境与实践进路

　　………………………………………………… 刘　刚／029

以群众监督制度化健全党和国家监督体系 …………… 纪亚光／041

媒介信息与认知态度:青年干部清廉感知的影响机制研究

　　——基于反腐新闻"框架效应"视角 ………… 杜晓燕　高雪莲／053

国际比较视野下一体推进"三不腐"的治理效应与治理智慧

　　………………………………………………… 李红权／071

以组织建设和制度建设推进基层腐败治理 ………… 肖岚支　杨英杰／096

纪检监察干部腐败行为的生成机理研究

　　——基于扎根理论的探索性分析 ……………… 谷志军　曾　言／106

"微腐败"行为动机及治理策略

　　——基于礼物交换理论的分析 ……………………… 张自永／132

新征程上强化党的政治监督的核心要义与路径选择

　　………………………………………………… 陈　静／144

关于清廉家风建设的实践与思考 ……………………………… 赵　亮／153

从组织治理到清廉智治：党建引领基层治理的淮阳路径 …………………
　　……………………………………………… 袁方成　毕思艺／163

"清风荷韵"与淮阳沃土
　　——"清风荷韵·中原廉文化"系列活动的实践与思考
　　……………………………………………………… 徐喜林／177

县委书记腐败问题及其治理研究
　　——基于99份判决书的质性分析 ………… 崔会敏　时永航／189

新时代党的廉政文化建设：历史脉络、现实困境与提升路径
　　………………………………………………… 潘　杰　徐玉生／212

地方"一把手"监督的重点、难点和突破点

——基于河南省十八大以来查处的市县委书记腐败案例分析

乔德福　米　多①

加强市县委书记廉政监督是贯彻落实《中共中央关于加强对"一把手"和领导班子监督的意见》(文中简称《意见》)的基本政治要求。通过党的十八大以来河南省查处的 17 个市委书记腐败案、75 个县委书记腐败案分析显示:市县委书记岗位腐败风险集中在干部人事工作、企业经营地产工程、亲属贪利、生活腐化等方面。破解市县委书记监督难题,必须把市县委书记岗位廉政风险点作为加强市县委书记廉政监督的重点;而腐败的市县委书记政治不端、决策不民主、用人不公、生活不廉等行为难以监督;破解市县委书记廉政监督难题,必须在压实上级重点监督、规范班子日常监督、完善选任考核监督、强化权力运行监管、改进权力社会监督、实施预警靠前监督上创新突破。

上梁不正下梁歪,中梁不正倒下来。市委书记处于承上启下的重要位置,是党治国理政的重要骨干力量。"郡县安,天下治。……县委是我们党执政兴国的'一线指挥部',县委书记是'一线总指挥'"。《意见》要求:"破解对'一把手'监督和同级监督难题,必须明确监督重点,压实监督责任,细化监督措施,健全制度机制。"当前,破解对市委县委书记廉政监督难题,是各省市委贯彻落实《意见》的基本政治要求。为此,明确市县委书记廉政监

---

①　作者简介:乔德福,1962 年生,男,华北水利水电大学清廉中国研究中心主任、教授,主持完成 3 项国家社科基金项目;米多,1995 年生,男,东北师范大学政法学院博士研究生。

督重点,把握市县委书记廉政监督难点,探寻破解市县委书记廉政监督突破点,对深入贯彻落实习近平总书记在十九届中央纪委五次全会上的讲话精神和《意见》具有重要意义。

一、市县委书记廉政监督重点

(一)第一大廉政风险点——干部选拔人事调整

调查显示:干部选拔、人事调整、换届选举是市委书记最为集中的廉政风险点。查处的市县委书记腐败案例中,在干部提拔人事调整工作中收受贿赂的市委书记达100%,县委书记90%以上。17个市委书记都涉及干部职务升迁、岗位调整、工作调动而违规收受礼品礼金或违法收受贿赂。洛阳市原市委书记陈雪枫"违规插手原任职单位人事安排";信阳市原市委书记王铁"在省委换届前搞拉票活动";焦作市原市委书记孙立坤在2013年至2015年为孟小军职务调整提拔,3次接受贿金人民币共计60万元;安阳市原市委书记张笑东接受36人100多次贿赂,其中党政机关干部是行贿主体,30人跑官买官,占行贿人数的83.3%。公开的44个县委书记腐败案,93%涉及职务晋升、岗位调整、工作安排调动。

(二)第二大廉政风险点——企业经营地产工程

调查显示:市县委书记岗位腐败的领导干部几乎都违规插手企业经营、房地产项目工程而收受贿赂。17个市委书记不同程度地违规插手企业经营、地产工程、项目建设,大搞权钱交易,在企业发展、资金周转贷款、地产开发、土地出让、土地规划审批、工程承揽、项目立项招标等领域给企业提供帮助,违规收受礼金礼品,违法收受贿赂。最为突出的是驻马店市原市委书记刘国庆收受东方金典集团有限公司张某甲人民币2000万元、驻马店市博远房地产开发有限公司张某乙人民币1000万元、驻马店市开发区嘉富城置业有限公司王某人民币1500万元,为他们承揽工程、地产开发提供帮助;安阳市原市委书记张笑东先后4次收受河南某实业集团公司董事长丁某人民币共 113 万元,为该公司协调解决房地产项目建设和缓解资金压力提供帮助;焦作市原市委书记秦玉海收受北京商人曹某 580 万元的摄影器材以及包揽摄影过程中的各项经费,帮助曹某公司承揽云台山公司在北京、南京、上海等城市的地铁广告业务。90% 以上的县委书记贪腐涉及插手土地审批、工程项目、企业经营。公布的 44 个县委书记岗位腐败案,95% 涉及违规插手土地征购审批、房地产开发、承揽工程、资金贷款审批、工程款拨付、协调资金周转、业务发展、企业经营等,与商人勾肩搭背、政商不清收受贿赂。

(三)第三大廉政风险点——权力外溢亲属贪利

调查显示:70% 以上在本县就地提拔县委书记,80% 以上县委书记在本市就地提拔副市级领导干部,80% 以上在市长岗位上就地提任市委书记,形成了市县生活工作同学圈、老乡圈、亲属圈,熟人政治凸显;市县委书记权力外溢至家庭成员和近亲属极为明显,权力腐败家族化现象十分突出。17 位市委书记,15 人是从市长就地提选任,占 88.2%;15 人中有 13 人在市长市委书记岗位连续腐败,占 86.6%。17 个市委书记中家人亲属卷入、共同聚敛钱财形成家族式腐败窝案串案的有 10 人,占 58.8%。97% 的是在本市选任为县委书记;县长选任县委书记 69 人,县长就地选任县委书记 55 人,占 80%;县委书记提拔副厅领导干部 53 人,在本市提拔的 44 人,占 83%。市县区域同学、老乡、亲属生活交往甚密,容易衍生优亲厚友的"朋友圈"、排除异己的"工作圈"、作风糜烂的"生活圈"、利益输送的"亲属圈",共腐共荣的"关系圈",为节日期间收受礼金、吃喝玩乐、搞熟人政治提供了便利条件。一是直接插手,为家人亲属非法牟利。焦作市原市委书记杨树平为侄子杨中华承揽工程、催要工程款给三门峡有关单位打"招呼";安阳市原市委书记靳绥东"利用职权和职务影响,向私营企业主借车供其家属长期无偿使用";信阳市原市委书记王铁"利用职权和职务影响为亲属经营活动等提供帮助";洛阳市原市委书记陈雪枫"违规帮助亲属解决私人事务"。二是亲属贪利,利用影响力受贿。焦作市原市委书记秦玉海妻子堂妹吴贺艳、焦作市原市委书记路国贤妻子和内弟付建庄夫妇二人、郑州市原市委书记吴天君儿子吴建业和妹夫姬广远、信阳市原市委书记王铁弟弟王磊都利用影响力帮助私人公司承揽项目而受贿获刑。三是夫妻联手,共同聚敛钱财。洛阳市原市委书记陈雪枫之妻孟某借女儿结婚之际,以"压箱钱"的名义收受梁志强贿金人民币300万元;焦作市原市委书记秦玉海及其家人赴外地摄影或参加摄影展的所有费用由云台山公司买单;三门峡市原市委书记赵海燕"半路夫妻"再成贪腐"同命鸟",落马690天后老公张锦同因受贿被查。鄢陵县原县委书记谢连章收受64人483次贿赂,其中春节、中秋节收受46名418次贿赂,节日受贿次数占86.5%,人数占71.9%。

(四)第四大廉政风险点——贪图享乐生活腐化

调查显示:热衷于灯红酒绿、贪图吃喝玩乐、纵情声色犬马、生活腐化奢靡、道德败坏堕落、权色钱色交易,追求腐朽生活方式,突破法纪和道德底线是市县委书记腐败的突出问题,也往往是其坠入腐败深渊的起点。一是生活腐败,吃喝玩乐,作风问题严重,与女性保持不正当关系。从纪委和官方媒体通报看,周口市原市委书记徐光"违反中央八项规定精神,多次接受可能影响公正执行公务的宴请";信阳市原市委书记王铁"违反生活纪律";安阳市原市委书记张笑东"生活作风问题严重""生活腐化";洛阳市原市委书记陈雪枫"严重违反中央八项规定精神,违规出入私人会所","搞权色、钱色交易",与特定关系人一起收受贿赂;三门峡市原市委书记赵海燕在省委党校学习期间大搞婚外恋,"家风败坏透顶";焦作市原市委书记秦玉海"挥霍浪费公共财产","长期与人通奸","与特定关系人受贿";正阳县原县委书记赵兴华"低于中华烟不抽、低于茅台酒不喝、低于三千元的饭不吃",外号叫"赵中华""赵茅台""赵三千"。二是权色交易、钱色交易。安阳市原市委书记靳绥东"道德败坏,搞权色、钱色交易";郑州市原市委书记吴天君权色交易,"通过特定关系人索取、非法收受他人财物";辉县原县委书记崔学勇在与妻子婚姻存续期间,与李某长期保持不正当两性关系,生育一女一子;被"周口杨红霞"牵涉出来的西华县原县委书记王田业、商水县原县委书记马卫东权色交易;等等。三是包养情人。如唐河县原县委书记和学民包养情人,与情人合谋,共同受贿逾百万元。

二、市县委书记廉政监督难点

(一)市县委书记政治不端难监督

一些市县委书记本位主义、好人主义、宗派主义思想严重,有的市县委书记搞圈子文化、码头文化,刷两面派,做两面人,很会伪装,喜欢表演作秀,表里不一、欺上瞒下,说一套做一套,台上一套、台下一套,当面一套、背后一套,手腕很高明。这种政治生活中的不端行为上级难发现,群众难以检举监督。有的口头上表态坚定不移反腐败,背地里对领导干部的问题线索不追问不报告;有的张口"廉洁"、闭口"清正",私底下却疯狂聚财。如焦作市原市委书记孙立坤自称 2014 年一年 67 次批示反腐败工作,3 次为县处级以上党员领导干部上廉政党课,4 次通报典型案例,幕后大搞贪腐。有的公开场合要党员、干部坚定理想信念,背地里自己不敬苍生敬鬼神,笃信风水、迷信"大师"。如赵海燕任三门峡市市长、市委书记期间多次找风水大师调整风水,到五台山烧香拜佛;为保佑自己仕途顺利,在其新乡公务员小区住宅里供奉弥勒佛、菩萨,经常打电话提醒其父亲每月初一、十五代其上香;多次找大师为其三门峡市政府的办公室、郑州和新乡的住宅以及祖坟调整风水,并随身携带大师所送护身符。

(二)市县委书记决策独断难监督

市县委书记是一个市县重大事项的决策者、组织者、推动者,又是党风的示范者、引领者,一言一行都是导向,都是影响社会的风向标。有的市县委书记只讲集中不讲民主,习惯于逢事先定调,重大问题不经班子成员充分酝酿和讨论拍板,甚至对多数人的意见也置之不理。有的市县委书记不遵守民主决策制度,重大决策不仅不征求社会意见,甚至绕过集体民主决策程序,自决其策,就连"三重一大"事项的决策也是封闭运行,暗箱操作成常态,独断专行、作风霸道,搞家长制、"一言堂",个人凌驾于组织之上,党内民主得不到充分保障,权力得不到有效制约。有的市县委书记决策随意性很大,常常要么"新官不理旧账",随意改变前任发展规划;要么"三拍"决策,搞幕后权钱交易,组织和群众难以监督。如郑州市原市委书记吴天君因城中村改造被市民称为"一指没""吴一指""吴太君";驻马店市原市委书记刘国庆在驻马店郊区强拆现场被村民怒斥"土匪",刘国庆居然回答"我就是土匪,你们又能把我怎么着"。

(三)市县委书记用人不公难监督

吏治腐败是最大的腐败,用人不公是吏治腐败的突出表现。有的市县委书记公然或隐蔽地违背党的"任人唯贤、德才兼备"原则,不公正、不公道、不公平地使用干部,热衷于小圈子用人,划线用人,直接提名"自己人";有的市县委书记钻民主选拔任用干部制度的空子,假干部人事制度改革之名、行任人唯亲之实,披着民主的外衣,"运用"选人用人制度改革的"手段",开辟自己的"运作"空间;有的市县委书记借着民主推荐和民主选举的名义,由过去的"暗箱操作"变为"合法"任用,让人觉得合情合理,使任人唯亲更具欺骗性、隐蔽性,更难以监督。最典型的做法就是一些市县委书记行使"初始提名权","合法化"任人唯亲,导致一些地区"不跑不送、降职使用,只跑不送、原地不动,又跑又送、提拔重用"时常出现,滋生拉票贿选、买官卖官腐败现象。如三门峡市原市委书记赵海燕在担任市委书记后疯狂卖官,不到一年调整处级干部近百人,三门峡下辖的6个县(市、区)委书记,调整了5个。2012年至2016年春节期间,赵海燕在办公室先后9次接受灵宝市原市委书记李宏伟贿款共计100万元,媒体称之为"卖官书记",在中组部2016年10月通报的7起违反换届纪律典型案例中被列为第一号。汝州市委书记李全胜违规处置100多个单位正职子女编制,调整正科级干部六次,就连司机出身的也被选拔为副局长。

(四)市县委书记生活不廉难监督

习近平总书记在十八届中纪委六次全会上指出:"从近年来查处的腐败案件看,家风败坏往往是领导干部走向严重违纪违法的重要原因。不少领导干部不仅在前台大搞权钱交易,还纵容家属在幕后收钱聚财,子女等也利用父母影响经商谋利、大发不义之财。"有的市县委书记将权力私有化、家族化,一人得道,鸡犬升天,特权腐败福荫子女亲友,形成"一人当官、家属享受、全家腐败、全族沾光"的现象。有的直接插手,为家人亲属非法牟利;有的亲属贪利,利用影响力受贿;有的夫妻联手,共同聚敛钱财;有的生活腐化堕落、道德败坏、权色交易、包养情人突破法纪和道德底线;有的利用节日收受礼金、吃喝玩乐、生活腐化等。市县委书记八小时之外的活动基本上处于封闭状态,生活行为很隐蔽,普通群众对其生活圈、社交圈、娱乐圈中的个人和家庭生活不廉行为难以发现。

三、破解市县委书记廉政监督难题突破点

(一)压实上级同级对市县委书记监督责任,强化重点监督

1.强化上级党委主体责任,规范党委书记第一责任人的监督

一是强化市县委书记关键节点监督。在市县委书记上任离任之际、节假日前、婚丧嫁娶前后、升迁调动前后等关键节点,省委书记、市委书记分别对市委书记、县委书记及时谈话提醒,强化任职离任和节日教育;任前加强以案促改和监狱体验式警示教育,强化红色基因。

二是规范日常谈话提醒监督。省委书记、市委书记视察检查工作时分别对市委书记、县委书记经常"咬耳出汗、红脸扯袖","沟通互动"发现问题,重点监督提醒其思想、工作和廉洁自律方面存在的问题;按照"四种形态",对市县委书记苗头性问题分类处置,抓早抓小、防微杜渐,及时把问题消灭在萌芽状态。

三是实施市县委书记家庭生活重大事项和个人财产申报核查审计公示制。建立市县委书记家庭财产和生活重大事项年度申报核查审计公示制,将市县委书记本人和家人的银行卡纳入申报事项进行备案核查。新提任的市委县委书记将申报核查结果纳入干部考察任用公示事项之内,在原任和现任地机关单位进行公示,延长公示期(半月为宜),加大社会监督力度;在任的市县委书记将申报核查结果分别在当地市领导干部、县管领导干部范

围公开。建立拒报、瞒报、虚报行为的发现和惩处机制,对市县委书记年度个人财产申报实行全部核查,从严问责申报不实不全或隐瞒不报、不按规定报告个人有关事项行为。实施市县委书记家庭经济审计监督制度,坚持凡用必审、先审后用、凡离必审、先审后离的原则,推行市县委书记任前、任职年度和离任家庭经济审计监督,充分运用不动产登记平台、公安车辆管理等相关信息系统,严格审核审计新提新任和离任市县委书记的家庭房产、车辆、子女出国留学费用、家属子女经商、各类投资理财、各类收入、家人本人生病住院、婚丧嫁娶等家庭生活重大事项的经济收支情况,审察其任职期间家庭收入是否异常。将市县委书记本人及配偶的银行卡纳入申报事项进行备案核查,以便在任前和离任时审查其家庭是否有不当经济收入、生活支出是否连续多年大于收入等异常情况,对异常情况列入苗头性问题实施合法管控,阻止带病上岗现象发生。

2. 紧盯廉政风险点,加强巡视专项监督

省委巡视组紧盯选人用人、工程项目、地产开发等重点领域的突出问题,瞄准关键环节,推进市县委书记廉政风险专项巡视。

一是开展干部选拔任用专项巡视,实施带病提拔倒查制度。完善防止干部"带病提拔"实施细则,坚决把住干部选任工作的底线,对市县委政府换届和年度大规模调整提拔干部进行专项巡视。推进跑官要管、买官卖官黑名单制,凡有买官行为的干部一律处理,轻微的实行召回制,给予降级处理和党纪处分,已退休的降级或撤销待遇;严重的按行贿罪移送司法,净化政治生态。

二是开展房地产、重大工程建设、项目立项审批、招投标专项巡视,优化发展环境。推行地产工程、项目立项审批和招投标全面倒查制,对暗箱操作公开不够、审批权力集中、程序不规范、亲属利益回避不严、招投标走形式、领导干部越权越位插手等问题全面倒查。实行地产开发、工程项目招投标、物资设备采购等工作商家清廉公开承诺、签订清廉协议制度,推行行贿黑名单制,阻断围猎链条。

三是紧盯"三重一大"问题,实施重点监督。聚焦社会舆论热点"主动出击"实施跟踪监督,省纪委监委根据社会舆论热点、群众举报及突发事件"主动出击"深入市县委书记所在地,进行专题监督,及时发现问题。

3. 规范同级对市县委书记监督方式,强化日常监督

一是按照"兰考模式"规范民主生活会。严格定期召开民主生活会制度,规范民主生活会内容,坚持省委主要领导和纪委监委、组织部门主动派员参加市县委民主生活会制度;市县委常委对市县委书记开展批评和自我批评要态度鲜明,真正红脸出汗。

二是规范纪委同级监督形式。市县纪委要定期将市县委书记落实主体责任、执行民主集中制、廉洁自律等情况向省纪委报告;要把市县纪委向省纪委报告市县委书记主体责任和廉洁状况纳入考核市县纪委监督责任的重要内容。

三是实施年度考核单独评价制。市县委常委在省市委对市县委年度工作和党风廉政建设责任制考核时采取两点论对市县委书记综合评价,不仅要评价优点,而且要评价不足,尤其是在政治监督、廉政风险监督方面存在的突出问题。

(二)完善市县委书记选任管理制度,强化考核监督

1. 完善市县委书记选拔考察制度

一是建立干部人事工作管控机制。推进干部选拔任用工作年度审核备案制,严控届中干部调整的次数和人数,防止市县委书记每年大幅调整干部。

二是改进市县委书记选拔考察方式。扩大考察范围,在任职时间上,可以往前延伸两个领导岗位考察任职工作情况和廉洁情况;在区域上,不但要考察在本地任职的情况,还要考察在其他地区或行业任职的实际情况;在人员上,扩大考察测评参与主体,要覆盖同级、下级两级干部参与考察测评谈话。延长公示期,在原任单位进行公示的基础上,扩大公示范围,并适当延长公示期至一个月,扩大群众知情权,加大社会监督力度。扩大考察内容,不仅要考察当下的工作业绩、民意、廉洁状况,还要结合以往的表现和作风,全面考察其是否表里如一、一贯如此;不仅考察单位党组织和干部的民主推荐意见,而且要综合考察网络舆情、信访举报、省委巡视中群众反映的问题。

2. 健全市县委书记日常工作生活行为规范机制

一是加强市县委书记上任和离任管理。规范市县委书记调动随带工作人员,严禁市县委书记亲属(除爱人经省委组织部报备批准外)随调市县党政机关事业单位和国有企业。严格市县委书记离任管理,严惩离任后违规插手原任单位人事安排、企业经营、工程项目招投标等事项,防止兑现期权腐败。

二是规范市县委书记工作生活特殊事项。全面推行市县委书记官邸制,清理市县委书记工作生活特权事项,加强节日生活行为监管;实行市县委书记职务消费专项管理审计制度,管控职务消费。

三是建立市县委书记亲属违规经商办企业问题专项治理长效机制,严禁亲属在市县党政机关、事业单位、国有企业开展商业活动、承揽工程项目。

3. 推行市县委书记巡视整改专项评估监督

一是建立巡视整改促进评估机制。对市县委书记巡视整改主体第一责任人履职情况单独评估,压实市县委书记整改第一责任人的主体责任,督促整改落实到位。

二是建立市县委书记巡视整改促进机制。健全市县委巡视整改问题台账督导信息系统,持续跟踪监督。建立巡视整改问题清单、任务清单、责任清单、时限清单,实施问题整改认领签字背书,建立巡视整改问题销号台账,开展"回头看",强化整改全程持续跟踪督查,实施年度考核与巡视整改双向印证、双向促进制,推进问题整改常态化公开化,督促真改实改。

三是实施重点问题整改专项督导。对市县存在的党的十八大后不收手、不收敛,问题线索反映集中、群众反映强烈的买官卖官、房地产工程等重点领域的腐败和违背中央八项规定精神的突出问题进行集中督导,限期整改;对履行巡视整改主体责任不力的市县委书记采取党纪处理和组织调整措施严格问责。

(三)限定市县委书记权力行使范围,强化权力监管

1. 推行市县委书记岗位廉政清单制度

一是明确省市县层级权限。明确省、市、县各行政层级权力责任,市县

党委与政府、职能部门之间的权力边界。

二是推行市县委书记岗位廉政清单制度。公开权力责任清单、廉政风险清单、权力运行流程,划定工作生活行为风险底线,接受社会公众监督。

三是实施市县委书记清廉公开承诺制。市县委书记上任时分别向市政领导班子和市管干部、县级党政领导班子和县管干部公开做出"清正廉洁从我做起,廉洁向我看齐,请大家监督我的行为"廉政承诺,主动接受社会监督,带头做清正廉洁的模范。

2. 适度限定市县委书记的权力

一是实施市县委书记"五不直管制度"。严格实行市县委书记不直接分管财务、人事、工程项目建设、行政审批、物资采购的"五个不直接分管",通过明确分管副职领导分工,建立起"副职分管、正职监管、集体领导、民主决策"的权力运行工作机制。

二是限定市县委书记权限。限定市县委书记调整干部动议权、推荐干部权、干部调整方案审查权、临时动议决策权、财务审批权、工程项目审批等权力,减少市县委书记自由裁量权。

三是完善省级公共资源交易管理细则。完善省级招投标管理办法,建立省级招投标专家库,健全网上通信评审和会议评审相结合、域内域外专家相结合、专家利益回避机制;进一步规范市县地产工程项目立项招投标监管,划定市县委书记招投标工作红线,严禁越权越位非法干预招投标市场。

3. 健全依法民主公开决策机制

一是完善"三重一大"民主公开决策程序。实行重大决策市县委书记末尾发言制,划定市县委书记决策红线,把公民参与、专家论证、风险评估、合法性审查、集体讨论决定确定为市县委重大决策法定程序。

二是建立市县委内部重大决策合法性审查机制。规范市县委重大决策程序和内容合法性审查制度,实施市县委书记工作生活待遇廉洁评估制度,防止市县委书记职务消费、特权待遇失廉行为。

三是建立重大决策终身责任追究制度及责任倒查机制。实施市县委重大决策签名票决制,规范重大决策记录档案,对决策事项提议、谈论、表决等情况全程记录,强化终身负责。

（四）推进市县委书记权力公开机制,强化社会监督

1. 健全市县委书记权力公开运行机制

一是规范市县委书记权力公开行使管理细则。建立权力运行电子监控体系,推进市县党务政务财务网上公开、政务审批网上运行、公共资源网上交易、财政资金网上流通、社会监督网上实施,发挥权力运行电子留痕作用。

二是建立省市统一的公共资源交易平台。完善公共资源交易管理细则,规范公共资源交易平台统一交易,加大社会监督力度。

三是严格按照《政府信息公开条例》推进市县党务政务财务公开制度,制定市县党务政务财务公开评价指标体系,将市县党务政务公开结果作为市县委书记年度考核的重要指标内;推动市县委书记工作信息和职务消费在一定范围内公开。

2. 完善市县干部人事工作公开制度

一是实行新进人员计划年度审核备案制,严格推进事业编制人员集中公开招录制度,防止市县委书记违规插手事业编制人事调动。

二是进一步推进市县领导干部民主公开考察选拔任用制度,实行领导干部选拔市县委常委会民主票决制。

三是实行干部人事公开承诺制。市、县党委政府换届之前集中开展市县委书记买官卖官警示教育,签订远离贿选买官卖官公开承诺书。

3. 实施市县委书记年度单独考核公开制

一是推行市县委书记年度单独考核制,突出市县委书记工作特点,在年终考核测评和班子考核报告中对市县委书记年度考核单独画像,着重考察市县委书记"五不直管"、工作生活利益回避、带头执纪等问题,实行单独测评、单独谈话评价,推进"全扫描、全杀毒、全体检",掌握廉洁状况,排查廉政风险隐患。

二是公开考核方式和结果。在市管干部和县管干部范围内分别公开市县委书记考核方式和结果;强化考评结果的运用,将考评结果与其任免、奖惩挂钩,对综合考核排序后10%的市县委书记按干部管理权限分类提醒谈话,对连续3年以上排序在后10%的市县委书记采取组织调整措施,调离市

县委书记岗位。

三是建立巡视问题与年度考核无缝对接机制。突出发现问题,规范年度考核组进驻前信息收集和考核后问题线索移交等工作机制,将中央和省委巡视工作中发现的问题纳入年度考察进行鉴别核实,做深做实做细考核工作,破除考核失真失实难题。

(五)实施市县委书记苗头问题预警,强化靠前监督

1. 建立市县委书记廉政风险预警信息系统,及时防范

一是建立市县域公共安全重大突发事件预警信息平台,全程跟进监督。对市县委书记贯彻落实党中央决策部署和重大突发事件防控组织领导主体责任热点问题及时跟踪督查,加强政治监督。

二是完善市县委书记廉政风险社会舆情预警信息系统,及时响应监督。省纪委监委利用"互联网+",构建"信、访、网、电"预警系统平台,建立覆盖省市两级的纪检监察、群众信访、生产安全、治安管理、房产信息等上下联动、左右协同、共同利用的廉洁情报信息管理系统平台,建立市县委书记家庭财产重大事项申报和离任审计、举报线索等情报预警信息库,建立网络媒体社会舆情问题线索研判查处机制,完善问题线索筛查、专业研判制度,及时立案监管处置。

三是建立苗头性问题日常监管台账。省纪委监委建立廉政风险蓝色、黄色、红色预警机制,列出市县委书记苗头性问题清单,及时开展苗头性问题谈话提醒;实施重点苗头性问题跟踪监测监督,一旦发现违法违规趋势,轻者警告并督促其改正,重者列入腐败预防对象,严密监控,按照"四种形态"给予及时处置。

2. 改进市县委书记廉政风险精准评估机制,抓早抓小

一是分类专项评估,增强针对性。对党的十八大后不收手不收敛、买官卖官、房地产工程腐败、违背中央八项规定等风险问题分类评估,完善市县委书记廉政风险防范措施,筑牢不能腐制度笼子。

二是年度集中评估,增强全面性。根据年度考核结果进行廉政风险评估,做实年度考核苗头性问题线索分析、甄别、研判排查,针对市县委书记苗

头性问题轻微者及时谈话提醒,重者派出"侦察兵"立案调查。

三是社会舆情评价,增强客观性。建立社会舆论、网络舆情腐败信息线索筛查、甄别、研判机制,精准确定不当行为,对有苗头性问题市县委书记纳入预警对象加强监管。

3.完善市县委书记腐败问题预警响应机制,严惩滥权

一是健全响应管理体制,强化组织领导。健全省纪委监委组织领导、省委省政府相关部门、市纪委监委参加的预警响应领导小组,实行统一决策、统一部署、统一指挥、统一推进、分项负责的组织管理体制。

二是健全等级响应机制,实施及时监督。按照Ⅰ级、Ⅱ级、Ⅲ级廉政风险防控监督响应机制,对市县委书记涉嫌腐败问题启动红色、橙色、黄色监督响应,分别实施立即立案处置、及时调查审查、适时调查核查。

三是充分运用"四种形态",精准公开问责。对有苗头性倾向性问题的,运用第一种形态及时约谈,防止小错酿成大错;对落实党中央和省委重大部署不到位、个人家庭财产和重大事项申报不实、违反中央八项规定精神、主体责任履职不实或失职失责造成不良影响的,运用第二种形态及时予以党纪政务轻处分,防止严重违纪违法;对在干部选任、地产工程项目建设等工作中涉嫌违纪违法的,运用第三种形态予以党纪政务重处分,防止其严重违法犯罪;对利用职务便利收受贿赂、贪污、挪用公款数额较大的极少数严重违纪违法犯罪的,运用第四种形态依法公开严惩,形成强力震慑。

参考文献

[1]季冬晓.建立领导干部廉政档案制度的几点思考[J],山东档案,2018
　　(6).

[2]乔德福.构建市级领导干部腐败风险防控机制的着力点[J],中州学刊,
　　2019(4).

[3]过勇,杨小葵.基于大数据的领导干部廉政监督机制研究[J],国家行政
　　学院学报,2017(1).

文化与腐败关系视角的廉洁文化建设

任建明①

文化与腐败研究的共识性结论是文化乃腐败之重要原因。文化相关术语应当统一为廉腐文化,应当基于狭义的文化概念对廉腐文化进行重新定义,从变量特性来看,廉腐文化在腐败原因解释框架中应当属于调节变量,对腐败动机和腐败机会产生调节作用。廉腐文化包括廉洁文化和腐败文化两种状态。为有效建设廉洁文化,深入研究腐败文化十分重要。从中国的一些地方和行业来看,已经形成了一些典型的腐败文化现象。基于典型腐败文化案例的分析表明,腐败文化可划分为传统文化习俗类与新型腐败习俗类,二者有着各自的形成过程与机制。腐败文化危害性极大,是滋生腐败的主要土壤之一。鉴于廉政文化建设实践效果不佳,有必要实施新型廉洁文化建设。依照内容的内在逻辑顺序,新型廉洁文化建设包括三项任务或三大步骤,即:发现并清除已经形成的腐败文化,实施防止新腐败文化产生的教育和防控措施,形成并不断巩固廉洁文化。

在腐败与反腐败研究领域,文化与腐败是一个重要的研究专题。不同时期、基于不同样本的实证研究达成了一个共识度很高的结论,即文化是腐败的重要原因。然而,已有研究仍存在许多问题与空白,亟待解决和弥补。另外,从我国近些年的反腐败实践来看,也必须重视文化与腐败的理论研究。其一,我国从 2005 年开始实施廉政文化建设计划,至今已有近 20 年时

---

① 作者简介:任建明,中国管理现代化研究会廉政分会理事长,北航公共管理学院教授、博导,北航廉洁研究与教育中心主任,主要从事廉政建设研究、政府管理研究。

间,其间投入了很多资源,开展了很多项目,做了大量的工作,但效果并不理想,甚至腐败文化还在局部范围内不断滋长。其二,从新时代前十年反腐败来看,持续的高压反腐虽然取得了不少成绩,但冷静观察发现,在"不敢腐""不能腐"方面似乎都遇到了一些"瓶颈"。这意味着对应于"不想腐"的廉洁文化建设可能大有用武之地。新时代廉洁文化建设能否在效果方面取得突破,也有赖于文化与腐败方面的深入研究提供理论和政策支撑。

一、理论反思与分析

鉴于已有研究存在的问题和空白,本部分从理论角度进行以下几个方面的反思和分析。

(一)文化术语的梳理、统一与定义

在关于文化与腐败的研究中,文化相关概念有:文化、政治文化(political culture)、组织文化(organizational culture),关系导向的文化(relationship-oriented culture),廉政文化、廉洁文化,腐败文化、腐败亚文化,等等。第一个问题是概念多而乱,不够严谨和明确。文化、政治文化、组织文化过于宽泛。关系导向的文化又过于狭窄。腐败亚文化本质上就是腐败文化,只是根据文化覆盖人群多少进行的分类。第二个问题是存在逻辑矛盾与错误。廉政文化、廉洁文化与腐败文化属于二元对立概念。依照理论研究的共识性结论,即文化是腐败的重要原因,如果此处的文化是腐败文化,没有问题;但如果此处的文化是廉政文化或廉洁文化,就会产生逻辑矛盾或错误。因为无论如何不能认可廉政文化或廉洁文化是腐败的原因。

鉴于上述问题,首先就有必要在梳理文化相关概念的基础上,尝试统一术语,以解决术语混乱和矛盾的问题。纵观文化与腐败的相关研究,其中的文化并不是广义的或宽泛的,而是有所特指的,具体地说,一定是与腐败和廉洁有关的文化。因此,可建议把术语统一为"廉腐文化"。这个新术语克服了之前已有的各种概念的绝大部分问题。在"文化"前加上"廉腐"限定,既克服了"文化""政治文化""组织文化"等概念过于宽泛的问题,也明确了

此处的文化是特指的,是与腐败和廉洁相关的。其次,"廉腐"限定也破解了"廉政文化""廉洁文化"与"腐败文化"二元对立概念所必然带来的逻辑矛盾与错误问题。可能有人会问,那"廉腐文化"究竟是"廉洁文化"还是"腐败文化"? 回答这个问题其实并不难,与腐败和廉洁有关的文化是动态的、连续变化的,腐败文化或廉洁文化只是对特定文化状态的定性概括。至于使用"廉腐文化"术语的其他好处,将在文化变量特性部分进行分析与回答。

其次,有必要对统一后的文化术语即"廉腐文化"进行界定。这有两个方面的原因:第一,"廉腐文化"是一个新创设出来的术语,肯定需要给出定义;第二,已有研究中的各种定义,包括操作化的定义,都不够全面和准确。广义的"文化"概念,可以十分宽广,甚至这个蓝色星球上凡是人类创造的,包括一切物质文明和精神文明,都可被认为是文化。而"廉腐文化"中的"文化"则是狭义的,显然不包括物质文明,甚至只是精神文明中的一小部分。相比来看,作者比较赞成于风政的"文化"定义,他认为:"文化是在一定社会群体中流行的情感、倾向、观念、态度、价值观的总和。"该定义中的多数要素尤其是"观念""态度""价值观"都比较准确,而"情感""倾向"要素则比较模糊。作者曾对腐败文化概念进行了定义。该术语是二分对立概念中的一个。现在调整为新术语,即廉腐文化,定义如下:廉腐文化是指一个文化区域(可以是一个地区、国家、地方、行业或领域、组织或单位等)内,大多数人或占主导的关于腐败与廉洁的认知、观念、看法、态度或价值。其中主要包括两类要素:一是认知要素,主要是关于腐败的定义与实质,腐败原因尤其是腐败后果与危害等基本问题的理解和认识;二是态度(或价值)要素,即是否容忍腐败及其程度,是否崇廉耻贪及其程度,是否以及在多大程度上将廉洁作为个人或组织的核心价值等。当多数人存在认知错误,普遍容忍、同情、羡慕腐败,形成风气,成为基本行为方式,即为腐败文化;反之,则是廉洁文化。之所以仍对廉腐文化术语进行腐败文化和廉洁文化的区分,一是真实的、定性的文化状态确有此分野,二是在廉洁文化建设实践中也非常有这个必要。需要强调的是,该区分并不是说腐败文化和廉洁文化是固定不变的状态。倘若持续观察一个区域廉腐文化的演进,常常存在着由廉洁文化到腐败文化,或由腐败文化到廉洁文化的动态变化过程,其过程或程度是连续的,而不会发生由 0 到 1 的突变。当然,在连续量变过程中,一定会存在一个由腐到廉或者由廉到腐的质的分界线,也就是所谓的质变。例如,香港历史上的腐败容忍度调查数据,就揭示了这种连续变化与质变的过程。使用新术语廉腐文化,不仅统合了二分对立概念,还克服了原有概念使用上的逻辑矛盾。

由于以往在术语使用上的问题,特别是在区分腐败文化和廉洁文化方面的简单化与绝对化取向,在有关文化与腐败的跨文化研究中存在着一定程度的文化歧视或"贴标签"现象。例如,认为基督教尤其是新教文化是廉洁的,而东方关系文化是腐败的等。这种做法显然是简单粗暴的,理论和实践上也都站不住脚。事实上,在世界范围内以宗教文化为主要素来区分的地区文化只是一个文化大环境,在任何一个地区文化大环境中,都既可能存在腐败文化的地方,也可能存在廉洁文化的地方。即便是同一个地方,在不同时期,其廉腐文化也完全可能发生变化。以中国香港为例,二战后到 20 世纪 70 年代初期,是典型的腐败文化;而自 1980 年代中期以后,随着反腐败取得成功,加之实施了持续的、有效的文化反腐工程,逐渐转变为廉洁文化。总之,文化歧视或"贴标签"的做法是不可取的。

(二)文化变量的特性及其在腐败原因解释框架中的定位

在现有研究中,只是普遍认为廉腐文化是腐败行为发生的重要原因,但对廉腐文化变量的特性缺乏分析,由此导致文化变量在腐败原因解释框架中的定位不够明确和具体。

腐败有复杂原因,共识度高的结论有人性说、权力说、制度说、文化说等,小众观点有道德说、现代化说等。以原因数量为标准,可划分为单原因说和多原因说。单原因说中最具代表性的是人性说——人的欲望、贪婪、自私等本性是腐败的根源,以及政治学中的权力说——公共权力是腐败的根源。总体来看,腐败显然不可能是单原因造成的,即使只涵盖主要原因,也肯定是由多原因经过复杂作用导致的。在作者建构的制度预防腐败理论框架中,对多个主要原因进行了一定程度地整合,认为腐败有两类基本原因。其一,是人性使然,人性中的阴暗面是腐败的深层原因,被称为"腐败动机"。

其二,制度存在缺陷,称为腐败机会。腐败机会是腐败行为产生的直接原因。制度原因整合了权力说、制度说等观点。相比于已有理论,制度预防腐败理论在解释腐败原因方面,有明显优势。但现在来看,该理论框架也存在不足。首先是没有把文化原因吸纳进来。其次是对这些原因的特性和定位缺乏分析和明确。

总体来看,腐败的主要原因包括三项,即腐败动机、腐败机会和廉腐文化,完整准确的解释框架应当如图5所示。在图5中,三个原因虽然都是自变量,但定位是不同的,其中腐败动机是一般意义上的自变量,腐败机会是中介变量,而廉腐文化则是调节变量。腐败机会属于中介变量意味着,腐败动机不能单独产生腐败,而必须经过腐败机会。当然,仅有腐败机会,缺乏腐败动机,同样不会发生腐败。其缘由在制度预防腐败理论框架中已经进行了解释,另有大量的经验观察可提供证明。

作为调节变量,廉腐文化至少有两个不同的状态,廉洁文化与腐败文化。倘若是廉洁文化,则会抑制腐败动机(强化廉洁动机),甚至可抑制腐败机会,从而降低腐败行为发生的概率。反之,如果是腐败文化,则会助长腐败动机,甚至增加腐败机会,从而提高腐败行为发生的概率。廉腐文化的这种特性,也符合作为调节变量的一般要求。当然,这主要是理论分析辅之以一定的经验观察所得出的结论。廉腐文化是否构成调节变量,以及是否会影响腐败动机和腐败机会及其机制,还需要实证研究予以检验。

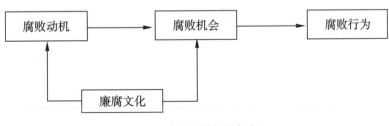

图5　腐败原因解释框架

（三）其他有待理论研究的重要议题

前面仅讨论了文化术语、定义以及与文化变量有关的基本理论命题。其实,在未来有关腐败和文化的研究中,还有一些重要议题或命题需要研究与回答。至少有以下 3 个。

1.廉腐文化结构维度与测量方法的研究

在前面的定义部分,认为廉腐文化主要涵盖认知和态度两个部分。最终的结构维度是不是这样的,还需要专门的研究予以检验。

从已有研究来看,在文化变量的测量上,大多都比较简单、可靠性低甚至有偏颇。例如,文化或政治文化视角的研究常参考霍夫斯塔德(Geert Hofstede)的文化模型,测量指标有权力距离、个人主义和集体主义等;腐败文化视角的研究常使用单一的腐败容忍度指标进行测量;而在另一些实证研究中,则直接使用腐败程度作为腐败文化的测量指标。在使用腐败容忍度指标时,由于存在社会称许性等原因,人们可能会掩饰自己的真实态度,从而导致测量结果不可信。一个人在填写问卷时,可能选的是不容忍腐败,而在真实世界里不但容忍腐败,甚至主动实施腐败行为。腐败程度肯定会影响腐败文化,但腐败程度和腐败文化并不是一回事。总之,如何准确、可靠地测量廉腐文化,是一个并未很好解决的基础理论问题或难题,需要不断深化的研究予以解决。

2.关于廉腐文化变迁的研究

从已有研究来看,基本上属于空白的议题是关于廉腐文化变迁的研究。其中包括腐败文化滋生的原因、过程与机制,廉洁文化生成的原因、过程与机制,以及由腐败文化到廉洁文化的变迁原因、过程与机制等。这类研究既可填补理论的空白,对廉洁文化建设实践、反腐败实践也有重要的政策价值。

3.关于廉洁文化建设对策的研究

理论研究的最终目的是服务实践。从全世界大多数国家和地方的反腐败实践来看,成功者寡,不成功者众。在不成功者中,廉洁文化建设无效是普遍现象。因此,如何通过深入的、专门的理论研究,提出具有科学性、有效性的廉洁文化建设对策建议,是一项十分重要的理论研究议题。从已有研究来看,泛泛讨论的多,但专门的、深入的研究很少,能够提出科学、有效对策的研究更少。

二、腐败文化的案例分析

我国党和政府的相关政策以实践一直坚持积极的视角,即强调建设廉政文化或廉洁文化。最早提出廉政文化建设政策主张的是 2004 年 9 月 20 日召开的中央纪委四次全会。正式政策出现在 2005 年 1 月 3 日颁布实施的《惩防体系实施刚要》中。2022 年年初,中央颁发《关于加强新时代廉洁文化建设的意见》,将提法由"廉政文化"调整为"廉洁文化"。通常"廉政"的"政"是指党政机关工作或公权力运行,因此"廉政文化"主要限定在党政机关及公职人员。而"廉洁"则不受此局限,"廉洁文化"可实现对政府、企业和社会的全覆盖。总之,使用"廉洁文化"更好。

建设并最终建成廉洁文化是目的,但有必要对腐败文化进行专门的、重点的研究。第一,廉腐文化具有两种不同的状态,不能只研究积极的一面,即廉洁文化;还必须要研究消极的那一面,即腐败文化。第二,从我国过去一些年的实际情况来看,腐败文化在一些地方和行业呈现出不断滋长的态势,对于此类现实问题,必须直面。第三,从实践或政策角度来看,深入研究腐败文化,搞清楚腐败文化滋生的特点和规律,进而提出清除腐败文化的有效对策,应当是建设廉洁文化的基点。换句话说,不能有效清除腐败文化,廉洁文化建设很可能成为空中楼阁,是难以建设的,更不可能建成。从一般逻辑上看,之所以要倡导建设廉洁文化,通常是因为存在腐败文化。这与进行廉政建设或廉洁建设正是因为存在腐败现象是一个道理。总之,实践或政策不能讳疾忌医,采取鸵鸟策略,回避腐败文化,而试图建设廉洁文化。

作者在近几年的相关研究中一直强调研究腐败文化的重要性,也针对性地提出了实施文化反腐的相关政策主张。鉴于研究腐败文化的现实性、基础性和重要性,本部分就专门分析腐败文化。考虑到腐败文化研究的复杂性和困难性,下面主要使用案例分析方法进行初步的研究。

考察我国的一些地方,不仅在不同程度上存在腐败文化现象,而且还比较典型。例如:①借婚丧喜庆事宜敛财现象;②湖北 B 县党政机关干部用红包给上级拜年风气;③干部选拔任用领域存在多年的不正之风。有一些顺口溜都是对这些不良风气的形象描述,例如,"不跑不送、原地不动,又跑又送、提拔调动""要想富换干部"等;④医疗卫生行业的医患红包现象、医药购销回扣风气;⑤日常办事之前先找关系、请客送礼、走后门现象;⑥中国足球领域新近出现的"金钱足球"(非"金元足球")与任人唯亲现象;⑦在一些地方或行业存在的所谓腐败"潜规则"现象。

考察上述腐败文化案例,可划分为两种基本类型。一是,传统文化习俗类。这应当是一个主要类型。在中国传统文化中,十分重视礼尚往来,重视关系;重视祭祀和各种庆典,即婚丧喜庆活动。参加祭祀活动的亲友要按照约定俗成的规矩"记礼"(包括礼金和礼物),参加喜庆活动(如婚庆活动)的亲友要给新人红包或礼物。这些文化习俗均有悠久的历史;另外,中国社会普遍有红包文化,有在各种重要的传统节日(如春节、中秋节等)给亲友发红包的习俗。压岁钱也可被归为一种特殊的红包习俗。二是,新型腐败习俗类。这种类型相对较少,特指那些在传统文化习俗中并不存在或很少出现的现象,但在现实中却实际存在的一些腐败文化现象。例如,存在于我国医疗卫生行业的医药购销回扣风气,在中国传统文化中肯定是没有的或者少有的。再比如,尽管卖官鬻爵是一种古老的腐败类型,甚至由此形成了特定的腐败文化,但在当代中国,任人唯亲、跑官要官甚至买官卖官是绝对禁止的,必须坚持德才兼备、任人唯贤的理念和政策。因此,这些年存在的用人腐败风气应当主要是一种新出现的腐败文化或习俗。

腐败文化一定有其特定的形成过程与机制。传统文化习俗类腐败文化主要是由传统文化习俗异化,或者是人们通过对传统文化习俗的不断"改造"或"扭曲"而成。例如,借婚丧喜庆事宜敛财现象就是由传统的借婚丧喜庆习俗异化而来。中国人重视婚丧喜庆活动,隆重举办这些活动,包括活动中的"记礼"或给红包习俗,都有其重要的社会功能,也有约定俗成的规矩,例如,主要是亲戚参加,礼金、礼物或红包也有特定的数额或物品标准。借婚丧喜庆事宜敛财现象正是对传统婚丧喜庆习俗异化或"改造"的结果。这种现象或风气已经存在较长时间了,也已列入党纪条例,严重者可被开除党籍。借婚丧喜庆事宜敛财现象虽然源于传统的婚丧喜庆事习俗,但显然已大大超出了传统习俗和规矩的范围和标准。例如,敛财者主要是一些手握重权的党政领导干部,送礼金或红包者主要是与该领导干部有请托需求的所谓"朋友",礼金或红包数额也大大超出了亲戚间约定的标准。这类现象的实质就是借传统习俗之名,行贿赂之实,只是把传统习俗作为遮羞布,欲盖弥彰而已。再比如,湖北B县党政机关干部用红包给上级拜年风气也是在拜年送红包、给压岁钱习俗的基础上演变而来的腐败文化。新型腐败习俗类腐败文化也应当有其形成的过程与机制。例如,医药购销回扣风气很可能就是由现代市场经济活动中"佣金"现象"衍生"而来的。合理的佣金是正当的,受法律保护,回扣则是典型的贿赂行为,是非法的。

腐败文化的危害是巨大的,是滋生腐败的主要土壤之一。这里举湖北B县党政机关干部用红包给上级领导拜年风气为例予以说明。陈行甲曾于2011年10月到2016年12月在该县担任县委书记。他离任后出版了一本书,在书中生动细致地介绍了这期间的现象。此种现象也并非只存在于这一个县,在全国其他地方也有,有的地方一年还要送不止一次。据陈行甲了解,B县干部拜年送红包现象已经存在一些年了,在他到任前的一些年里,拜年红包数额是不断上涨的,功能主要是保住送红包者本人现有的官职与职位。由于形成了风气,一些综合素质不错的干部也试图给他送钱。"这是尤其让我难过的地方,就是大家已经不相信了,就像不相信猫儿不会偷腥一样,不相信县委书记会真的不收钱。"在这种风气下,下级干部是不是可拒绝用红包给领导拜年呢?据陈行甲了解,认为"过去送的应该是多数,不送的是少数"。他还讲了一位局级干部的故事。"有一个退居二线的局长后来跟我倒苦水,说他曾经有一年春节前后家里有事,忘记给领导拜年,结果等到正月初五在街上碰到了主要领导,他主动跟领导打招呼说新年好,结果领导笑眯眯地跟他说了一句'你的年过得很好嘛,忙得没看到人啊',吓得他赶紧回家准备了1万元,当天晚上送到这位主要领导在巴东的宿舍,领导笑眯眯地收下了,他才算心里踏实了。"可以想见,在这种风气之下,B县绝大部分机关干部只能随大流、顺从,而鲜有敢抵制者,因为不拜年的后果很可能就是现有职位不保。从性质和情节来看,B县党政机关干部间拜年送红包行为可定性为腐败。这意味着,这一腐败习俗可污染几乎所有的党政机关干部,迫使他们不得不定期实施腐败行为,新入职者也很快被拉下水。还可以想见,在这种风气"熏陶"下,B县一定存在着十分严重的用人腐败问题。因为保住现有职位都需要在过年时给领导送钱,职务升迁更不会是免费的,且需要更大数额的真金白银才能搞定。不铲除这样的腐败文化土壤,B县的腐败问题大概率是无法治理的。

从前面列举的典型案例来看,当前,我国腐败文化似乎还只是局部或个别现象。相比于腐败文化土壤,"制度"类土壤可能更普遍。需要指出的是,滋生腐败的"制度"土壤特指那些容易诱发甚至具有强制腐败效应的坏制度,而不是所有的制度。制度预防理论框架有一个基本判断:只要一个地方或领域的腐败现象比较严重,远非偶发个案,则制度一定是主要原因,即一定存在腐败机会;相反,个体的腐败动机则不是主要的原因。从我国目前情况来看,由于腐败重灾区较多,因此制度土壤是比较普遍的。相比而言,腐败文化土壤可能不那么普遍,但对此也不能掉以轻心。一方面,在新制度经济学看来,文化习俗属于非正式制度,非正式制度比正式制度具有更加持久和广泛的影响力。另一方面,从一些情况来看,腐败文化似乎并不少。先以中国足球领域为例。自1994年实施职业足球改革以来,我国职业足球领域的腐败就开始严重起来,甚至像脱缰的野马。15年后的2009年终于等来了迟来的足坛反腐风暴。这轮反腐风暴持续了2年多时间,应当说,查处力度是很大的,也可以说是比较彻底的。那个时期,滋生中国足球腐败的土壤主要还是制度或体制方面的,一个突出问题就是权力过分集中于体育主管部门和足协,即人们所说的"管办不分"。2009年足坛反腐风暴之后,直到2022年末,其间长达十多年时间,反腐风暴则刮向了其他领域,足球领域似乎被忘却了。以前国足主帅李铁于2022年11月被调查为标志,中国职业足球腐败的盖子再次被揭开。尽管新一轮反腐风暴只进行了几个月,但揭发出来的腐败问题却是相当地令人震惊。不仅老的制度土壤依然存在,似乎还形成了新的滋生腐败的土壤。从揭露出来的一些问题来看,中国足球领域的腐败文化主要包括两个方面,一是金钱足球,二是任人唯亲。刘建宏等知情或观察人士认为,中国足球从业者已经把足球运动当成了赚钱工具或敛财工具。几乎任何机会都是明码标价的,例如进国家队、上场打比赛、比赛能否获胜及赢几个球等,都能够且必须用金钱交换。这是典型的足球运动金钱化、货币化。此外,一些主要领导在足协若干重要岗位都安插了自己的亲信,这属于典型的任人唯亲或裙带关系。两者都属于典型的腐败文化。中国职业足球是一个新兴领域,诞生于 1994 年,至今不过 30 年,已滋生出了不止一种腐败文化。而很多老的领域,随着腐败严重时间日久,难免不会滋生出腐败文化。当然,实际情况究竟如何,还有待调查研究,这里暂时还只是一个推断。前段时间某中央机构发文认为,中国的金融系统存在"唯金钱论"等现象。如果是这样,那似乎也应该属于腐败文化。总之,腐败文化现象一定要引起重视。

三、新型廉洁文化建设的思路与措施

之所以在廉洁文化建设之前特别加上"新型"二字,主要是想凸显与原有的廉政文化建设的不同。最主要的不同是视角方面的。原有政策和实践选择积极视角,强调建设廉政文化,而新型廉洁文化建设则坚持问题导向,强调首先要清除腐败文化。如果将廉洁文化建设全过程比作一项建筑工程,清除腐败文化相当于打地基,前些年的廉政文化建设相当于地基以上部分,但还不是全部。只有先解决地基不牢或地基遭受严重腐蚀的问题,打好地基,才能修建一楼、二楼,建高楼。反之,如果没有打好地基,地面以上工程就失去了牢固的根基,是难以修建起来的,甚至会像是空中楼阁。

坚持问题导向,依照建设内容的内在逻辑顺序,新型廉洁文化建设主要包括以下三方面工作,或三大步骤。

第一步,发现并清除已经形成的腐败文化。凡是腐败现象比较严重的地方、行业或领域、组织或单位,大概率都存在或重或轻的腐败文化。在这个环节,应当广泛发动、充分参与,因为每个人都工作或生活于其中,对腐败文化现象都有发言权,更应当是受教育者。首先,是发现和曝光。聚焦本地区、本行业或本单位主要业务以及人们的日常生活,彻底搞清楚究竟存在哪些腐败文化现象或潜规则,是何时出现与形成的。其次,是分析原因和危害,这些腐败文化是如何形成的,是如何影响人们行为选择的,是如何成为滋生腐败的土壤的,具体的危害有哪些。最后,是拿出铲除这些腐败文化的有效对策并予以坚定执行。如何清除已有腐败文化是关键。由于腐败文化具有复杂性,在这个环节,有必要请一些廉政专家加入进来,一起调研和讨论。这一步是新型廉洁文化建设的奠基工程,是极其重要的。以湖北 B 县为例,机关干部用红包给上级领导拜年腐败文化的危害有多大,充分曝光并尽早彻底清除之就有多重要。即使周围环境中没有腐败文化,这个环节也是必要的,可为后续步骤奠定基础。

第二步,实施防止新腐败文化产生的教育和防控措施。首先,实施三要素教育法是一项重要举措。重点是开展正确的、全面的腐败危害教育,解决相关认知错误问题。警示教育可继续开展,但必须改造,必须加上第一重危害分析内容。其次,制定并实施有效防止利益冲突的制度相当重要。防止利益冲突制度,也被称为管理利益冲突制度、诚信管理等,对于提升组织成员的诚信水准、预防腐败有重要的作用,可有效阻断腐败文化形成的链条。

第三步,形成并不断巩固廉洁文化。首先,基于本地区、行业或组织特色与主业提炼并形成廉洁核心价值理念。我国社会有一些很好的廉洁理念,比如公私分明;在传统道德体系中,一直把"廉"作为核心要素。当然,各地区、行业、单位还可从自己的实际出发,形成各具特色、有必要性和总要性的廉洁理念,比如,最近有关科研单位提出对一些科研评审中的"打招呼"现象零容忍。针对前面列举的腐败文化案例,相关地方、行业和单位还可提出对红包、回扣、关系、任人唯亲零容忍等。其次,一定要用廉洁价值理念指导各类制度的制定与执行,形成文化与制度相互支撑的良性互动格局。只有这样,廉洁文化建设才能真的落地和有效。特别需要指出的是,尤其要重视废止或改革那些明显挑战廉洁文化理念和价值的法律与制度。例如,我国刑法实践中"起刑点"的设置、"重受贿轻行贿"问题,纪检监察机关办案中存在的"切割现象"与"抓大放小"现象等,对廉洁理念、价值和文化具有巨大的破坏和消解作用,必须予以革除或改革。在新加坡,有受贿 10 新元者入狱 7 天的个案;2006 年香港廉政公署查办了一位内地女学生匿名给老师 1 万港元个案,该女生因此被判入狱 6 个月。法规、制度与执行如此,才是对腐败零容忍理念的最有力维护与支撑。

参考文献

[1]徐静.西方学界关于腐败成因的文化解释[J].经济社会体制比较,2012(6):186-194.

[2]A. Barr,D. Serra. Corruption and culture:An experimental analysis. Journal of Public Economics,2010(94),862-869.

[3]S. O. Becker et al. Common political culture:Evidence on regional corruption contagion. European Journal of Political Economy,2009(25),300-310.

[4]陈寅生.论腐败的政治文化根源[J].岭南学刊,2002(4):98-100.

[5]P. Schneider,G. Bose. Organizational Cultures of Corruption. Journal of Public Economic Theory,2017,19(1),59-80.

[6]J. D. Chandler,J. L. Graham. Relationship-oriented cultures, corruption, and international marketing success. Journal of Business Ethics, 2010 (92):251-267.

[7]任建明.廉政文化建设的回顾与前瞻.中国社会科学学术前沿(2008—2009)(社会科学蓝皮书)[M].北京:社会科学文献出版社,2009:324-340.

[8]任建明.廉洁文化的传播路径与培育机制构建[J].廉政文化研究,2022(2):4-6.

[9]K. Artello,J. S. Albanese. Culture of Corruption:Prosecutions,Persistence and Desistence. Public Integrity,2022(24),142-161.

[10]X. Liu. Corruption culture and corporate misconduct. Journal of Financial Economics,2016(122):307-327.

[11]杨龙.腐败文化的形成及其后果[J].江淮论坛,1998(1):74-77.

[12]问青松.腐败亚文化的形态特征与德法合治方略[J].决策与信息,2021(5):57-63.

[13]于风政.腐败文化及其形成与治理[J].中国特色社会主义研究,2002
　　(2):37-40,51.

[14]任建明,胡光飞.文化反腐:历史反思、特点分析及手段策略[J].理论视
　　野,2018(9):11-20.

[15]塞缪尔·亨廷顿.变化社会中的政治秩序[M].北京:华夏出版社,
　　1988:64-78.

[16]任建明,杜治洲.腐败与反腐败:理论、模型与方法[M].北京:清华大学
　　出版社,2009:108-110.

[17]肖汉宇,公婷.腐败容忍度与"社会反腐":基于香港的实证分析[J].公
　　共行政评论,2016(3):42-55,186.

[18]陈行甲.在峡江的转弯处:陈行甲人生笔记[M].北京:人民出版社,
　　2021:200-201.

[19]任建明.腐败两重危害模型与廉洁文化建设思考[J].学术界,2022(9):
　　193-200.

推动完善基层监督体系：
价值意蕴、现实困境与实践进路

刘　刚①

推动完善基层监督体系，是健全党和国家监督体系的重要基础，是推进基层治理现代化的必要保障，是破解群众身边腐败问题和不正之风的迫切要求。党的十八大以来，各级纪检监察机关坚持问题导向，统筹用好县乡监督力量，织密织牢基层监督网络，基层监督体系不断健全，纪委职能"三转"不断深化。同时由于历史和现实等原因，当前基层监督主体力量仍然较为分散，职责定位不甚清晰，措施手段缺乏协同，方式方法略显单一，导致基层监督有效合力不足，监督与治理"两张皮"，甚至助长形式主义。推动完善基层监督体系，要在促进基层纪检监察组织和村务监督委员会有效衔接、构建基层公权力大数据监督平台等方面下功夫，加快构建上下贯通、左右衔接、内外联动的基层监督工作格局，推动监督体系更好融入基层治理体系，监督优势有效转化为基层治理效能。

党的二十大报告鲜明提出，健全党统一领导、全面覆盖、权威高效的监督体系。二十届中央纪委二次全会指出，推动完善基层监督体系，统筹用好县乡监督力量，促进基层纪检监察组织和村务监督委员会有效衔接。基层监督体系是党和国家监督体系的重要组成部分，是推进基层治理现代化的

---

①　作者简介：刘刚，男，河南周口人，河南省社会科学院政治与党史党建研究所副研究员，河南省廉政理论研究中心特约研究员，中国社会科学院大学政府管理学院博士研究生。主要研究方向为执政党建设理论与实践、党风廉政建设与反腐败斗争。

重要保障。统筹用好县乡各类监督力量,加快构建以党内监督为主导、各类监督贯通协调的基层监督体系,迫切需要完善上下贯通、左右衔接、内外联动的基层监督体制机制,形成职责清晰、执行有力、权威高效的基层监督工作格局,从而增强基层监督工作的科学性、严肃性、协同性、有效性,促进监督融入基层治理,推动中国特色基层监督优势转化为基层治理效能。

一、推动完善基层监督体系的理论价值和现实意义

(一)健全党和国家监督体系的重要基础

党的十九届四中全会把"坚持和完善党和国家监督体系"纳入国家制度和治理体系进行顶层设计、做出战略部署,深刻揭示了监督和国家治理的内在关系,为促进制度建设和治理效能更好转化融合,推进国家治理体系和治理能力现代化提供了重要遵循。党的二十大报告明确指出,要"健全党统一领导、全面覆盖、权威高效的监督体系,完善权力监督制约机制,以党内监督为主导,促进各类监督贯通协调,让权力在阳光下运行"。二十届中央纪委二次全会工作报告对推动完善党和国家监督体系做出具体部署安排,着重强调要"推动完善基层监督体系,统筹用好县乡监督力量,促进基层纪检监察组织和村务监督委员会有效衔接"。党和国家监督体系是党在长期执政条件下实现自我净化、自我完善、自我革新、自我提高的重要制度保障,也是党确保权力始终用来为人民谋幸福的关键之举。党和国家监督体系是横向到边、纵向到底的大体系。其中,基层监督体系是党和国家监督体系的重要组成部分,是监督体系网络的基础单元和有效支撑。因此,完善党和国家监督体系必须延伸监督触角、激活"末梢神经",推动完善基层监督体系,如此才能提高整个监督体系的有效性和执行力,促进推动监督下沉、落地,从而推动全面从严治党向基层延伸,夯实国家治理的基础根基。

(二)推进基层治理现代化的必要保障

基层治理是国家治理的基石,基层治理现代化是实现国家治理现代化

的基础工程。2021年4月，中共中央、国务院颁布《关于加强基层治理体系和治理能力现代化建设的意见》，对于统筹推进乡镇（街道）和城乡社区治理，建立起党组织统一领导、政府依法履责、各类组织积极协同、群众广泛参与，自治、法治、德治相结合的基层治理体系做出系统部署，提出要用10年左右时间，基本实现基层治理体系和治理能力现代化。监督作为治理的内在要素，是治理体系有效运转的重要支撑，是权力正确运行的根本保证。现代化的基层治理体系，离不开对基层权力运行的有效监督与制约。因此，基层监督是推进基层治理现代化的重要内容，也贯彻落实上级决策部署的有效保障。基层监督的治理效能，就是发挥职能作用，聚焦解决基层治理中的体制性障碍、机制性梗阻、政策性创新等方面问题，及时纠正工作偏差和失误，通过监督推动整改、促进改革、完善制度、推动发展，有力推进基层治理体系和治理能力现代化。基层监督的保障效能，就是立足职责定位，聚焦产业、人才、文化、生态、组织等各个领域，突出政治监督，强化日常监督，构建全覆盖的监督机制，强化政策执行力，保障各项决策部署和政策措施的贯彻落实。

（三）破解群众身边腐败问题和不正之风的迫切要求

乡村振兴战略是以习近平同志为核心的党中央着眼党和国家事业全局做出的重大战略部署，对于建成社会主义现代化强国、实现第二个百年奋斗目标，以中国式现代化全面推进中华民族伟大复兴具有重要意义。乡村振兴，治理有效是基础。乡村治理作为国家基层治理的基本单元和"神经末梢"，其目标的实现离不开有力而有效的监督。监督是优化治理的重要手段和有力保障。乡村振兴战略实施过程中，涉及的村民集体"三资"量大、工程项目多、利益关系复杂，各种风险和矛盾易发多发。近年来，为了保障乡村振兴战略的深入实施，各地普遍加大了对基层监督力量的建设和投入力度，乡镇纪委标准化规范化建设取得显著成效，整治群众身边腐败问题和不正之风系列专项行动持续开展，人民群众获得感不断增强。与此同时，必须清醒认识到，由于乡村"熟人社会"的复杂性，特别是"一肩挑"后村干部权力运行格局的转变，弄虚作假、虚报冒领、优亲厚友、雁过拔毛等基层"苍蝇式"微腐败问题仍然较为突出,不但直接损害群众的切身利益,而且严重侵蚀党的执政根基。二十届中央纪委二次全会强调,积极开展乡村振兴领域不正之风和腐败问题专项整治,加强对重点项目、重大资金、重要环节的监督检查,看住国家资产、集体财产,维护农民合法权益。监督是发现和解决乡村振兴过程中偏差问题的有效方式。新时代新征程,只有健全基层监督体系、整合基层监督力量,通过坚决查处、严厉惩治基层微腐败现象,让群众切实感受到监督就在身边,才能加强村级小微权力监督和制约,从而充分发挥各类监督在基层治理中的作用,为乡村振兴战略目标的实现保驾护航。

二、基层监督体系构建和运行中存在的难点问题

党的十八大以来,各级党委政府坚持问题导向,持续推进党的纪律检查体制改革、国家监察体制改革、纪检监察机构改革,强化上级纪委监委对下级纪委监委的领导,党和国家监督体系不断健全,纪委职能"三转"不断深化,监督保障执行、促进完善发展作用充分发挥。各级纪委监委持续着力在统筹用好县乡监督力量,促进基层纪检监察组织和村务监督委员会有效衔接,构建基层公权力大数据监督平台等方面下功夫,推动基层监督走深走实。与此同时,由于基础薄弱、力量分散,加之点多线长、量大面广,基层监督工作长期面临着难以执行落地的"最后一公里"难题,基层监督体系仍然是党和国家监督体系中的薄弱环节,在科学性、严肃性、协同性、有效性等方面存在着一系列的难点问题。在全面从严治党向基层延伸的背景下,一些老问题近年来又有了一些新的表现。概括起来有以下几个方面。

(一)监督主体力量分散,有效合力不足

"多头管理"的分散监督影响了基层监督的质效。当前基层治理中的监督主体至少包括以下几方的力量:一是县级纪委监委机关及其直接领导下的各类监督检查室,以及由其派出并分散到各个局委办的各类派驻纪检组,此外还有作为县委派出机构存在并独立建制的巡察办、巡察组等党委巡察力量。二是以乡镇纪委机关和县级监察委员会向乡镇派出的监察员办公室

等力量为主体的监督力量。三是以督查、审计和财政、农业农村、交通、水利等各行业县级主管部门为主的行政监督力量,以及县级人大、政协等民主监督力量。四是以村党支部纪检委员、村务监督委员会成员为主的村级民主监督力量。五是以村内党员、乡贤、普通群众为主的群众监督力量等。实践中,这些不同的监督主体按照授权和相关制度开展监督,行政职能部门只能在职能范围内对部分组织和人员的行政权力行使开展监督;村民有强烈的监督意愿却囿于信息壁垒;村务监督委员会有时能发现问题却因为缺乏专业知识和制度保障而无权处理;纪检监察机关有处理权限却难以发现问题,种种情况导致监督力量分散、监督效率低下。由于条线太多、多头管理,加之职责不清、统筹不力,这些监督力量之间还没有形成有效的合力,影响和制约了综合监督效能的发挥。

(二)监督职责定位不清,措施缺乏协同

当前,基层监督中的相关主体职责定位还不甚清晰,党内监督和行政监督、民主监督、群众监督在乡村治理场域中仍处于高度混合状态,彼此之间的制度边界、作用及关系未能得到有效梳理,以党内监督为主导、全方位覆盖的监督体系有待形成。

一是党内监督力量仍显薄弱。由于党政机关"远离"并"悬浮"于乡土社会,纪检监察和几年才进驻村里一次的巡察均难以深入了解乡村权力运行,信息获取不畅。存在力量薄弱等情况,如不能发挥优势、聚而用之,就会导致兵力分散,陷入"有心无力"的被动局面。

二是行政监督只对各自条线负责。"乡政村治"的格局下,乡镇政府和村民委员会之间是指导与被指导的关系,由此形成了较为复杂的权力运行格局,导致了乡镇政府、村支"两委"、村集体经济组织、村民等多方利益的复杂博弈,增加了监督的难度。此外,监督权不断向上集中,不同层级的政府和条线化运作的职能部门均获得不同程度的监督权力,进一步加剧了"上面千条线,下面一根针"的非对称性权责关系。比如从县乡关系来看,县级职能部门原本负责指导乡镇具体业务开展,两者并不存在严格的上下级关系,而在新的治理结构中,县级职能部门逐渐与乡镇政府相分离,争相对乡镇政

府下达任务,并通过监督权进行硬性约束,导致乡镇政府不得不频频调动治理资源加以应对,基层权责关系出现扭曲。

三是民主监督仍显乏力。县级人大代表和政协委员虽然在乡镇也设立了联络站、联络组、办公室等机构,但是由于常年不驻村,对基层小微权力的决策过程不甚了解,加之没有相应的监察权限,民主监督效果不彰。

四是群众自我监督内生动力不足。自上而下监督容易,自下而上监督难。相对来讲,农村基层监督受到传统"熟人社会"的干扰较其他领域监督更为突出。乡村社会固定的居住环境带来稳定的社会关系,人与人之间彼此了解、相互熟悉,构成了"熟人社会"。这里人情约束大于纪法约束、宗派关系高于法律政策。这种特异性的环境给监督制造了重重障碍,使得监督往往浮于表面、流于形式,不敢动真碰硬,力度打了折扣。

(三)监督信息较为零碎,方式手段落后

现代社会已经进入了一个信息化和智能化的时代,新兴网络技术已经融入人们日常生活的方方面面,也给传统的监督模式带来了前所未有的压力。然而,当前基层监督工作手段还比较单一,主要依靠受理信访举报、人力下乡巡察和村务监督委员会现场感知,由于难以及时获取相关信息,影响了监督效果。

1. 监督方式缺乏创新

县区纪检监察工作协作区机制推广不足、实际效果有限,"室组地"联合监督、交叉互查、片区协作等方式方法运用不多,开展协同监督、协作办案的比例较少,监督方式的科学性创新性和可持续性不足。

2. 缺乏信息化技术的支持

一是监督系统有待优化。部分线上监管平台建而不用、用而不精,缺少多样化、多元化的监督模型和监督方式,没有充分与日常工作有效融合,一定程度上存在"指尖上的形式主义"。二是数据资源有待融合。不能每一个职能部门或每个地区都建立起自己的"一套模式",互相之间又不连通,这样不仅会提高整体社会治理成本,也降低效率。基层信息化发展不平衡、运用程度有差异,数据资源存在不全、不新、不活、不通等问题,个别信息系统运

行不畅成为"数据孤岛",数据监督效用大打折扣。三是运用水平有待提升。一方面技术人员自身专业素养存在短板,在实际工作中利用信息技术进行分析挖掘的能力还不足;另一方面监督人员信息技术运用意识不强,不善于在实际工作中提出软件开发及运用的完善需求。

(四)监督与治理"两张皮",助长基层形式主义

一是有形覆盖容易,有效覆盖难。近年来,各地落实基层纪检监察机构"三化"建设"两步走"工作安排,完善县区纪检监察工作协作区机制,探索采取联合监督、交叉互查、片区协作等方式方法,开展协同监督、协作办案,把监督重心向基层下沉、监督力量向基层倾斜。据统计,河南省有 146 个县(市、区)、2339 个乡镇(街道)完成规范化建设,分别占比 76.4%、92.7%,所有县(市、区)全面建立村级"小微权力"清单制度。但是调研中也发现,很多乡镇纪委阵地建设得很规范,规章制度也上了墙,但是常年没有办过一起案件,甚至一些有具体线索的案件因为办案力量薄弱,再加上人情干扰,查处质量也不高。"无案可查"使得纪检监察力量资源浪费现象严重,作用发挥十分有限。同时,个别基层纪委打着"三转"的旗号,不参与乡镇中心工作任务分工,自绝于乡镇其他办事机构工作之外,导致脱离组织和群众。

二是发现问题容易,解决问题难。发现问题、形成震慑,是纪检监察力量的主要职责。但是个别基层纪检监察力量只片面强调"查不出问题是失职",热衷于向被监督单位反馈相关问题,而对于有针对性地提出整改意见和要求,督促其建立整改方案及台账,并对问题整改情况进行跟踪督改关注不够,导致一些上级巡视巡察、专项整治发现的老问题长期得不到有效整改,监督体系没有融入治理体系。

三是不当监督削弱了基层干部干事创业的积极性,助长基层形式主义。加强各方面监督,对于制止基层干部"乱作为"问题较为容易,但是在解决部分干部群众"不作为"方面难。由于问责偏多、激励偏少,"过于刚性"的监督检查方式削弱了基层干部干事创业的积极性,导致很多事情不推不动,某种程度上压缩了村民自治的弹性空间,打乱了乡土社会的自转秩序。随着各方面监督力度的加大,基层干部普遍感觉到上面的监督越来越严格,考核要

求越来越高,特别是考核、检查、督导以及巡视巡察等监督形式的过度使用,导致基层干部大量时间和精力用于被动应付上级安排的各项任务和考核检查,并需要将中心工作的完成化解为可见的资料、表格、文本以及档案等证明材料,治理的主体性和工作的主动性逐渐丧失,并由此带来了过于注重留痕的形式主义问题。

三、完善基层监督体系、推动监督优势转化为治理效能的对策建议

健全基层监督体系,要以县域为基本单元,构建在党的领导下,以党内监督为主导,以基层群众自治制度为基础,推动各类监督有机衔接,职能部门高效协同,以信息化手段为支持的"县统筹抓乡促村"基层监督工作格局,从而着力提升基层监督的严肃性、协同性、有效性,推动监督体系更好融入基层治理体系,监督优势转化为基层治理效能,为乡村振兴战略实施提供更加有效的监督保障。

(一)以党内监督为主导,以县域为基础单元,统筹整合各方监督力量

统筹用好县乡监督力量,织密织牢基层监督网,是推动基层纪检监察工作高质量发展的重要路径。习近平总书记强调,要深入整治民生领域的"微腐败"、放纵包庇黑恶势力的"保护伞"、妨碍惠民政策落实的"绊脚石",促进基层党组织全面过硬。以党内监督为主导,完善纪律监督、监察监督、派驻监督、巡视巡察监督统筹衔接机制,明晰各类监督主体责任,探索构建职责清晰、优势互补的基层监督工作体系,形成上下贯通、左右衔接、内外一体、执行有力的基层监督工作格局。树牢"办案是最有力的监督"理念,制定出台加强乡镇纪委工作的指导意见,深入推进队伍标准化、制度化、规范化建设,促进乡镇纪委监委监督战斗力持续增强。要强化基层纪检监察组织与村(居)务监督委员会的沟通协作、有效衔接,支持和保障村务监督委员会依法依规行使职权,形成监督合力。针对个别村务监督委员会职责定位不

准确、工作内容不明确等问题,由乡镇纪检监察组织协助制定村务监督委员会日常监督清单,明确日常监督的主要内容、方法程序,推动村务监督委员会"按图索骥",有效提升监督规范化制度化水平。加强监督信息整合分析共享,推动决策部署指挥、资源力量整合、措施手段运用更加协同。

(二)以有形覆盖为先导,以有效覆盖为保障,不断创新基层 监督方式

2022 年中央一号文件《中共中央 国务院关于做好 2022 年全面推进乡村振兴重点工作的意见》中的"突出实效改进乡村治理"部分提出"深入开展市县巡察,强化基层监督,加强基层纪检监察组织与村务监督委员会的沟通协作、有效衔接,强化对村干部的监督"。

一是要创新基层监督机制。基层监督体系框架容易搭建,但是要切实发挥作用,还需要一系列机制作为支撑。在县、乡、村三级监督力量有效衔接方面,要建立专人挂钩联系、定期分析总结、问题线索移送、跟踪督查督办等机制,确保日常沟通顺畅高效,存在问题处置到位。实施基层纪检监察组织片区协作机制,实行联合行动、交叉互查工作模式,集中力量开展线索征集、信访处置、执纪监督等任务,形成县级纪委监委统筹指导、纪检监察室组织协调、基层纪检监察组织协助配合的"上下一盘棋"联动格局。

二是要创新基层监督方式。乡村治理的特殊性和不规则性特点,决定了基层监督不能照搬照抄党和国家机关的监督模式。一方面,要强化"嵌入式"监督,提高监督的精准性。注重全覆盖、零禁区、无死角,确保贯穿事前、事中、事后全过程,推动监督下沉、监督落地、监督于问题未发之时。发挥基层纪检监察人熟地熟优势,搭建畅通村情民意的"信息栈桥",在村级事务公开、干部权力行使、群众舆论监督、自我检查纠偏等各个环节延伸监督触角。探索运用"纪检监察联络日"活动、廉情测评等载体激发内生动力,助力打造清廉村居建设,推动苗头隐患化解在基层,解决在一线。另一方面,聚焦"三资"管理、工程项目建设、惠农政策落实等重点领域,积极探索开展村(社区)集体"三资"提级监督试点工作。完善巡察整改促进机制和效果评估机制。进一步探索成果共用、信息共享的途径和方式,促进市县巡察向基层有效延

伸,推动监督、整改、治理有机贯通。

(三)以信息化技术为手段,以大数据平台为载体,促进各类监督贯通协同

随着互联网发展,社会治理模式正在从单向管理转向双向互动,从线下转向线上线下融合,从单纯的政府监管向更加注重社会协同治理转变。目前以"互联网+"和人工智能为代表的新技术日新月异、层出不穷,日益颠覆着人们的传统认知和习惯。完善基层监督体系,要适应互联网、大数据快速发展的趋势,探索运用信息手段和数字技术推进智慧监督,给监督插上科技的翅膀,以信息化为基层监督赋能。

一是树立"一盘棋"思想,深化运用综合智慧监督平台。要坚持系统观念和集约化原则,开发涵盖村务公开、"三资"监管、举报投诉等功能于一体的综合智慧监督平台,推动村级权责事项"一码公开"、业务流程"一网通办"、举报投诉"一键直达"。

二是完善平台功能,丰富应用场景。结合本地实际丰富个性化监督服务,不断创新和丰富监督信息化应用场景,推动问题反映、问题处理可查可追可控,确保纪检监察系统信息化建设标准统一、上下贯通,持续提升基层纪检监察机关监督治理效能。

三是坚持数据驱动,推动各类监督手段贯通协同。对内建立信息共享交换系统,对内部数据进行采集归结,重点汇聚党员干部和监察对象违纪违法、行贿人档案、党风政风监督等信息,建立数据分级分类授权使用制度,强化建模分析比对,以信息化推动"四项监督"贯通协同;对外推进监督贯通平台建设,主动与相关部门沟通,通过数据共享打通数据壁垒,通过数据碰撞让问题现形,将监督工作数字化、模型化,以数据"驱动力"推动一网研判、一体处置、一键管理。把信息化技术人才建设摆上重要位置,有针对性地开展系统平台应用培训工作,聚焦数字赋能加强实战运用。

(四)以权力公开为前提,以基层自治为依托,持续激发群众监督活力

基层监督要以确保群众知情权为前提,畅通群众监督渠道,并避免"就监督谈监督"的局限。一是要以村务公开和村民自治为主要载体,实现村务村民理,村级民主管理上新台阶。要推动监督下乡与基层民主有机结合,通过加大党务、村务、财务公开力度,强化廉情信息员队伍履职能力培训,落实相关待遇保障,建立集体利益联结机制,激发广大农民作为乡村治理主体参与监督的积极性主动性,依靠自己人管好自己事,让村民乐于监督、善于监督。拓宽群众反映意见和建议的渠道,定期开展民主协商,在基层事务中广泛实行群众自我管理、自我服务、自我教育、自我监督。

二是要以村务监督委员会为主要突破口,实现村事村民管,村级民主监督有新起色。建立村务监督委员会是健全基层民主管理机制的探索性实践,对从源头上遏制农民群众身边的不正之风和腐败问题、促进农村和谐稳定有重要作用,要"不断总结经验、完善制度设计、进一步规范监督内容、权限和程序,确保监督有章可循、务实管用,防止村监委流于形式、成为摆设,不断提升基层治理能力和治理水平"。

三是要健全小微权力运行和村级管理事务清单,进一步厘清权力边界,实行村级事务流程化管理,形成监督工作闭环,让基层小微权力在阳光下运行。推动道德舆论监督、法律监督各自发挥作用,对乡村治理中的行为和活动进行规范和调整,有效促进自治、法治、德治有机融合,提升乡村治理水平。

(五)以发现问题为切口,以解决问题为旨归,融入提升基层治理效能

要高度重视并发挥监督的发现问题、纠正偏差、惩治震慑和教育引导功能,以发现问题为切口,以解决问题为旨归,以有力监督促进乡村有效治理。

一是要敢于亮剑着力发现问题。树牢"办案是最有力的监督"理念,制定出台加强乡镇纪委工作的指导意见,深入推进队伍标准化、制度化、规范

化建设,促进基层监督战斗力持续增强。坚持严的基调、采取严的措施大力整治乡村振兴领域不正之风和腐败问题,了解惠民富民政策落实、乡村振兴重点项目实施、基层干部履职担当等有关情况,严查为群众办事推诿扯皮、敷衍塞责、懒政怠政等漠视群众利益问题,对发现的问题要求及时整改,对整改情况开展专项检查评估,坚决防止走过场、打折扣,确保各项决策部署落到实处、见到实效。以正风肃纪反腐的新成效回应群众期盼、增进民生福祉。

二是力戒形式主义为基层减负。统筹规范面向基层的督查检查考核事项,常态化向文山会海、过度留痕、检查考核过多等问题亮剑,着力纠治政策落实和工作推进中的形式主义、官僚主义问题,将反向约束与正向激励相结合,切实减轻基层负担,完善容错机制,提供容错空间,保护基层干部干事创业的积极性,督促基层党员干部敢于担当、勇于作为。

三是要标本兼治提升治理效能。要把开展专项整治融入完善制度、促进治理,形成"发现问题、严明纪法、整改纠偏、深化治理"工作闭环。针对监督检查、案件办理中暴露出的突出问题,督促有关方面和责任主体深入分析、找准症结,着力在制度体系完善上下功夫,扎实做好"后半篇文章",推动健全村级"三务"公开、小额工程招投标、惠农奖补发放等各类制度,从而补齐治理短板、优化治理体系、规范小微权力运行,强化"不能腐"的制约,为全面推进乡村振兴、促进全体人民共同富裕提供坚强保障。

以群众监督制度化健全党和国家监督体系

纪亚光[①]

进入新时代,中国共产党以自我革命精神推进全面从严治党,探索出一条长期执政条件下解决自身问题的成功道路,找到了跳出历史周期率的第二个答案。面向全面建设社会主义现代化国家新征程,借鉴新中国成立之初党、政、群"三位一体"监察制度体系建设经验,以群众监督制度化进一步完善党内监督与群众监督、自上而下组织监督与自下而上民主监督的互动机制,成为健全党和国家监督体系、开辟百年大党自我革命新境界的重要环节。历史以正反两个方面的经验与教训告诉我们,坚持群众监督制度化,不仅有助于充分调动广大群众参与国家治理的积极性,确保领导干部权力的正确使用,更好地体现、维护和发展人民群众的根本利益,切实发挥自下而上民主监督基础地位与作用,而且有助于切实加强党的领导,将党的自我革命贯彻始终,实现以伟大自我革命引领伟大社会革命,推进国家治理体系和治理能力现代化。

党的十八大以来,以习近平同志为核心的党中央按照新的时代要求,通过党内监督和外部监督相结合,进一步完善党和国家监督体系,夯实了全面从严治党、实现自我革命的制度基础,我国反腐败斗争取得的成果有目共睹,压倒性的态势已经形成。奋斗新时代,奋进全面建设社会主义现代化国家新征程,坚持全面从严治党,以伟大自我革命引领伟大社会革命,推进国

---

① 作者简介:纪亚光,南开大学马克思主义学院教授,博士生导师,南开大学党内法规研究中心副主任。

家治理体系和治理能力现代化,发展全过程人民民主,对进一步健全党和国家监督体系提出了新的要求。将党内监督和群众监督紧密结合,实现群众监督制度化,是党探索跳出历史周期率第一个答案的经验总结,也为新时代以党的自我革命找到跳出历史周期率第二个答案提供了深刻的借鉴,成为进一步健全党和国家监督体系的重要环节。

一、时代要求

中国特色社会主义进入新时代,我国社会主要矛盾已经转化为人民日益增长的美好生活需要和不平衡不充分的发展之间的矛盾,"人民美好生活需要日益广泛,不仅对物质文化生活提出了更高要求,而且在民主、法治、公平、正义、安全、环境等方面的要求日益增长"。在这一时代背景下,将党内监督和群众监督相结合,既充分发挥专业监察队伍的作用,又发挥人民群众的积极性,实现自上而下监察机关专门监督与自下而上群众监督的有机统一,是党坚持自我革命,不断推进国家治理体系和治理能力现代化的必然要求。

第一,党的性质和宗旨决定了党的自我革命、自我监督与群众监督在本质上是一致的。中国共产党代表中国最广大人民的根本利益,没有任何自己特殊的利益;《中共中央关于党的百年奋斗重大成就和历史经验的决议》强调:"民心是最大的政治,正义是最强的力量。"人民立场是中国共产党的根本政治立场,是马克思主义政党区别于其他政党的显著标志。习近平总书记指出:"为什么人、靠什么人的问题,是检验一个政党、一个政权性质的试金石。干部要坚持立党为公、执政为民,虚心向群众学习,真心对群众负责,热心为群众服务,诚心接受群众监督。"我们党牢记江山就是人民、人民就是江山,发扬钉钉子精神改进作风,认真解决群众急难愁盼问题,以从严治党新成效赢得群众信赖和支持,不断夯实党长期执政的政治根基。

第二,将党内监督和群众监督紧密结合,是党进行自我革命的根本要求。群众监督不仅关乎党的长期执政问题,更关系到党的生死存亡这一根本问题。党必须紧紧扭住保持党同人民群众血肉联系这个关键,从人民群众反对什么、痛恨什么就坚决防范和纠正什么出发,将党的自我革命置于群众监督中去落实。习近平总书记指出:"对党内的一些突出问题,人民群众往往看得很清楚。党员、干部初心变没变、使命记得牢不牢,要由群众来评价、由实践来检验。我们不能关起门来搞自我革命,而要多听听人民群众意见,自觉接受人民群众监督。"

第三,将党内监督和群众监督紧密结合,是进一步健全党和国家监督体系的重要环节。党的十九大报告指出:"增强党自我净化能力,根本靠强化党的自我监督和群众监督",要"强化自上而下的组织监督,改进自下而上的民主监督"。在十九届中央纪委五次全会上,习近平总书记强调:要健全党和国家监督体系,让群众参与到监督中来,构建全覆盖的责任制度和监督制度。如上明确要求,彰显出党内监督和群众监督、自上而下的组织监督和自下而上的民主监督相结合的重要性,是对党治国理政规律的深刻总结。习近平总书记在十九届中央纪委四次全会上强调:"要完善党和国家监督体系,统筹推进纪检监察体制改革。要继续健全制度、完善体系,使监督体系契合党的领导体制,融入国家治理体系,推动制度优势更好转化为治理效能。要把党委(党组)全面监督、纪委监委专责监督、党的工作部门职能监督、党的基层组织日常监督、党员民主监督等结合起来,融为一体。要以党内监督为主导,推动人大监督、民主监督、行政监督、司法监督、审计监督、财会监督、统计监督、群众监督、舆论监督有机贯通、相互协调。纪委监委要发挥好在党和国家监督体系中的作用,一体推动、落实纪检监察体制改革各项任务。"

第四,将党内监督和群众监督紧密结合,是新时代我国社会主义和谐社会建设的必然要求。党的十九大章程明确指出:"中国共产党领导人民构建社会主义和谐社会。按照民主法治、公平正义、诚信友爱、充满活力、安定有序、人与自然和谐相处的总要求和共同建设、共同享有的原则,以保障和改善民生为重点,解决好人民最关心、最直接、最现实的利益问题,使发展成果更多更公平惠及全体人民,不断增强人民群众获得感,努力形成全体人民各尽其能、各得其所又和谐相处的局面。"一方面,构建社会主义和谐社会的实质和核心在于人与人之间的和谐、社会关系的和谐,势必要求政治、社会稳定发展。另一方面,构建社会主义和谐社会,前提就是要使人民内部矛盾得到正确的处理,使人民群众拥有参与国家管理、维护自身权益的渠道与平台。习近平总书记明确要求:"五年规划编制涉及经济社会发展方方面面,同人民群众生产生活息息相关,需要把加强顶层设计和坚持问计于民统一起来,鼓励广大人民群众和社会各界以各种方式建言献策。"中国共产党第十九届中央委员会第五次全体会议通过的《中共中央关于制定国民经济和社会发展第十四个五年规划和二〇三五年远景目标的建议》明确指出:"维护社会稳定和安全。正确处理新形势下人民内部矛盾,坚持和发展新时代'枫桥经验',畅通和规范群众诉求表达、利益协调、权益保障通道,完善信访制度,完善各类调解联动工作体系,构建源头防控、排查梳理、纠纷化解、应急处置的社会矛盾综合治理机制。"

基于新时代、新征程的新要求,以习近平同志为核心的党中央以巨大的政治勇气和自我革命魄力将党内监督和群众监督紧密结合,取得了明显成效。党的十九大报告指出:"加强作风建设,必须紧紧围绕保持党同人民群众的血肉联系,增强群众观念和群众感情,不断厚植党执政的群众基础。凡是群众反映强烈的问题都要严肃认真对待,凡是损害群众利益的行为都要坚决纠正。"党的十八届六中全会明确指出:"坚持党内监督和人民群众监督相结合,增强党在长期执政条件下自我净化、自我完善、自我革新、自我提高能力,确保党始终成为中国特色社会主义事业的坚强领导核心。"2016 年修订的《中国共产党党内监督条例》明确规定:"建立健全党中央统一领导,党委(党组)全面监督,纪律检查机关专责监督,党的工作部门职能监督,党的基层组织日常监督,党员民主监督的党内监督体系。"2017 年修改的《中国共产党巡视工作条例》明确规定:"巡视工作坚持中央统一领导、分级负责;坚持实事求是、依法依规;坚持群众路线、发扬民主。"

在实践中,中央巡视组把自上而下的组织监督和自下而上的民主监督结合起来,进驻前公布巡视对象,多方面收集问题线索;进驻后公开信箱邮箱和举报电话,接待群众来访;巡视结束后公开反馈意见和被巡视党组织整改情况,充分体现出党内监督的严肃性和主动接受群众监督的自觉性。巡视监督是党内监督和群众监督相结合的有效方式,彰显中国特色社会主义民主监督的制度优势,凝结着全面从严治党实践、理论、制度创新的重要成果。巡视发挥利剑作用,关键在加强党的领导,真巡视、真发现问题、真整改落实,党员干部和广大群众对党充分信任,说真话、道实情,巡视制度才真正有效管用。党的十九大以来,"查处民生领域侵害群众利益问题 39 万余件,处理 35.9 万人;查处扶贫领域腐败和作风问题 28 万件,处分 18.8 万人;查处黑恶势力'保护伞'相关案件 9.3 万个,处理 8.4 万人"。国家统计局 2020 年年底调查显示,"95.8% 的群众对全面从严治党、遏制腐败充满信心,比党的十八大前的 2012 年的调查提高了 16.5 个百分点"。

二、历史经验

高度重视群众监督在纯洁党的队伍、实现政治理想中的价值和作用,是中国共产党百年奋斗取得的重要历史经验。1945 年 7 月,毛泽东在回答黄炎培提出的"如何跳出历史周期率?"命题时,自信地给出了明确答案:"我们已经找到新路,我们能跳出这周期率。这条新路,就是民主。只有让人民来监督政府,政府才不敢松懈。只有人人起来负责,才不会人亡政息。"

值得注意的是,伴随着新民主主义革命的胜利和新中国的成立,党面对客观环境的变化和执政的新考验,在总结以往群众监督经验的基础上,为将群众监督落到实处,将群众监督纳入制度化的轨道,取得了新的突破。这一突破具体体现为在成立维护党纪的纪律检查委员会、维护政纪的人民监察委员会的基础上,建立了人民监察通讯员制度,从而形成了党、政、群"三位一体"的制度监督体系。

这套制度监督体系高度重视制度建设和群众有序参与在政权建设中的作用,将自上而下的组织监督和自下而上的群众监督相结合,体现了群众监督制度化的价值和作用。

这一党、政、群"三位一体"的制度监督体系具有如下特征:

1. 立足组织性

人民监察通讯员制度建立在党政监察机关的组织领导基础之上。

1949 年 10 月 19 日,中央人民政府人民监察委员会正式成立;同年 11

月,中共中央做出《关于成立中央及地方各级党的纪律检查委员会的决定》,成立了作为维护党纪职能部门的中央和地方各级纪律检查委员会。1950年1月,政务院人民监察委员会主任谭平山在监察委员会第四次会议的报告中明确表示:"人民监察工作必须走群众路线,发动群众参加监察工作。人民监察委员会准备在政府各部门、各职业团体中聘请公开的通讯监察员,组织通讯监察小组。"同年7月,中央人民政府政务院人民监察委员会决定在中央直属各机关、各国营企业部门及全国性的人民团体(工、青、妇)内,聘请工作人员,担任监察通讯员。

人民监察通讯员虽然由国家行政监察机关管理,但实际上,是在党的领导下开展工作的。一方面,这是由党的纪律检查委员会职责与任务决定的。《关于成立中央及地方各级党的纪律检查委员会的决定》开篇即明确指出:"为了更好地执行党的政治路线及各项具体政策,保守国家与党的机密,加强党的组织性与纪律性,密切地联系群众,克服官僚主义,保证党的一切决议的正确实施,特决定成立中央及各级党的纪律检查委员会。"人民监察通讯员制度就是党的纪律检查委员会实现"密切地联系群众"目标的制度化体现。另一方面,这也是由党的纪律检查委员会领导机制决定的。1950年2月24日,中共中央发出《关于各级党的纪律检查委员会领导关系问题的指示》,明确规定了纪委的领导关系,指出:"各级党的纪律检查委员会直接在各级党委领导下进行工作,上级党的纪律检查委员会在工作上、业务上对下级党的纪律检查委员会有指导关系,但指示或决定同下级党委意见不同时,应提请同级党委决定。"这一领导体制决定了党的纪律检查委员会是在同级党委领导下开展工作。因此,1953年11月11日,中央纪律检查委员会书记朱德在中国共产党第二次全国纪律检查工作会议上的报告明确指出:"党的各级纪律检查委员会是各级党委在执行党的纪律方面的助手,是检查和处理那些违犯党纪的党员和党的组织的办事机关。"作为人民监察通讯员制度的管理部门,国家行政监察机关也是在党的领导下开展工作的。中共中央明确规定:党政监察机关"都必须在各级党委的领导下,依靠当地党的基层组织,依靠广大党内外群众和有关部门密切配合来进行工作"。显然,人民监察通讯员所行使的群众监督职能,从一开始就是在党的组织领导体系内进行的,在宏观上决定了人民监察通讯员制度的组织性特征。

人民监察通讯员制度的组织性特征,具体地体现在人民监察通讯员从遴选到履行职能,有一整套明确的管理制度。在遴选的基本条件方面,要求"公正廉明、忠诚老实、实事求是、善于联系群众";在工作任务方面,要求对所发现的问题,向主管部门作通讯报告;对"所有材料及个人对案件的意见,非经各该级监委的许可,不得泄露";"其不尽职者,可随时解聘";各级行政监察机关,应"每半年召开组长联席会议或通讯员代表会议一次"。

显然,新中国成立之初,面对执政的考验,中国共产党不仅迅速建立起党内监察机构和国家行政监察机构,而且还进行了群众监督的制度化尝试,建立了人民监察通讯员制度。纪律检查委员会、人民监察委员会和人民监察通讯员制度的相继建立,体现出我国的政权建设从一开始就注重将监察机关专门监督和群众监督相结合,群众监督由此进入到组织性和系统化的新阶段。

2.凸显群众性

人民监察通讯员是由各级人民政府人民监察机关在政府机关及其所属企业、事业部门中,以及在人民团体、城市街道和农村中设置的兼职监察人员,具有鲜明的群众性特征。

人民监察通讯员工作生活在群众之中,具有广泛的代表性。在遴选方面,侧重"通过民主方式,由群众推选,具备公正负责、忠诚勇敢、善于联系群众等条件";在工作内容方面,"经常进行了解公务人员违反政策、法令、贪污浪费等损害国家、人民利益以及官僚主义和命令主义等情况,并搜集此项材料,向监察委员会报告或协助其工作","征集群众对政府政策、法令、设施的意见";在工作方法方面,"(1)通过自己工作活动,观察和发现问题;(2)用会谈和个别谈话等方式,经常深入群众发现问题和倾听群众的意见;(3)通过人民意见箱收集群众的控诉和申请;(4)与人民检举接待室取得密切联系,互相协助工作"。显然,人民监察通讯员的工作涉及社会生活的各领域,既负责对人民政府的政策、法令进行监督检查,反映群众意见建议,协助领导改进工作、健全制度;也负责征集线索,揭发官僚主义作风和贪污盗窃行为。

伴随着人民监察通讯员制度的施行并取得明显效果,1953 年 7 月 31 日,政务院制定并公布《各级人民政府人民监察机关设置人民监察通讯员通则》,进一步加强了人民监察通讯员的群众性特征:第一,在监察通讯员的设置上,增补了在城市街道和农村中设置人民监察通讯员的规定,这样,人民监察通讯员就更为普及。第二,在人民监察通讯员的任务条款中,增补了"管理并开检人民监察机关在该机关、部门、团体、街道、村庄设立之人民意见箱"的规定。第三,在工作纪律方面,增补了"人民监察通讯员对于所发现的问题,经报所在机关、部门首长而本机关、部门无权处理或处理不当者,应报请上级人民监察机关处理"。第四,在管理办法上,做了修正,规定"人民监察通讯员应每三个月至半年向其原推选单位的群众报告一次。如群众认为必要时,得改选之"。这一修正有助于人民群众对监察通讯员工作的监督与促进,使人民监察通讯员制不致流于形式。

3. 富于实效性

人民监察通讯员制度既体现了群众监督的广泛性,也因其制度化和组织性,保证了信息的准确性,避免了监察机关将大量精力消耗在无效信息之中,从而在运行中富于实效性,对于改善领导、改进工作、纠正偏向、克服缺点、挽回国家财产的损失等方面发挥了重要作用。

结合公开报道的具体例证,人民监察通讯员发挥的作用主要体现在如下几个方面:一是监督政府政策、法令的执行,维护人民的合法权益。如江西省南昌县河头乡熊方立为报私仇,诬告熊懋麟破坏生产,有"历史问题";其担任副区长兼区人民法庭审判长的堂兄熊观浩判处熊懋麟有期徒刑三年,引起群众普遍不满。江西省人民政府农林厅水利局人民监察通讯员发现这一问题后,立即向省人民政府监察委员会进行了汇报。经过调查,证明熊方立确实是报复行为,经领导机关决定,将熊观浩撤职,将熊方立送法院惩办,对熊懋麟进行了道歉和安慰,并发给救济金 40 万元(旧币)。二是协助本单位领导健全制度、改进工作。本溪市丁源区人民政府人民监察通讯员发现该区合作社存在管理制度混乱、账货不符、贪污等问题,经向人民监察委员会汇报,相关主管部门调查核实,撤换了负责人,经民主讨论建立了必要的制度,工作呈现出新的气象,营业额和工作效率得到大幅度提高。三是同官僚主义作风进行了斗争。福建省人民银行官僚主义作风严重，处理公文拖沓、烦琐，历时 2 个月，经 7 个单位加盖 21 个图章仍未获解决。经该行人民监察通讯员发现并提出处理意见后，主管单位随即召开会议，仅用 1 小时即解决了这一问题。四是及时有效揭发、制止了贪污盗窃行为。四川省武胜县礼安乡乡长杨荣盛企图以 600 万元购买价值 1000 多万元（均为旧币）的公产，从中获取暴利。经礼安乡人民监察通讯员揭发、人民政府处理，保护了国家财产。五是维护了职工权益。锦西化工厂因管理不善，原有的浴池、茶炉等设备大部分不能使用，造成工人渴时没茶喝及浴池不够用的现象。经重工业部人民监察通讯员提出，这一问题得到了及时解决。无锡机器厂存在医疗设备简陋问题，造成工人有病难以及时治疗的问题，经人民监察通讯员反映，该厂增聘了医生、增添医疗设备和卫生装置。

在具体数据方面，根据公开报道，中央对外贸易部于 1952 年 9 月聘请人民监察通讯员后，仅一个多月的时间就发现和反映问题 147 件；广州市人民监察通讯员从 1952 年 7 月到 10 月反映和报告了问题 235 件；中央重工业部直属单位的人民监察通讯员受聘后两个多月反映了问题 39 件。据安徽、江苏等 7 个省和南京、哈尔滨等 6 个市的统计，1953 年至 1954 年人民监察通讯员直接揭发以及人民群众向他们反映和揭发的问题有 14 000 多件。

值得注意的是，人民监察通讯员来自群众，同时受党和政府严格的管理，其作用发挥，不仅体现在发现问题的数量多少，更重要的是其反映的问题真实可信，监察工作因此卓有成效。在"三反""五反"运动中，仅西安市监察委员会就收到群众检举材料近 143 800 件，经查对核实，80% 是属实的。这种自上而下的专门监督与自下而上的群众监督相结合，既充分发挥专业监察队伍的作用，又注意发动人民群众积极配合，有了制度性保障，极大地调动了人民群众参政议政的积极性，密切了党群、干群关系，为坚持党的领导、巩固新中国政权、建立清正廉洁高效的人民政府发挥了重要的作用。

三、思考与启示

进入新时代，我们党以自我革命精神推进全面从严治党，探索出一条长期执政条件下解决自身问题的成功道路,找到了跳出历史周期率的第二个答案。面向全面建设社会主义现代化国家新征程,借鉴新中国成立之初,党、政、群"三位一体"监察制度体系建设经验,以群众监督制度化进一步完善党内监督与群众监督、自上而下组织监督与自下而上民主监督的互动机制,成为健全党和国家监督体系、开辟百年大党自我革命新境界的重要环节。

第一,以群众监督制度化健全党和国家监督体系,应处理好党内监督和群众监督、自上而下组织监督和自下而上民主监督的关系。离开自上而下的组织监督,民主监督就会失去秩序、造成混乱;离开自下而上的民主监督,党内监督就会失去基础、缺乏活力,甚至迷失方向。因此,必须坚持自上而下组织监督与自下而上民主监督的内在有机统一,既强化自上而下的组织监督,也改进自下而上的民主监督,二者相互促进,确保党内监督落到实处、见到实效。

第二,自上而下的组织监督是党内监督和群众监督紧密结合、以群众监督制度化健全党和国家监督体系的关键,居于主导地位。一方面,办好中国的事,关键在党。党的领导是中国特色社会主义最本质特征,也是我们国家的最大制度优势。中国成立之初,党、政、群"三位一体"监察制度体系之所以能够形成并有效运转,关键在于党的坚强有力领导,建立起党的统一领导下党政监察机关和人民监察通讯员的有效运行机制,使其形成上下同频共振的合力。以群众监督制度化健全党和国家监督体系,是事关全局的重大政治体制改革,涉及政治权力、政治关系的重大调整,只有党的统一领导才能为其指引正确的前行方向;同时,历来重大政治体制改革都会触动方方面面的利益,而触动利益往往比触及灵魂还要难,尤需党的坚强领导为其提供有力保障。另一方面,我们一党长期执政、全面执政,最大挑战是对权力的有效监督。党的领导弱化、党的建设缺失、全面从严治党不力,党的观念淡漠、组织涣散、纪律松弛,是造成腐败现象屡禁不止的根本原因,实现党的历史使命必须破解自我监督这个难题,形成发现问题、纠正偏差的有效机制。针对这一问题,习近平总书记在十八届中央纪委六次全会上指出:"上级对下级尤其是上级一把手对下级一把手的监督最管用、最有效。"党的十八届六中全会对此作了突出强调,要求"党内监督必须突出党的领导机关和领导干部特别是主要领导干部",强化上级组织对下级组织特别是主要领导干部行使权力的监督,防止权力失控和滥用。2016年修订的《中国共产党党内监督条例》在重申坚持自上而下的组织监督与自下而上的民主监督相结合的基础上,围绕责任设计制度和监督体系,把强化自上而下的组织监督突出出来,着力创新自上而下组织监督的体制机制和方式方法,分别就党的中央组织、党委(党组)、党的纪律检查委员会、基层党组织和党员这四类监督主体的监督职责以及相应监督制度做出明确规定,实现了党内监督体制机制的重大变革。2016年修改的《中国共产党巡视工作条例》聚焦坚持党的领导、加强党的建设、全面从严治党,突出党的领导弱化、党的建设缺失、全面从严治党不力等"三大问题",突出"两个责任",突出"关键少数",凸显巡视的权威来自党中央的自上而下组织监督作用。

第三,要以群众监督制度化切实发挥自下而上民主监督的基础地位与作用。回望党的百年历史,群众监督存在两种不良的倾向。一种是"大民主"。受"左"倾思想影响,1957年以后,人民监察通讯员制度逐渐被"大鸣、大放、大字报、大辩论"的运动式群众监督所取代。1959年4月,各级国家行政监察机关被撤销,人民监察通讯员制度随之停止运行。随后的历史充分证明,制度化群众监督为无组织、无秩序的运动式群众监督所取代,使群众监督权力失去了必要的组织约束和制度制约,不仅带来了社会剧烈动荡,也在实际上造成了群众监督的失效,给国家和人民带来不可估量的损失。典型的例证是,1957年以后,党的监察机关围绕政治运动审查、处理案件,轻率地处分了一批党员和干部。仅1958年,全国处分的党员就达508 750人,开除党籍的人数相当于1951年至1957年总和的80%。虽然党的监察机关及时发现了问题,明确要求"对于群众鸣放、大字报和人民来信揭发的材料,必须认真核实,反对主观主义偏听偏信和粗枝大叶的作风",强调"必须严格按照关于处分党员批准权限的规定执行有关的手续,尊重被处分党员的民主权利",进而投入大量人力开展了控诉、申诉案件甄别工作,但未能扭转错误偏向。这一历史教训,证明了群众监督制度化的重要性。另一种是将群众监督口号化、字面化,难以落到实处。这一倾向不仅压抑了群众政治参与的积极性,违背了党的初心使命,也给党的声誉和国家的繁荣发展带来巨大伤害。2020年,习近平总书记在"不忘初心、牢记使命"主题教育总结大会上的讲话中指出:"有的基层党组织建设还比较薄弱,联系服务党员、群众的机制还不够健全顺畅;有的地方仍然存在形式主义、官僚主义,急于求成、急功近利,增加基层负担,如此等等。群众最担心的是教育一阵风、雨过地皮湿,最盼望的是保持常态化、形成长效机制。我们要善始善终、善作善成,把全面从严治党要求真正落到实处。"

历史以正反两个方面的经验与教训告诉我们,坚持群众监督制度化,不仅有助于充分调动广大群众参与国家治理的积极性,确保领导干部权力的正确使用,更好地体现、维护和发展人民群众的根本利益,切实发挥自下而上民主监督基础地位与作用,而且有助于切实加强党的领导,将党的自我革命贯彻始终,实现以伟大自我革命引领伟大社会革命,推进国家治理体系和治理能力现代化。

参考文献

[1]毛泽东年谱(1893—1949):中卷[M].北京:人民出版社、中央文献出版社,1993:609-610.

[2]中央纪委纪检监察研究所.中国共产党反腐倡廉文献选编[M].北京:中央文献出版社,2002:15.

[3]魏明铎.中国共产党纪律检查史[M].河北:河北人民出版社,1993:90.

[4]皮纯协,潘祜周,王英昌,等.中外监察制度简史[M].河南:中州古籍出版社,1991:266.

[5]习近平.习近平重要讲话单行本:2020年合订本[M].北京:人民出版社,2021:8.

媒介信息与认知态度：
青年干部清廉感知的影响机制研究
——基于反腐新闻"框架效应"视角

杜晓燕　高雪莲①

近年来,年轻干部贪腐"低龄化"问题的严峻性,折射出青年干部清廉感知弱化的心理状况。青年干部的清廉感知状况受到反腐新闻媒介接触和个体认知态度两个因素的显著影响。在"框架效应"理论视角下,媒介从反腐新闻的议题、情感、价值和评价四个方面进行框架建构,对受众心理框架产生影响,表现出政治知识解读、情感定向反应、政治立场判断、政治效能评价等一系列心理反应过程,对受众反腐的态度和行为意愿产生直接影响。因此,由"信息—态度—感知"的过程构成了青年干部清廉感知的影响机制。为强化青年干部清廉感知,要从反腐新闻媒介框架和青年干部认知态度两个影响因素着手优化,锻造一支清正廉洁的青年干部队伍。

随着改革开放后干部人事制度的改革,一大批精力旺盛、思维敏捷、文化水平高的青年干部走上领导岗位,成为党和国家事业发展的生力军,为我国的社会主义市场经济发展注入了生命活力。但是,在近年来各地市纪委监委查处的违法违纪案中发现,青年干部腐败案件呈上升趋势,"新官"腐败、贪腐"低龄化"问题逐渐凸显。比如在 2022 年 5 月,山西省阳泉市纪委监委就通报了 6 起年轻干部违法违纪典型案例,这些干部学历高、能力强、前

---

①　作者简介:杜晓燕,西安交大马克思主义学院副教授、博士生导师;高雪莲,西安交大马克思主义学院硕士研究生。

景可观,但却"前脚刚踏上仕途,后脚就走入歧途"。通过利用职务上的便利,贪污受贿金额从几万元至几十万元不等,令人触目惊心。

归根结底,这些腐败行为折射出部分青年干部腐败容忍度高、腐败感知强、清廉感知弱的心理状况。个体的腐败感知程度越高(即清廉感知越弱),越会将腐败视为普遍存在的现象,并对其产生心理认同,提高对腐败行为的容忍度。清廉感知作为个体对现实中政府及公职人员清廉程度的一种主观性觉察、感觉、注意和评价,直接影响他们的政治认同程度和反腐败参与意愿[1]。与普通民众不同,青年干部属于国家干部队伍系统中的重要组成部分,对于政府及公职人员的清廉程度有着更为清楚明晰的了解和感知。如果腐败行为抑或不良作风被认为是政务系统中十分普遍的现象,那么身处其中的干部群体对于腐败就会有着更高的容忍度,滑向腐败犯罪边缘的可能性就更大。青年干部掌握着接触政治资源的便利优势,同时更容易受到金钱和权力等"糖衣炮弹"的不良诱惑,腐蚀其原本正确的权力观和政绩观。青年干部的腐败行为,不仅造成了更大的社会危害性,同时也损害了社会对青年干部的殷切期待,造成的社会影响更为恶劣。青年干部是党和国家干部队伍的生力军,其清廉程度关系到国家整个干部队伍的综合素质和治理水平,影响到党的事业根基和发展前景。因此,从抑制腐败观念、强化清廉感知层面入手是从根源上预防青年干部腐败犯罪发生的着力点。

身处媒介化时代,公众的清廉感知要么基于个体的直接经历(腐败或反腐败经历),要么基于媒介的间接渠道。随着媒介成为人们生活的刚需品,媒介构筑的拟态环境是塑造人们感知活动的主要方式,人们对国家反腐败绩效及公职人员清廉程度的感知很大程度上受到媒介的框架建构影响。根据《第50次中国互联网络发展状况统计报告》可知,截至2022年6月,中国网民使用手机、台式电脑的比例分别为99.6%和33.3%[2]。施拉姆曾提出,

---

[1] 倪星,孙宗锋:《政府反腐败力度与公众清廉感知:差异及解释:基于G省的实证分析》,《政治学研究》,2015年第1期。

[2] 中国互联网络信息中心:第50次中国互联网络发展状况统计报告,2022年8月31日,http://www.cnnic.net.cn/n4/2022/0914/c88-10226.html,2022年9月22日。

一个媒体是否被选择受到使用回报期待和费力程度两个因素的影响[1]。与传统媒介相比，手机、电脑等媒介使用的回报期待值高、费力程度低，因此新媒介接触也就成为塑造青年干部清廉感知的主要方式。反腐新闻作为腐败犯罪案件公开和反腐倡廉政策宣传的一种载体，不仅是党组织加强对青年干部廉洁警示教育的依据和方式，也是青年干部了解党和国家最新反腐动态的重要信息来源。然而，大众媒体的反腐报道并不总是客观中立的，而是带有显著的倾向性。在清廉感知塑造过程中，媒介差异化使用和信息多元化传播能够强化受众的信息认知差异[2]。在多元化的媒介环境中，一旦官方媒介宣传"缺位"，非官方渠道中的小道消息和腐败传说就会迅速"补位"，弱化信息受众对反腐败绩效的积极感知。因此，反腐新闻的差异化媒介接触会显著塑造青年干部的清廉感知水平。

同时，清廉感知作为一种心理感知活动，无疑会受到个体政治知识解读、情感反应、政治立场判断、政治效能评价等一系列政治心理活动的影响。媒介接触并不会在个人的感知中提供新的信息，而是与青年干部内在的个体特性与心理态度相互作用，最终对其清廉感知产生显著影响。因此，分析影响青年干部清廉感知的过程也必须从宏观层面媒介信息接触和微观层面心理态度两方面进行考察。然而，关于清廉感知影响因素的现有研究，较少关注到媒介信息和心理态度的具体要素，也缺乏对二者影响清廉感知过程的深入剖析。鉴于此，本文引入戈夫曼的"框架效应"理论，通过分析媒介框架的建构过程，从知情意行的分析维度分析受众思维框架的形成过程，进一步丰富"信息—态度—感知"的清廉感知影响路径，构建起反腐新闻媒介框架作用于青年干部清廉感知的机制。

一、信息与态度：影响青年干部清廉感知的重要因素

自从 1995 年透明国际开始发布清廉指数（Corruption Perceptions Index，

---

① 刘海龙：《大众传播理论：范式与流派》，中国人民大学出版社 2008 年版，第 276 页。

② A. S. Veenstra, M. D. Hossain, B. A. Lyons: "Partisan Media and Discussion as Enhancers of the Belief Gap," *Mass Communication & Society*, Vol. 17, no. 6, 2014, pp. 874–897.

CPI)后,"清廉感知"就引发了学界的广泛关注,并开始作为一个国家廉洁水平的重要考察依据①。清廉感知虽然并不能反映一个国家廉洁水平的实际普遍程度,但是作为一种重要的社会现象,它已经成为公众民意表达的"晴雨表"。党的十八大以来随着反腐败斗争的深入推进,学界开始逐渐关注到个体层面对于反腐败的主观感知和满意度研究,主要表现为政治信任、腐败容忍度、信息渠道、政治绩效、社会人口属性等方面成果。清廉感知属于感知活动的范畴,班杜拉(Bandura)提出的社会感知观(Social-Cognitive Perspective)强调,人格特质和社会情境相互影响共同作用于行为的产生②。因此,当聚焦于青年干部清廉感知的影响机制时,现有研究主要体现在外部媒介信息和内在心理态度两个方面。

(一)媒介信息对青年干部清廉感知的影响

1."信息—感知"的影响路径

媒介接触相关研究指出,与个体在场的腐败或反腐败经历对清廉感知的直接影响不同,大众媒介接触对清廉感知的影响是间接的。这一方式主要是通过影响人们媒介接触的时长、频率、方式、形式、内容等方面,塑造媒介拟态环境,对人的感知和行为产生间接影响。媒介讯息是媒介传播存在的意义和最终旨归,媒介是传播手段,目的是通过媒介形态对所传播的信息内容进行塑造。媒介形态具有客观性,但是媒介在塑造人的认知过程中带有主观性意志,呈现出具有显著倾向的媒介框架。媒体在呈现某一公共议题时,整体上可能设置了两种对立的意见,以此强化不同受众的议题认知,也会强化受众关于议题的既有特定倾向性意见。媒介接触的类型不同,对清廉感知的影响也不同。一般认为,传统媒介接触对清廉感知具有显著正向推动作用,而新媒介接触则会产生负向抑制作用③。其中,源自政府网站、

---

① J. Gutmann, F. Padovano, S. Voigt: "Perception vs. experience: Explaining differences in corruption measures using microdata", *European Journal of Political Economy*, Vol. 65, 2020.

② 戴维·迈尔斯:《心理学导论(上册)》(第9版),商务印书馆2019年版。

③ 邓崧,刘开孝:《互联网使用对政府清廉感知的影响研究:基于CGSS数据的实证分析》,《电子政务》,2020年第9期。

官方微信以及电视、报刊等传统媒介的官方信息，能显著强化公众的清廉感知。而来自商业媒体平台和外媒平台的非官方信息，会显著弱化公众的清廉感知①。差异化的媒介接触类型与多元化的媒介信息内容能够影响青年干部的心理认知和态度。

2."框架效应"与媒介信息框架的建立

框架效应是研究媒介接触影响个体感知活动的重要理论视角。框架效应理论从议程设置理论演变发展而来，20世纪20年代，李普曼在《公众舆论》一书中提出"外部世界"和"人们头脑中的图像"之分，开创了议程设置理论的早期思想。他指出，大众传播媒介在人和外部世界之间楔入了一个虚拟环境（Pseudo Environment），影响人们对于世界的想象和诠释。人头脑中形成的这种图景，成为人们思想、感情和行为中的决定性因素②。之后，麦克卢汉提出"媒介即讯息"这一论断，表明媒介固有的符号结构以及媒介构筑的符号环境对人类感知、意识、情感、理解等行为活动的限定和影响③。20世纪60年代，美国传播学者麦库姆斯和唐纳德·肖正式提出"议程设置"假说（The Agenda-Setting Theory），强调大众媒体通过安排和设置议题信息，有效影响了公众头脑中对公共事务的关注顺序和焦点④。后来美国学者科恩简明扼要地说明了这一思想，即新闻媒体虽然不能告诉人们"怎么想"，但却能告诉人们"想什么"⑤。

到了20世纪70年代，作为议程设置理论的延伸和深化，"框架效应"理论由社会学家戈夫曼（Goffman）在《框架分析》一书中提出，并开始受到心理学、社会学、政治传播学学者的广泛关注。在政治传播研究中，框架通常被描述为一个传播源（报纸、电视新闻故事、单个人）定义特定社会或政治问题，并概述一系列与该问题相关的因素的过程。尼尔森（Nelson，1997）指出，

---

① 薛可，余来辉，余明阳：《媒体使用、政治信任与腐败感知——以中国网民为对象的实证研究》，《吉首大学学报（社会科学版）》，2018第6期。

② 李普曼：《公众舆论》，上海人民出版社2006年版，第19页。

③ 张骋：《是"媒介即讯息"，不是"媒介即信息"：从符号学视角重新理解麦克卢汉的经典理论》，《新闻界》，2017年第10期。

④ 麦斯韦尔·麦考姆斯，顾晓方：《制造舆论：新闻媒介的议题设置作用》，《国际新闻界》，1997年第5期。

⑤ 刘海龙：《大众传播理论：范式与流派》，中国人民大学出版社2008年版，第223页。

框架效应的发生不是在个人对问题的信念中提供新的信息,而是通过唤起存储在人们记忆中的信息来操作,进而改变人们对议题中某一属性的权重①。由此可知,框架理论在议程设置理论的基础上,不仅强调议题的具体属性和内容,而且关注到媒介议程中受众对象的个性特征。因此,媒介不仅能告诉人们"想什么",而且还能左右人们"如何想",进一步拓宽了议程设置理论的深度。

具体来看,框架理论包括媒体框架和个体框架,是研究反腐新闻媒介框架影响青年干部清廉感知过程的重要理论基础。媒体框架(Media Frames),顾名思义就是从传播者的角度进行社会和政治议题的意义建构,并且作用于受众心理模式,引发受众主观解读媒介符号系统的过程。新闻框架(News Frame)是媒体框架中最常见的一种形式,是新闻记者在处理信息和意义时必然有的整体性的思考基模,或中心意义的构组方式②。从具体属性看,新闻的本地化、易读性、戏剧化、互文化、时新性、可视性、互动性等构成了新闻框架的基本内容③。从应用方式来看,新闻框架还涉及媒介的生产研究、内容研究和效果研究④。作为一种政治新闻报道,反腐新闻能够潜移默化地影响受众的政治主张和政治立场,因此反腐新闻也成为框架理论应用最为广泛的新闻形式之一。在反腐新闻框架构建中,通常运用内容分析的方法,从反腐新闻的议题内容、情感基调、价值导向、评价类型等方面进行建构,从而反映各类媒体在反腐舆论传播中的基本态度和立场。

(二)心理态度对青年干部清廉感知的影响

1."态度—感知"的影响路径

媒介接触并非直接对清廉感知产生影响,而是要经过青年干部的心理态度与个体特性等微观机制的中介作用。心理态度对清廉感知的影响主要

---

① T. E. Nelson, Z. M. Oxley, R. A. Clawson: "Toward a Psychology of Framing Effects", *Political Behavior*, Vol. 19, No. 3, 1997.

② 夏倩芳,张明新:《新闻框架与固定成见:1979—2005 年中国大陆主流报纸新闻中的党员形象与精英形象》,《新闻与传播研究》,2007 年第 2 期。

③ 杜骏飞:《框架效应》,《新闻与传播研究》,2017 年第 7 期。

④ 郭小安,滕金达:《衍生与融合:框架理论研究的跨学科对话》,《现代传播(中国传媒大学学报)》,2018 年第 7 期。

体现在"政治信任"与"腐败容忍度"的研究中。政治信任与清廉感知之间存在显著的相互因果关系[①]，清廉感知水平反映出民众对政治制度、党政机构、反腐败绩效的满意度和信任度。政治信任在不同媒体使用和腐败感知之间发挥"扩音器"或"消音器"的中介作用[②]。此外，社会中普遍存在的态度和信仰等文化因素也会显著影响民众的清廉感知。有学者指出，腐败容忍度与清廉感知存在正相关关系[③]。腐败容忍度是指公众能够在多大程度上接受腐败行为，即对腐败的接受程度或反腐败的意愿程度。腐败容忍度越高，更容易接受一些模糊的腐败行为，感知到的清廉水平就越高；而腐败容忍度越低甚至为零时，更不易接受一点腐败行为，反而会显著降低清廉水平。

2."框架效应"中受众心理框架的建立

框架理论认为，个体对于媒介信息框架的反应建立在大脑中的基模，即"解读图式"（Schema of Interpretation）的基础上[④]，也就是强调受众的心理态度会对感知和行为产生进一步的影响。社会心理学代表人物戴维·迈尔斯（David Myers）指出，态度是个体对人或事物的积极或消极的评价性反应，它通常植根于个体的信念，表现于个体的感受或者行为倾向中[⑤]。情感（Affect）、行为倾向（Behavior Tendency）和认知（Cognition）也被称为态度ABC理论的三个维度。从知、情、意、行四个维度出发，能够进一步细化受众的心理反应过程。在受众心理框架中，个体特性发挥着关键作用。个体在头脑中接收到不同类型的信息后，会与个体的既有特性发生反应，具有不同心理特性的个体在面对同一媒介框架时会形成不同的心理倾向，呈现出不同的心理反应过程。就青年干部的人格特性而言，本文认为影响青年干部心理框架的因素有四个，分别是政治知识水平、情感反应类型、政治立场和政治效能感。从这些要素出发，能够进一步认识青年干部对廉洁道德理论

① S. D. Morris, J. L. Klesner: "Corruption and Trust: Theoretical Considerations and Evidence From Mexico", *Comparative Political Studies*. Vol. 43, No. 10, 2010.

② 薛可，余来辉，余明阳：《媒体使用、政治信任与腐败感知：以中国网民为对象的实证研究》. 《吉首大学学报（社会科学版）》，2018, 39（6）：69–78. DOI: 10.13438/j. cnki. jdxb. 2018. 06. 009.

③ 倪星，孙宗锋：《政府反腐败力度与公众清廉感知：差异及解释：基于G省的实证分析》。

④ 杜骏飞：《框架效应》，《新闻与传播研究》，2017年第7期。

⑤ 戴维·迈尔斯：《社会心理学：第11版》，人民邮电出版社2014年版，第119页。

的了解程度、对廉洁价值理念的情感和价值认同水平以及反对腐败的意愿程度,为进一步探讨青年干部清廉感知的优化路径提供更有针对性的建议。

二、反腐新闻媒介框架对青年干部清廉感知的影响机制分析

本文借鉴施斐乐(Dietram Scheufele)框架研究的成果①,将反腐新闻媒介框架对青年干部清廉感知的影响过程分为三个阶段(图1)。首先是框架建立阶段(frame building),是新闻媒体对反腐新闻传播框架的主观性选择和构建,从议题、情感、价值、评价四个层面进行框架建构。其次是框架设置阶段(frame setting),媒介框架在对受众心理框架进行建构的过程中,受众的既定特性作为中介变量会影响框架建构的效果,表现出政治知识解读、情感定向反应、政治立场判断、政治效能评价等一系列心理反应过程。最后是个人层次框架后果阶段(individual-level effects of frame),受众的心理框架对其参与反腐的态度和行为意愿产生直接影响。

(一)议题框架影响下受众通过政治知识解读形成差异化反腐信息认知

新闻媒体在建立传播框架时,首先关注到新闻框架中最具决定性的方面,即新闻议题的设置。议题内容与新闻形式相比,起决定性的作用,形式则服务于内容,并对内容起着能动的反作用。一般来看,反腐新闻议题框架通常设置为腐败类和反腐类两大议题信息。前者着重对腐败犯罪案件细节、性质和惩处结果进行报道,后者主要是对反腐廉政案件、举措、政策、规章制度的解读和分析。当前,以人民网为代表的官方媒体,在设置反腐新闻议题时多以党风廉政建设内容为主,而澎湃新闻等非官方媒体的反腐新闻

---

① Dietram Scheufele, "Framing as a Theory of Media Effect", *Journal of Communication*, Vol. 49, No. 1, 1999.

议题则以腐败问题研究与分析为主①。

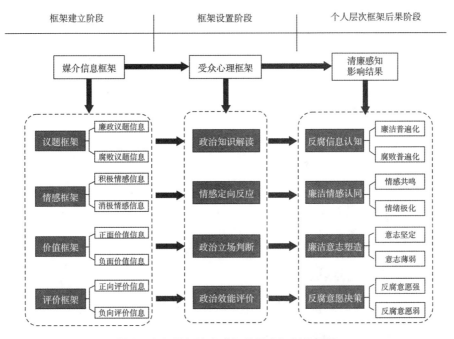

图 1　青年干部清廉感知的影响机制分析图

　　揭露腐败问题是新闻媒体的职责所在,宣传廉政政策同样是媒体的责任担当,两类议题是反腐报道的一体两面,议题框架能对青年干部的信息认知进行决定性塑造和有效性构建。反腐新闻议题设置的重心不同,就会使得青年干部在进行政治知识解读过程中形成差异化的反腐信息认知。信息认知是一个刺激感知、检索记忆、形成概念和建构意义的连续过程,认知程度由个体学习动机和认知能力共同决定②。启动(priming)是信息认知活动的起点,是对反腐新闻议题和政治信息的检索和处理。在反腐新闻信息处理过程中,青年干部的政治知识水平或政治意识水平(political awareness)会影响其对不同议题框架的政治信息解读。政治知识水平意味着对政治信息

　　①　刘婷:《澎湃新闻"打虎记"的反腐报道研究》,湖南师范大学博士论文,2016 年。

　　②　P. William, J. R. Eveland:"The cognitive mediation model of learning from the news: Evidence from non-election, off-year election and presidential election contexts", *Communication Research*, Vol. 28, No. 5,2001.

的储备程度和判断能力,政治知识水平越高,意味着掌握更丰富的政治信息和具备基本的信息辨别能力,能够在解读议题框架时更加坚持自己的既定框架,对于廉政类议题给予正面信息解读,而对于腐败类负面信息框架的抵制能力也会更强,这时就会形成"廉洁普遍化"的舆论认知,增强对反腐廉政建设的满意度和信任度。而政治知识水平越低,就会缺乏对反腐新闻舆论的正确判断能力,在腐败类议题信息接触中,腐败案件强曝光前提下,可能导致青年干部潜意识形成"腐败问题愈演愈烈"的判读,对社会反腐形势形成错误解读。青年干部的政治知识水平与党内政治生活考验和艰苦环境的锻炼息息相关。与中老年干部相比,年轻干部的实际工作经验和理论知识水平相对不足,因此政治知识储备程度和信息辨别能力亟待提高。

(二)情感框架影响下受众经由情感定向反应引发不同程度的廉洁情感认同

反腐新闻在生产和发布过程中,渗透了媒体记者的感情色彩和情感基调,构建起不同的媒体情感框架。反腐情感框架以反腐信息处理为中介,通过影响个人希望看到的信息类型以及处理信息的方式以塑造青年干部的政治行为习惯①。

在媒体时代,情感氛围(affective climate)是公众情感生成的重要社会场景,为反腐新闻传播奠定了两种不同类型的情感基调。一种是正面积极、理性健全的情感,是对腐败干部的痛恨厌恶、对清廉官员的崇尚赞扬、对反腐廉政建设的乐观态度。另一种是负面消极、非理性的情绪,是对腐败官员的羡慕、嫉妒、容忍,对腐败分子的非理性谴责和辱骂,对反腐败进展情况的冷漠。媒介的技术形态在受众情感表达和情感体验的过程中发挥了重要作用。一般来说,官媒是公共情感的重要生产主体,以积极正面情感倾向为主,非官方媒体在情感生产时呈现出多元化特征,凭借冲突、丑闻等"引入注目的论据",表现出情绪迎合、刻意渲染和故意夸大等负面情绪,影响青年干

---

① S. Webster, B. Albertson: "Emotion and Politics: Noncognitive Psychological Biases in Public Opinion", *Annual Review of Political Science*, Vol. 25, No. 1, 2022.

部的情感定向反应过程。

廉洁情感认同建立在受众信息接触、心灵感悟、情景评价和移情共鸣的基础上,是青年干部从内心情感出发对务实清廉等道德品质形成的积极的情感体验、感受和认同。在框架设置过程中,青年干部不仅仅是媒介情感信息的被动接收者,还通过不同的情感定向反应塑造着自身的舆论表达。在反腐舆论事件中,受众会习惯性地将正面或负面的情感价值附着在相关行为体、符号等情感对象之上,引发不同程度的情感认同[①]。青年干部的情感分为"基调情感"和"状态情感"两种类型,"基调情感"是一种长期稳定的情感,塑造了个体的信仰、忠诚、需求与喜好。"状态情感"是暂时集中的、对所处情境的一种应急情绪反应,影响了受众当下的行为,并在某些情势下改写了个体最初的目标、规划与行为习惯[②]。当"基调情感"占据主导地位时,青年干部会更为乐意接受积极正面的情感框架,而抵制负面消极的情感框架,继而引发廉洁情感共鸣。反之,当"状态情感"占据主导地位时,在接触负面情感框架时,会引起激烈的情绪反应,为情绪极化在公共舆论中的渗透提供了机会和可能。随着互联网技术的兴起,私域与公域之间的壁垒被打破,私人情感与公共情感迅速交融[③]。当私人"腐败猜想"通过网络多主体的转发不断累积情绪化支持,最终会转化为悲观主义的集体情绪氛围,客观上壮大腐败同盟军的势力,不利于引发廉洁情感共鸣。

(三)价值框架影响下受众通过政治立场判断产生不同程度的廉洁意志

反腐新闻具有鲜明的价值导向和意识形态立场,旨在通过建构媒介价值框架达到宣扬廉洁价值理念、传递反腐震慑信号、塑造受众正确立场的目的。反腐新闻价值导向正确,即遵循符合党和国家根本利益的新闻价值观和传播原则,就能凝聚人心、汇聚力量,坚定受众的廉洁意志;反之,新闻价

①② 郝拓德,安德鲁·罗斯:《情感转向:情感的类型及其国际关系影响》,《外交评论》,2011年第4期。
③ 袁光锋:《公共舆论中的"情感"政治:一个分析框架》,《南京社会科学》,2018年第2期。

值导向错误,就会动摇人心、瓦解斗志,削弱廉洁意志。从当前媒介传播的生态环境看,虚假与真实信息共生,隐私、色情、丑闻等腐败细节大肆传播以博取眼球流量,新闻的价值立场逐渐模糊,营造出反腐新闻的"媒介奇观"。经由媒介"放大器"的传播功效,反腐舆论的正向传播效果大大减弱。

青年干部的廉洁意志建立在稳固而正确的价值认同基础上。价值是"一种影响选择的建构",是个体态度、观念的深层结构①。在对各类价值进行正确的价值认知判断、价值评价选择之后,青年干部能够明辨是非,建立起对廉洁价值持久而稳定的信念,自觉奉行廉洁理念、长期遵循廉洁规范。面对不同的新闻价值框架,青年干部会基于自身的政治立场进行价值判断,形成不同程度的廉洁意志。与一般公众不同的是,青年干部的政治立场属性更为明确,在政党政治框架的持续影响下形成了与党派意识形态相一致的较为稳定的政治倾向。不同的政治倾向会对同一反腐议题产生不同的政治态度,党派倾向弱者更易受媒体框架影响,而党派倾向强者一般更易受到政党框架的影响。一般认为,当媒介价值导向框架与自身既定政治倾向保持一致时,就会激活青年干部在反腐信息判断时的既定立场,表现出更加鲜明的态度;如果二者相悖,青年干部则会抵制与自己政治立场不一致的价值信息框架②。在现实中,面对更为复杂的社会风气和形形色色的诱惑,部分年轻干部手握一定权力的同时,仍未建立起稳固的廉洁意志和坚定的理想信念。因此,在出现偏差的媒介价值导向和个体政治立场的共同作用下,青年干部非但不能形成"嫉腐如仇"的廉洁意志,反而可能会走向纵容腐败之路,弱化廉洁价值认同。

(四)评价框架影响下受众经由政治效能评价形成不同的反腐意愿决策

根据评价理论(The Appraisal System)可知,新闻评价主体通过话语介入

---

① 杨宜音:《社会心理领域的价值观研究述要》,《中国社会科学》,1998年第2期。
② 马得勇:《政治传播中的框架效应——国外研究现状及其对中国的启示》,《政治学研究》,2016年第4期.

渗透自己的态度立场,利用评价引导框架协商和调节青年干部对反腐信息的判断和鉴别①。作为一种政治类新闻,反腐新闻语言更具选择性,政治立场更具倾向性,评价色彩更加鲜明。其中,正向积极的评价信息能够为增强清廉感知和反腐意愿提供内驱力,而负向消极的评价信息则会弱化清廉感知,并增强腐败参与意愿。

反腐行为意愿是采取反腐实际行动的直接影响因素,青年干部的反腐意愿由个体的态度、知觉行为控制和外部的社会规范共同决定②。因此,在媒介评价框架的引导下,青年干部通过对自身政治效能感的认知和评价,形成不同程度的反腐行为意愿。政治效能感是个体对自身的政治行动影响政治过程或政治体系的能力的一种心理认知,是值得个人去实践其公民责任进行政治参与的行为信念。政治效能感分为内在效能感和外在效能感两种类型,青年干部的内在政治效能感越高,意味着对自身的政治参与能力和水平评价越高,对政府及其人员的行为倾向于持批判立场,腐败感知程度就更高,反腐意愿就越弱;而外在政治效能感越高,意味着对政府部门回应公众需要的政治效能评价越高,对政府及其人员的行为倾向于支持立场,对其腐败现象的感知程度越低,反腐意愿就越强③。社会规范理论强调,个体的政治效能评价会受到社会中其他个体行为感知的影响。青年干部作为网络社会化圈层中的一部分,不仅受到媒体主观框架设定的影响,还会受到读者专栏、新闻评论区中评论者个体框架的影响。为了避免被所属圈层孤立,青年干部会用社会规范不断修正和强化自己的观点,从而与多数人意见保持一致。这种社会化要求使得青年干部在反腐意愿决策中不可避免地受到官场"亚文化"的规范和约束,从而表现出不同的抉择方式。

---

① J. Martin: "Positive Discourse Analysis: Solidarity and Change", *Revista Canaria de Estudios Ingleses*, No. 49, 2004.

② I. Ajzen: "The Theory Of Planned Behavior", *Organizational Behavior And Human Decision Processes*, Vol. 50, No. 2, 1991.

③ 薛可,余来辉,余明阳:《媒体使用、政治信任与腐败感知——以中国网民为对象的实证研究》,《吉首大学学报(社会科学版)》,2018年第6期,第69-78页。

三、反腐新闻媒介框架下青年干部清廉感知的强化路径

腐败是社会毒瘤,也是政治之癌。干部腐化堕落案件的曝光和报道,不仅侵蚀党的健康肌体,也在网络舆论场引发舆论风暴,损害了干部在公众心目中的先进形象。随着党和国家反腐败斗争力度的加大,公众切实感知到国家治理腐败的信心和决心,对于反腐败工作的信心逐渐提升,更愿意参与到反腐败实践中。

习近平总书记曾指出,"年轻干部是党和国家事业发展的希望,必须筑牢理想信念根基,守住拒腐防变防线,树立和践行正确政绩观"[①]。清正廉洁是党和国家对青年干部队伍的本质要求。因此,加强年轻干部教育管理监督,建设一支信念坚定、知行合一、清正廉洁的高素质干部队伍,是中国反腐败斗争取得根本胜利的组织保障。加强腐败治理,宣传腐败治理成效,增强公众对反腐败工作的满意度,

反腐新闻媒介信息和青年干部心理态度是影响清廉感知的两个重要因素。在新媒介环境下,需要从优化反腐新闻信息供给框架和青年干部心理框架两方面入手,加强党的反腐舆论宣传力量,提升青年干部的清廉水平。

(一)晓之以"理":注重廉政议题设置,提升青年干部政治知识水平

通过优化反腐新闻的议题框架设置,提升青年干部的政治知识水平是强化清廉感知的首要要求。青年干部只有重视对廉洁道德规范准则的切实认知和系统学习,提升辩证思维和底线思维能力,才能为廉洁情感共鸣、廉洁意志认同、持之以恒践行廉洁行为奠定基础。

在媒介议题框架设置上,不论是传统党政媒体,还是各类新兴媒体,应

---

① 《筑牢理想信念根基 树立践行正确政绩观 在新时代新征程上留下无悔的奋斗足迹》,《人民日报》,2022 年 3 月 2 日。

将腐败类议题和廉政类议题设置相结合,以正确舆论引导青年干部的反腐信息认知。新闻媒体具有舆论监督和正面宣传两大职能,不仅要勇于揭露社会腐败现象,激浊扬清、针砭时弊,同时还必须实事求是进行报道,不能仅报道个别腐败现象,还要从全局上把握腐败事件的全貌;不能仅停留在腐败现象表面,还要探究其背后深层次的人性、制度和环境等要素的多重影响。新闻舆论监督的最终目的不仅仅是批评和揭露,还要发挥正确的舆论引导作用,为党和政府反腐败工作提供建设性意见。

对于青年干部来说,要努力提升廉洁认知水平,提高战略思维、辩证思维、底线思维能力。首先要提升辩证思维,坚持事物矛盾对立统一的法则。不仅要看到社会上腐败问题的严峻性,也要认识到中国共产党刮骨疗毒、严惩腐败的勇气和决心。面对新媒介环境中各类夸大腐败程度的"腐败传说",青年干部只有透过现象看本质,才能正确判断舆论形势,保持政治上的清醒和坚定。其次,青年干部还要增强底线思维,以廉洁自律作为干部为官从政的底线红线。如今,部分青年干部在新媒介接触中容易沉迷于网络游戏、网络赌博等物质欲望的享乐满足,他们亟须以年轻干部腐败的反面新闻为警示,在物欲横流面前知敬畏、存戒惧、守底线,养成崇廉尚廉的高尚道德情操。

(二)动之以"情":宣传积极情感基调,培育青年干部廉洁情感认同

在反腐新闻积极情感框架作用下,涵养廉洁情感认同是增强青年干部清廉感知的重点举措。只有形成对清廉务实、秉公用权等廉洁价值理念的情感共鸣和认同,才能够形成长期而稳定的廉洁情感反应,为青年干部反腐行为决策注入情感驱动力。

反腐新闻在情感表达上,应在客观理性报道的基础上宣扬积极情感色彩,激发青年干部内心深处的情感共鸣。通过树立廉洁自律的社会榜样,宣扬廉洁奉公的典型事迹,组织青年干部参观廉政教育示范基地、开展廉政宣誓等一系列方式,唤醒和激发青年干部的廉洁情感共鸣,培育廉洁情感认同。此外,还要注重规制和把关新媒介中腐败传说等谣言信息,强化对反腐

败社会神话的构建与运用。反腐败神话在激发反腐情感、重塑廉洁价值、敦促反腐败参与方面都发挥着巨大的力量①,能够帮助青年干部实现由腐败到清廉的根本性转变。

青年干部要自觉以清廉务实为准则,以清廉干部为榜样,对廉洁价值产生积极而深远的情感认同。列宁曾说:"没有'人的感情',就从来没有也不可能有人对于真理的追求②。"情感作为一种生理唤醒、意识体验、外显行为的混合物,能够调动和激发起热情、信任等积极情感因子,对人的感知和行动产生驱动作用。习近平总书记曾提出"做焦裕禄式的县委书记",这一号召不仅是对于所有县委书记的要求,更是勉励广大青年干部见贤思齐,以清廉务实的好干部作为思想标杆,对他们高尚的道德品质产生情感共鸣,树立正确的权力观、政绩观,并且将之贯彻到自己的日常工作生活中,为今后廉洁从政扣好"第一粒扣子"。

(三)笃之以"意":坚守正确价值立场,筑牢青年干部廉洁信念根基

以反腐新闻正确价值立场,筑牢青年干部廉洁信念根基,是提升青年干部清廉感知水平的关键抓手。高尚的理想信念、坚定的价值认同是促使青年干部将廉洁情感认同升华为坚定的廉洁意志,以克服消极情绪、与腐败势力坚决斗争的关键性因素。

首先,要明确反腐新闻价值立场,传播主流价值观念。习近平总书记强调,"积极、正确的思想舆论不发展壮大,消极、错误的言论观点就会肆虐泛滥"③。新闻媒体是社会舆论的"放大器",既能放大正确舆论的积极影响,也能放大错误舆论的消极影响。消极的腐败舆论无疑会销蚀和减弱青年干部的廉洁意志。因此,反腐新闻应明确价值立场和指向,传播积极正确的反腐主流价值观念,阻滞虚假错误的腐败信息传播,坚定青年干部反对腐败的决

---

① 袁柏顺:《反腐败神话与廉洁转型:基于香港案例的研究》,《河南社会科学》,2012年第10期。

② 列宁:《列宁全集》(第25卷),人民出版社2017年版,第117页。

③ 习近平:《习近平谈治国理政 第三卷》,外文出版社2020年版,第319页。

心与意志。

其次,强调社会效益优先,壮大正面反腐舆论。不论是哪类媒体,其本质属性都是党和人民的"喉舌",都必须牢牢坚持马克思主义新闻观,坚持党性和人民性原则,壮大积极正向的反腐舆论。新闻媒体要将经济效益和社会效益相统一,不能一味迎合市场需要,追求反腐报道的流量和卖点,兜售腐败猜想,而要以有利于维护社会和谐稳定作为反腐报道的根本价值导向。

最后,强化青年干部廉洁价值自我认同。青年干部廉洁价值形成是社会群体价值内化与自我价值建构的双向过程,其中自我价值认同是关键环节。青年干部如果能将廉洁信念内化为自我政治意识的一部分,就能增强党性立场,即使面对与自我政治倾向不一致的信息框架也能免受侵袭、坚定政治意志,真正筑牢廉洁信念根基。

(四)导之以"行":优化舆论引导环境,增强青年干部反腐参与意愿

正向的反腐新闻评价框架,能够塑造良好的网络舆论环境,激发青年干部反腐参与积极性。青年干部清廉感知是一个由"认知引导—情感认同—行为践行"构成的长期过程,其外显结果最终要落实到反腐行为践行层面,如自觉遵守廉洁自律准则、与腐败现象坚决斗争等。

第一,要充分发挥媒介把关作用,优化反腐舆论引导环境。Meraz(2013)指出,把关(gatekeeping)是对媒体内容和特定信息的监控、过滤和强化,也是对社会现实及意义的构建[1]。思想舆论领域普遍存在红色、黑色、灰色"三个地带"[2]。红色地带是党的舆论宣传的主阵地,要着重加强官方媒体对反腐舆论的正面引导作用,积极宣传国家反腐倡廉相关政策。黑色地带主要集中于以商业性和娱乐性为显著特征的非官方媒体中,要加强对其负面信息监管,采用社会引导的方式确保新媒介信息传播的真实客观性。灰

---

① S. Meraz, Z. Papacharissi: "Networked Gatekeeping and Networked Framing on Egypt", *The International Journal of Press/Politics*, Vol. 18, No. 2, 2013.

② 习近平:《论党的宣传思想工作》,中央文献出版社 2020 年版,第 328 页。

色地带则要尽可能争取并使之转化为红色地带。

第二,要激发反腐内驱力,增强青年干部政治效能感。大多数青年干部的政治思想素质较高,尤其是在面对反腐舆论风暴中的歪风邪气和不正之风时,要敢于亮剑、坚决斗争。通过长期的反腐参与实践,逐渐体悟到政治参与的价值和意义,不断提高自身的政治参与能力和水平。当然,青年干部在日常接触媒介时,还要有意识地提高自身媒介素养,提高思考、辨析和评价反腐信息的能力,不断增强网络廉洁自律意识,保持严肃的生活作风、培养健康的生活情趣,努力成为知行合一、主动担当作为的新时代青年干部。

国际比较视野下一体推进
"三不腐"的治理效应与治理智慧[①]

李红权[②]

腐败是权力的毒瘤和政治的伴生物,是世界各国政府面临的挑战。党的十八大以来,我国探索出一体推进"三不腐"的腐败治理模式,这一模式既符合世界范围内腐败治理的一般规律,又具有显著的中国特色。在国际比较视野下,根据全球腐败治理的主要趋势与反腐败成功的关键要素,一体推进"三不腐"是腐败治理的中国方案,具有鲜明的中国比较优势,并且产生明显的溢出效应,对于世界范围内解决发展中的腐败问题做出了中国贡献,充分体现了破解腐败治理这一全球性问题的中国智慧。

腐败自古以来是人类社会难以根治的痼疾,是世界各国经济社会发展的共同敌人。到目前为止,没有任何文明、任何制度、任何国家能够把腐败彻底铲除,无论是资本主义国家还是社会主义国家,无论是发达国家还是发展中国家,都不同程度地受到腐败的侵蚀。"腐败是一个长治不竭的问题。每时每刻,在全球范围内,在世界的每一个角落,腐败都在张牙舞爪。"反腐败是全球范围内的紧迫任务,建立有效的腐败治理模式是各国政府必须回答的治理课题。进入新时代,我国在持续深入推进反腐败斗争过程中,逐渐形成了一体推进"不敢腐、不能腐、不想腐"的腐败治理模式,这一模式打破了原有腐败治理模式的路径依赖,既体现了全球腐败治理成功的关键要素,

———

① 基金项目:国家社科基金重点项目"党的十八大以来全面从严治党守正创新与政党治理新形态研究"(项目编号:22AZD023)。

② 作者简介:李红权,东北师范大学廉政研究中心主任,教授,博士生导师。

也具有显著的中国特色。一体推进"三不腐"对于解决腐败治理难题,具有强烈的示范效应和参考价值。正如剑桥大学政治和国际研究系教授马丁·雅克评论的,"中国不仅在解决自己国家的难题,而且在解决一个全球性问题"。中国共产党作为世界上最大的马克思主义政党、中国作为最大的社会主义国家,治国理政、推动社会发展进步的全部实践都具有开创性意义,如何破解腐败治理难题,中国理应也必须为人类做出新的更大贡献。基于国际视野、比较视角、中国立场,从腐败治理的一般规律入手,纵观全球腐败治理成功的基本要素,中国探索出的一体推进三不腐,呈现出中国对于反腐败问题的治理效应和治理智慧,为全球范围内破解腐败难题提供了不同以往的中国方案。

一、全球腐败治理的主要趋势与反腐败成功的关键要素

腐败是导致当今世界诸多问题的重要因素之一,对社会造成了多方面严重危害,不仅破坏公平正义,损害了公民个人利益,扰乱正常的社会秩序,还会阻碍经济发展,造成政局动荡,加剧社会分裂。腐败具有极强的传染性,随着现代通信技术突飞猛进,经济全球化快速发展,腐败行为日益呈现出复杂化、国际化的特征。据世界银行保守估计,每年单是公司或个人行贿的数额就高达 1.5 万亿美元,占全球 GDP 的 2% 。由此可见,腐败不仅是影响各国社会问题和经济问题的一大因素,也是阻碍联合国实现 2030 可持续发展目标的一大因素。在全球深度一体化的背景下,腐败治理成为一个全球性的难题。针对顽固性腐败问题,各国都努力寻求解决方法。

(一)当前全球腐败治理的主要趋势

腐败治理是全球治理的重要内容,也是当前全球治理的关注焦点和各国政策议程的关键事项。近年来,国际形势错综复杂,"腐败"与"反腐"继续成为各国政治话语体系及双边多边国际场合的高频词,"要反腐,真反腐"成为各国执政党在纲领和行动中必须"双重回应"的民众关切,打击和预防腐败成为当前世界各国和各级组织腐败治理的主要趋势。

1. 全球层面和区域层面的反腐败发展趋势

在全球层面和区域层面,各反腐组织依然活跃,反腐内容也更加全面具体。近年来,世界多国曝光出一些重量级腐败案件,利益输送、以权谋私等"政治之癌"的根治之路"道阻且长"。面对日益严峻的腐败形势,世界各国和各级组织针对"全球公敌"纷纷采取措施,开展大规模反腐败运动,凝聚成一股强大的反腐力量。联合国、世界银行、经合组织、欧洲委员会及欧盟等国际组织或区域组织积极参与全球以及区域反腐斗争,推动《反腐败公约》实施,对腐败保持高压和零容忍态度,严厉打击非法贸易中的腐败,这些国际组织采取的举措以及透明国际公布的年度清廉指数共同表明当前全球反腐败形势依然严峻复杂。但面对腐败顽疾,各国和国际反腐组织积极应对,反腐败政治意愿逐步高涨,反腐败刑事处罚力度持续加码,进一步深化反腐败多边合作,一系列反腐政策制度、措施策略和国际合作成果相继问世。

2. 全球范围内反腐败的主要特点

从各国曝光的腐败案例及其公布的反腐败统计数据来看,全球采取的反腐败措施和行动,主要有四个方面的特点:一是严厉打击腐败及腐败分子。各国反腐浪潮不断高涨,反腐败的力度不断加大,一些国家甚至掀起了一场全国性的反腐风暴,致使大量涉及腐败的政客官员落网。二是增强反腐败法治力量。为了提升反腐败法治效能、巩固反腐败效果,各国各地区注重完善反腐败法律法规,提高反腐败的法律制度在内容上的全面性和廉政法律体系的完备性。三是企业反腐败持续升温。随着越来越多的政府官员卷入金融腐败,企业面临的腐败风险越来越大,企业反腐败引起了国际社会的广泛关注,要求企业不断加大反腐力度。四是反腐败国际协作不断加强。面对跨国化腐败问题的不断加剧,国际社会和相关国家展开了反腐败协作,加强国际追逃追赃反腐败合作,形成国际公约框架下共同打击跨国腐败的联合力量和多边反腐败的合作模式。

(二)一般意义上反腐败成功的基本要素

人类虽然在短期内不能彻底消灭或铲除腐败,但可以控制腐败,甚至可以取得反腐败的成功,使腐败发生率尽可能降到最低水平。如果以透明国际发布的 CPI 指数为依据,在当今世界上得分始终超过 8.0 分的国家和地区的大部分取得了反腐败成功。"国际上每个国家都根据自身的政治制度、文化传统和法律体系建立了相应的反腐败模式。"反腐败有其逻辑规则,反腐败成功之前,一般都会是一个腐败高发期、多发期。在迈向成功的重要转折时期,到底是什么样的因素起了作用,促使反腐败摆脱了"越反越腐"怪圈并最终走向成功? 通过前后因果的对照,依据国际社会上的通用标准,结合透明国际、世界银行等腐败测量结果的研究,以及美国、新加坡和中国香港等国家和地区反腐败的历史进程,可分析出全球范围内有关反腐败成功的关键因素或必要条件。总结当前各国反腐败成功的关键因素或必要条件有以下几点。

1. 反腐败的坚定政治决心

执政党、政府以及国家领导人对反腐败的态度和决心,是影响反腐败能否成功的决定性因素,即反腐败要成功,必须要有坚若磐石的决心和彻底解决腐败的意志。这种决心要落实到实际行动上,且要坚定不移、不打折扣。反腐败的政治决心具体体现为,一是在反腐败的战略部署上,要彻底解决腐败问题,将反腐败作为政治目标而不是手段工具;二是执政党和国家领导人要廉洁公正、坚持原则,对自身及其所属团队也要不回避、不随意地反腐;三是要将反腐败决心体现到推进制度性反腐上来,坚定法治和制度建设,杜绝出现只处理一些个别案件就结束反腐进程的现象。只有持续加大坚定到底的反腐决心,才有可能取得反腐败胜利。无论多好的反腐机构、多精干的人员、多新的技术配备或者多雄厚的资金支持,都取代不了最高层坚定的反腐决心。

2. 科学的反腐败战略战术

反腐败要取得成功必须要有战略战术的安排,反腐败的战略战术应当是综合性的,包括以打击为主的反腐败行动,反腐败法律建设,反腐败教育等。反腐败战术,是反腐败实施的策略安排、推进方法,主要有以下几个方面:一是有明确的反腐败目标,并围绕目标对反腐败战略进行整体设计,这一目标的定位在于彻底地解决腐败问题,取得反腐败成功;二是有持续的反腐败行动,具体包括持续地打击腐败行为、反腐败的国际合作、反腐败的宣传攻势等,提升反腐败执行力;三是开展反腐败的法治建设,运用法治思维和法治方式思考、谋划、解决重大腐败问题,推动反腐败法律制度的完善,使腐败分子承担更高的成本和风险以及更多的反腐败法律责任;四是开展反腐败教育、廉洁文化建设等工作,强化理论武装,推动社会和公职人员对腐败抵制,统筹反腐力量。科学的战略战术是反腐败斗争成功的重要保障。

3. 独立权威的反腐败机构

世界范围内反腐败成功的一条重要规律,就是必须要有足够独立和权威的反腐败机构。反腐败机构的任务专一、授权充分、力量集中、手段强硬,其独立性、权威性体现在以下几个方面:一是反腐败专门机构为垂直管理,具有独立的人财物权力,组织结构严密,层级关系简单,便于统一指挥和统一行动;二是将预防和惩处腐败的重要职能集中整合为一个权力集中、功能强大的机构,以保证在实际的反腐中不受制约、具有较高的独立性和灵活性;三是反腐机构拥有的权力要足够充分,既要拥有秘密调查的权力,也要有推行预防制度改革的权力;四是反腐工作人员要进行职业化和专业化的培训,形成一支正规化而非业余化的反腐机构队伍。增强反腐败机构的相对独立性和权威性,有利于提高工作质量和工作效率,扫除腐败毒瘤,大力提升反腐的效果。

4. 社会公众的支持与零容忍

作为腐败前兆的轻微违法行为如果不能被及时干预、处置、治理,则会促使腐败之人心存侥幸,并鼓舞那些潜在的腐败分子,最终导致腐败程度和数量大幅度增加。因而,社会公众的支持和零容忍是反腐败成功的重要条件,人民大众支持与否,会直接影响反腐败效率和成效。这方面主要包括:一是社会公众对腐败的零容忍。公众在思想上和行动上要与腐败划清界限,坚决抵制腐败影响,远离腐败,做到洁身自好;二是社会公众有举报腐败行为的意愿。社会公众身边往往存在腐败行为或者滥权行为,应该做到只要发现腐败必定举报揭发,并且督促相关机构对举报揭发的腐败问题进行调查、处理以及结果公示;三是社会公众对政府反腐败进行客观评价。公众要正确认知政府反腐败行为,对反腐败取得的成效和反腐败工作中存在的不足,如权力制约和监督的制度、机制不健全不完善,进行客观公正的分析与评价。要取得反腐败的成功,社会公众要坚决抵制腐败,要勇于揭露腐败问题、敢于同腐败行为作斗争,以实际行动遏制身边的腐败现象。

(三)一体推进"三不腐"与反腐败成功要素的契合度

对于执政的中国共产党和中国政府而言,反腐败斗争关系民心这个最大的政治,是一场输不起也决不能输的重大政治斗争。党的十八大以来,我们在反腐败斗争中取得了显著成效、积累了重要经验,其中非常重要的一个方面是"确定了一体推进不敢腐、不能腐、不想腐作为反腐败斗争的基本方针"。根据对全球范围内反腐败的趋势和反腐败成功的要素比较分析,不难发现我国反腐败斗争的基本方针与反腐败成功要素具有高度契合度。一体推进"三不腐"蕴含着反腐败成功的要素:以习近平同志为核心的党中央反腐败的坚定决心;惩治、德治、法治一体,"打虎""拍蝇""猎狐"并进的反腐败战略战术;纪检监察体制深化改革,构建起高效权威的国家监督体系;社会公众对腐败的零容忍以及对政府反腐败工作的支持。这些要素表明一体推进"三不腐"体制机制符合反腐败成功的一般规律。

一体推进不敢腐、不能腐、不想腐,体现了我国对反腐败方针、方法、方向的与时俱进和不断深化,进一步巩固和发展反腐败斗争压倒性胜利。"不敢"指的是以严格的执纪执法形成威慑,充分运用"四种形态",使党员干部从害怕被调查和处分到敬畏党和人民以及党纪国法而"不敢";"不能"指的是通过完善党和国家监督体系,推进反腐败国家立法,加强重点领域监督机制改革和制度建设,使党员干部因制度而"不能";"不想"指的是通过加强思想道德和党纪国法教育,涵养廉洁文化,不断巩固深化主题教育成果,使党员干部因觉悟而"不想"。"三不腐"是相互贯通、相互协调、环环相扣的系统反腐工作,因此要把一体推进的科学方法落实到惩贪反腐的全过程、各层次。不敢腐、不能腐、不想腐三个方面蕴含的政治决心、反腐败行动、反腐败机构、社会公众的态度,印证了一体推进"三不腐"体制机制是一种积极的腐败治理模式,体现了我国"要反腐""真反腐""可持续反腐"的决心,发挥了我国社会主义制度在腐败治理上的制度优势,为我国实现反腐败目标奠定基础。审视中国当前及其以后的反腐败工作,既要看到反腐败所取得的巨大成绩,也要认真分析反腐败实践中发现的不足,同时还要看到中国共产党反腐败的坚定政治决心,以及中国反腐败模式的独特性。一体推进"三不腐"体制机制绘就了反腐败未来发展的蓝图,中国的反腐败道路必然会越走越光明,廉洁中国的梦想也必将最终实现。

二、一体推进"三不腐"形成了腐败治理的中国方案

从压倒性态势到压倒性胜利,表明反腐败斗争取得了阶段性的胜利;表明党的十八大以来中央以反腐作为突破口的治理与改革取得了政治性、全面性、系统性的战略成果;表明党的十九大以来反腐败斗争取得了更高层次的新成效。反腐败斗争压倒性胜利为党的治国理政开创了一个重要的转折点,使我国的改革发展进入一个新阶段。在我国反腐的实践中,很多方面都体现了一体推进三不腐的科学方法,如落实中央八项规定精神中的查处通报、健全机制、党性教育,以及巡视巡察中的发现问题、有腐必反、以案促改等都体现了一体推进"不敢""不能""不想"。由此可见,一体推进"三不腐"体制机制,凝结着对以权谋私行为、腐败问题发生机理的深刻洞察,是我国全面从严治党和治国理政的重要突破口。一体推进"三不腐"体制机制为反腐败斗争压倒性胜利做出了巨大贡献,具有"中国廉政方案"的属性和价值。一体推进不敢腐、不能腐、不想腐体制机制打开了"廉政突破口",创造了"廉政转折点",迎来了"廉政机遇期",形成了"政党中心"中国廉政方案。

(一)一体推进"三不腐"打开了廉政突破口

党的十八大之后,面对国家强大的历史机遇和民族复兴的历史重任,以习近平同志为核心的党中央直面党内存在的各种问题,采取了高压反腐、标本兼治的方针,以反腐败为全面从严治党、治国理政、深化改革破除障碍,形成突破口。中央对反腐败斗争的形势做出了新判断,从"两军对垒、胶着状态"到"压倒性态势正在形成",从"压倒性态势已经形成"再到"取得压倒性胜利",把依然严峻复杂贯穿其中,表明中央对反腐败斗争长期性、艰巨性、复杂性的科学认知和准确定位。一体推进"三不腐"体制机制,在反腐败斗

争中发挥了巨大作用,遏制了腐败蔓延势头,打破了利益障碍,突破了体制机制壁垒,为全面从严治党和治国理政打开了突破口,使一系列深化改革举措得以顺利实施。

1. 遏制了腐败蔓延势头

在以习近平同志为核心的党中央坚强领导下,一系列重大决策部署指引下,各级纪检监察机关坚持反腐败“不封顶、无禁区、全覆盖、零容忍”态度,采取国内“打虎”“拍蝇”、国际“猎狐”相结合的手段,进行动真碰硬的惩贪治腐。党的十八大以来,所有触犯了党纪国法的高级领导干部,皆受到严肃追究和严厉惩处。国内的和逃往海外的腐败分子,不管哪个范围、哪个领域,也不论其职务高低,只要违法乱纪,都严惩不贷,实现了“打虎”“拍蝇”“猎狐”全覆盖。在落马官员的处分通报中非常具体地指出了其存在的问题,且措辞十分严厉,彰显了党中央敢于刀刃向内、淬火成钢的反腐决心和自信。真正做到“打虎”不停歇、“拍蝇”不手软、“猎狐”不止步,使得腐败存量显著减少,腐败增量有效遏制。且使越来越多的腐败分子在限期内主动说清问题,这与过去完全不同,有力诠释了反腐败压倒性胜利的取得。一体推进“三不腐”体制机制,推动反腐败斗争从一个胜利走向另一个胜利,并为进一步巩固发展反腐败斗争压倒性胜利奠定更加坚实的基础。

2. 打破了利益固化的藩篱

一体推进“三不腐”不仅是惩贪治腐的基本方针,也是从严治党、深化改革的重要举措。反腐败斗争向纵深推进的过程就是不断突破利益固化藩篱的过程。利益固化格局的形成主要有三方面原因,其一,组织机构对权力的自然垄断以及个体对公共权力的不正当使用;其二,既得利益者为了维持其应得利益的持久性,反对和拖延一切改革;其三,现有体制成为利益相关者的“保护伞”和“护身符”。要打破利益固化的藩篱,必须从内往外深刻改造利益相关者,解放和打破利益格局。反腐败为打破利益固化的藩篱带来了“破冰效应”。以查处工程项目案例为例,在一大批国企贪官被清理出来后,连带一些标杆性人物落马,铲除了长期亦官亦商、大肆攫取巨额经济利益的贪官污吏,斩断了官商固有的利益链。此外,随着反腐斗争工作的推进,“搞政治攀附”“搞团团伙伙”“培植私人势力”以及拉关系买官和谋取荣誉等诸多不正当利益也被逐一查处、逐一清理。一体推进"三不腐"工作有效地扫除既有利益的深层次障碍,为打破利益格局的藩篱创造了良好条件。

3.突破了体制机制束缚

由于我国前些年体制机制的不健全,贪污官吏的权钱交易、权色交易犯罪情节恶劣、涉案金额巨大,事态相当严重。针对此问题,习近平总书记给出解决方案,强调要坚持用制度管权管事管人,抓紧形成不敢腐、不能腐、不想腐的有效机制,把权力关进制度的笼子里。要取得不敢腐、不想腐、不能腐的显著成效,必须配备齐全的制度措施。在此情形下,党中央推动了纪检监察体制改革,国家监察委员会同纪律检查机关合署办公,建构起了权威高效的反腐败工作体制机制。根据监督检查、巡视巡察中发现的体制机制问题和制度漏洞,进行分类处置、统筹管理,推动以案为鉴、以案促改。坚持实践探索在前、总结概括在后,党中央先后多次修订与正风反腐密切相关的党内法规制度,反腐败立法执法,问责机制,使反腐的制度笼子越织越密。一体推进"三不腐",凝结着对不正之风、腐败问题发生机理的深刻洞察,不断推动着反腐败机制体制的创新与发展。从目前的反腐败效果来看,改革形成的体制机制成果有目共睹。

(二)一体推进"三不腐"创造了廉政转折点

压倒性胜利,是不敢腐震慑的强化、不能腐笼子的扎牢、不想腐自觉的增强三者相统一形成的整体态势。党的十八大之后,治党治国以反腐败作为突破口,党的十九大之后反腐败取得了压倒性胜利,为廉政开创了一个转折点。这个转折点,意味着以反腐败为突破口的治党治国策略的有效性、科学性、持续性,意味着反腐败斗争形成的正向效应能够在今后较长时期内推动国家的治理变革与加速发展,意味着"大党治理"与"大国治理"的有机统一与统筹协调。一体推进"三不腐",以刀刃向内的自觉和正视问题的勇气,从自身治理出发不断推进自我革命,标本兼治的综合效果更加显著,为廉洁政治创造了转折点,使党的建设出现新气象、治国理政实现新飞跃。反腐败压倒性胜利的取得,人民群众对党的信心空前高涨,党的执政基础进一步巩固,保证了党能够担负起并完成好新时代的历史使命,推动了现代政党与现代国家的共同成长。

1. 党的建设出现新气象

一体推进"三不腐"体制机制,锻造了新形势下中国共产党人的"灵魂"与"体魄",折射出党的建设深刻转变,展现出不同于以往的新气象。经过几年来的艰辛努力,反腐败斗争取得了成效,消除了党和国家内部存在的严重隐患,党内政治生活气象更新,党的创造力、凝聚力、战斗力显著增强,使党在革命性锻造中更加坚强,焕发出新的强大生机活力。党的十八大以来,习近平总书记坚持问题导向,从根本上防止和消除权力腐败,紧紧围绕全面从严治党,着力解决党的领导不力、党的建设不力、党的软弱无力等重大问题。从政治、思想、组织、作风、纪律、制度等各个方面采取有力措施,大力解决和克服冲击带来的挑战和危险,极大地维护和巩固了在新的历史条件下党的领导,党自身也变得更加自信、更加成熟、更加坚强。一体推进不敢腐、不能腐、不想腐,是全面从严治党的重要方略,引领全面从严治党不断向纵深推进,进一步加强了党的建设、保证了党的先进性和纯洁性。反腐败取得压倒性胜利之后,党在新的历史起点上对党的执政规律、国家建设规律等都有了深化和拓展,这是新时代中国共产党的建设展现出新气象的重要表征。

2. 治国理政实现新飞跃

党的十八大以来,党中央以铁的纪律正风肃纪、兴利除弊,推动党和国家事业在不断自我革新的过程中砥砺奋进,开辟了治国理政新境界。坚持中国特色社会主义政治发展道路、引领经济发展新常态,增进群众获得感,使我国在社会经济、科技文化、人民生活等方面发生了翻天覆地的变化,取得了举世瞩目的伟大成就。习近平总书记多次强调要借助反腐斗争压倒性胜利和全面从严治党新成效推进国家治理现代化,加大金融领域反腐力度,坚决查处资源配置、土地规划、建设工程等领域的腐败,把政治领域和经济领域交织的腐败案件作为重点审查内容,常态化监督执纪"四种形态",用纪律管住"大多数",用法律严惩"极少数",始终保持惩处腐败高压态势,为党和国家各项事业发展提供了强有力保证。新时代,也唯有坚定不移继续一体推进不敢腐、不能腐、不想腐体制机制,不断完善制度改革,才能不断推进国家治理体系和治理能力现代化,才能真正开启治国理政新的飞跃。

（三）一体推进"三不腐"迎来了廉政机遇期

反腐败斗争压倒性胜利，必将成为中国特色廉洁政治的新起点。反腐败是世界性难题，一直以来，国际社会的反腐方案都具有"民主""多党""分权"等西方话语色彩。但纵观世界，无论是自称民主模式的欧美发达国家，还是被西方视为"民主"的发展中国家，都没能摆脱腐败的侵蚀，西方制定的治理方案没有取得实际绩效。相反，中国共产党坚持一体推进不敢腐、不能腐、不想腐，有序推进自我净化、自我纠错，形成了反腐败的新经验，实现了反腐败斗争压倒性胜利。压倒性胜利开创的转折点，将在国家政治系统的核心层（政党）、公共权力运行的中间层（政府）、国家意志执行的基本层（干部）开创新的境界，成为廉洁政治建设的新起点，一体推进"三不腐"体制机制为廉洁政治迎来了机遇期。

1. 政治清明站在新的起点上

净化政治生态，必须持续进行反腐败斗争，着力推进不敢腐、不能腐、不想腐的有效机制。一体推进"三不腐"的体制机制，在原有的基础上巩固拓展了党风廉政建设成效，使党内政治生活更加规范，党的纪律日益严明，党内政治文化得到良好培育，推动政治清明站在新的起点上。各级纪委监委在不断加大监督执纪问责力度，促成"不敢腐"有效机制的同时，继续加大整治源头腐败力度，健全"不能腐、不想腐"防范机制，坚持纠"四风"与树新风齐头并进。党中央以"两个维护"为根本，深入分析各地的政治生态状况，不断强化政治监督，完善党内政治生态工作的方式方法、职责分工、运行机制，逐步优化政治生态。在持续保持正风肃纪的强劲势头过程中，要求广大党员干部把正风、反腐、肃纪当作政治必修课，彻底整治隐形变异"四风"问题。通过守住政治纪律之戒、把好政治标准之关，使党内政治生态建设取得了明显成效，成为永葆政治本色、建设廉洁政治的新起点。

2. 政府清廉站在新的起点上

在党中央的战略部署和坚强领导下，有序推进政府治理，权力寻租空间被进一步压缩，政府清廉站在了新的起点上。建设清廉政府，反对腐败、倡导清廉是各国执政党和政府面临的共同课题，更是世界各国人民普遍的美好愿望。在当代中国建设政府清廉和反腐败斗争中,党和政府已做出了巨大的努力,取得了反腐败斗争的压倒性胜利,为政府清廉奠定了坚实基础。清廉政府应当是成本最低、离人民最近、程序意识最浓、公开化程度最高、自我约束最强以及修复机制最好的政府,因此需要建设服务政府、责任政府、法治政府、廉洁政府。清廉是政府行政最重要的价值目标和价值追求,也是反腐败斗争的总目标。要实现政府清廉,反腐败斗争是路径,必须推行政务信息公开、规范权力运行方式,深化"放管服"改革。在政府工作中推进不敢腐、不能腐、不想腐机制,已成为当前我国清廉政府建设的基本认识、重要经验。一体推进"三不腐"提高了政府清廉度,转变了政府形象,使政府清廉迎来了新的起点。

3. 干部清正站在新的起点上

干部清正是政府清廉的基础,没有干部清正就谈不上政府清廉,管好干部、就能抓好党风政风。领导干部的"清正"是政治品格的本质要求,它要求领导干部具备信念坚定、为民服务、勤政务实、敢于担当等清正廉洁品质,真正做到秉公执法、严于律己、拒腐防变,把"清"字渗透到思想灵魂深处。要赢得民心、拥有威信,领导干部就必须保证廉洁。各级党政干部做到清正的关键,在于要深入分析和总结党风廉政建设的规律,强化不敢腐的震慑,扎牢不能腐的笼子,增强不想腐的自觉,深化标本兼治,夯实治本基础。一体推进不敢腐、不能腐、不想腐,巩固和发展对领导干部进行反腐败取得的胜利成果。只有从严治吏、从严管理干部,才能保证党员干部自身清正干净,保证党员干部不为利益所困,坚持原则,坚决与不正之风作斗争。全面落实管党治党政治责任,抓好"关键少数",加强每位党员干部的党性锻炼,使其树立正确的权力观、地位观、利益观,促进干部清正态势站在新的起点上。

(四)一体推进"三不腐"开创了"政党中心主义"的腐败治理模式

反腐败体系的构建离不开政治体系的建设,其特性直接体现政治体系的成熟程度。在任何政治体系中,公共权力的异化必然导致政治体系的衰退,那么"构建防止公共权力腐化蜕变的反腐败体制机制,就成为政治体系得以维系和巩固的基本条件"。一体推进"三不腐"体制机制的建构与实施，就与国家和政治体系的建设和发展紧密相连，由此形成了以政党为中心的腐败治理方案。"廉政突破口""廉政转折点""廉政机遇期"的取得，是以执政党为中心推进"三不腐"的实践成果。中国共产党是中国政治体系和国家治理体系的建设者与推动者，国家反腐败体系的建立和完善是以中国共产党反腐败为起点逐渐发展起来的。政党始终是反腐败体系的中心力量，以政党为中心惩治和预防腐败具有巨大的制度优势和反腐效率。将反腐败斗争寓于政党治理和国家治理之中，能够以执政党高度政治自觉，自上而下地推动廉洁政党、廉洁国家、廉洁政府、廉洁社会的一体建设。一体推进"三不腐"形成的"政党中心"的中国廉政方案，彰显了中国共产党作为马克思主义执政党的责任担当，体现了以习近平同志为核心的党中央的政治智慧，昭示了一个大党的政治自信与政治自觉。我们党反腐败压倒性胜利的取得，表明我国实现了改革发展稳定与腐败治理的有效并行，为世界范围内解决转型期现代化建设和腐败治理问题给出了不同于西方的答案，在国际社会形成了广泛的共识、强烈的示范效应和"搭便车"福利，具有重要的经验价值和借鉴意义。

三、一体推进"三不腐"彰显中国腐败治理的比较优势

对于我国反腐败斗争呈现的优势，专家学者们进行了许多有益的探讨，肯定了我国反腐败的指导思想、方针政策、工作格局、工作机制以及基本的制度框架等，认为只要将中国的这些特色和优势发挥好，反腐败斗争将不断取得新的成效。我国反腐败工作具有众多特色和优势，值得许多国家借鉴。但值得明确的是，一个国家的实力强弱、制度好坏、治理良劣，需要在国际比较的基础上加以结论，反腐败问题的研究也需要从国际比较的视角加以分析。腐败是一个历史性、全球性、现实性的问题，世界主要国家也形成了本国的反腐败体系，通过对不同国家腐败治理的成效进行对比审视，才能分析出某种反腐败模式的优劣。

（一）全球主要国家反腐败的基本模式

由于各国腐败的程度和腐败活动的范围、形式和手段各不相同，反腐败的动机和目标也不尽相同，但是，反腐败斗争已成为各国和地区面临的共同难题。针对日益严重和复杂的腐败现象，世界上许多国家都形成了本国的反腐败模式，并设立了专门的反腐败机构对腐败问题进行调查和治理。基于此，通过掌握和了解国际社会上反腐败的基本模式，从国际比较的视角对不同国家腐败治理的成效进行对比审视，可进一步把握我国反腐败的"比较优势"。

1. 世界上主要国家反腐败的总体模式

现有学者对国际上的反腐败模式从不同角度进行了概括，主要有：司法反腐、执政党反腐、经济反腐、国际合作反腐模式，廉洁官僚模式、权力制衡模式、政党自律模式，重法促廉、低薪清廉、高薪养廉、以法导廉模式，运动反腐、权力反腐和制度反腐，这几种划分基本涵盖了世界上主要的反腐模式。对于世界上代表性国家的反腐败模式及其相关体制机制，借助"模式—体制—机制"的逻辑对其进行综合分析。考察这些反腐败模式，可大致分为两大基本类型，即议会主导型反腐败模式和行政主导型反腐败模式。在这两种模式之下，有四种相关体制，即政党内部反腐败体制、司法反腐败体制、经济反腐败体制和国际合作反腐败体制。在反腐机制层面上，惩处打击、权力制衡、道德教化以及社会监督这四大机制为主要组成部分。世界上反腐经验丰富、反腐体制成熟的国家都设立了独立的反腐机构，对腐败行为进行充分且强制的调查惩处。通过相关的反腐立法，对腐败行为进行遏制和管理，对社会公众和拥有公权力的人员进行反腐败宣传教育。运用法治反腐已经成为共识，"越来越多的国家重视采取制度性的对策应对腐败，更加重视法治反腐，注重通过修订立法、健全法律体系来提升反腐败效能"。此外，舆论媒体、社会公众以及非政府组织对拥有公权力人员的腐败行为进行监督，从而在社会上形成监督和谴责腐败行为的良好风气。

2. 世界上主要国家反腐败的机构模式

对于权力机关的腐败问题及其在腐败治理方面的缺陷，建立反腐败机构是各国各地区反腐败的普遍做法。所谓反腐败的机构模式,是指一个国家的反腐败机构及其职能设置模式。总体而言,随着反腐败斗争形势的复杂化,各国反腐败机构及其职责范围也在不断地调整和拓展。由于各个国家和地区的国情不同,"反腐败机构的职责范围存在差异,根据工作内容可分为综合模式、调查模式和预防协调模式"。综合模式是指一些国家和地区的反腐败机构具有调查、预防、教育等多样化职能的模式。其中,采取执法、预防、教育三重职能模式,包括印尼反腐败委员会、乌干达政府监察总署、波兰中央反腐败局和香港廉政公署等反腐机构;采取惩治和预防双重反腐败策略,包括马来西亚反腐败委员会、泰国国家反腐败委员会、立陶宛特别调查局、阿根廷反腐败署等机构。而调查模式是指专司调查腐败案件的反腐败机构,通常具有较强的独立性,如新加坡贪污调查局。此外,一些国家检察机关如阿塞拜疆反腐败局、罗马尼亚反腐败局,和一些国家的警察系统如英国严重欺诈调查局、印度中央调查局等,也属于腐败案件的调查机构。预防协调模式是指具有预防腐败或政策协调的反腐败机构,比如,美国政府道德署、法国预防腐败中心、韩国反腐败与国民权益委员会等预防机构,俄罗斯反腐败委员会、越南中央反腐败指导委员会等协调机构。这些国家大部分强调预防腐败部门和案件调查部门之间的协调,为打击腐败进行更好的研讨和部署。

(二)我国反腐败斗争展现的中国模式和比较优势

根据不同时期反腐败的方式方法及其具有的特点,学术界对我国的反腐模式进行了归类和分析,最常见的结论是"运动反腐、权力反腐、制度反腐"三种模式。党的十八大以来,随着我国反腐败斗争的不断深入和改革,一些学者提出了"系统反腐""全面反腐""法治反腐"等模式。在实践中,我国和世界其他国家都越来越倾向于综合利用多种手段和措施。我国现行的"三不腐"体制机制引领了一种新的反腐败模式,这种模式不是单一的模式而是多种模式的系统运用,促进了全方位、立体化的系统反腐模式的形成,其反腐败战略措施更加多样化、更具全面性,包括打击、预防、教育、惩罚、法治和德治等,是一种复合型腐败治理模式。这是中国独特的反腐败道路和腐败治理模式,在制度整合力上、政治秩序上、国家治理能力和绩效上都拥有比较优势。

1.一体推进"三不腐"系统反腐模式

腐败问题不是一朝一夕就能够彻底解决的,反腐败是一场持久战,它涉及制度预防、强力惩治、作风建设、廉政文化建设等多方面内容,地域、领域、行业等多个范围。党的十八大以来,我国采取了相互协调、相互合作、相互支撑的反腐败措施,并逐步形成了具有系统性的反腐模式。一体推进不敢腐、不能腐、不想腐的体制机制,是中国共产党探索新时代特色社会主义反腐败模式的突破性创新,这一模式具有整体性、有序性和普遍性的特点。在我国反腐败斗争压倒性态势已经形成并巩固发展之后,"三不腐"机制推进我国反腐败斗争取得了压倒性胜利。"不敢腐"强调要重拳打击腐败行为,"不能腐"则强调了要完善制度,"不想腐"强调了要加强理想信念的教育。"三不腐"的反腐成效和治理逻辑决定了必须对其进行有效的系统建构,因此将一体推进的反腐方式贯穿于三不腐之中,可保证反腐败在空间上的全覆盖、时间上的延展性以及内容上的关联性,使其成为科学系统的反腐模式。一体推进"三不腐"系统反腐模式本质上是逐渐深入、标本兼治的过程,目的在于形成主客观协同配合以及共同发力的反腐败治理模式,有力地打击腐败行为、遏制腐败蔓延,为我国今后的反腐斗争工作打下牢固的根基。

2.中国反腐败在制度整合力上的比较优势

根据比较政治学研究的结论,"国家与国家之间的差异,不是体现在政府形式上,而是体现在治理能力上。而国家治理能力的关键是制度整合力,治理能力又与政治制度密不可分"。在各国的反腐败实践中,政治制度是反腐败的成与败的一个重要因素。西方发达国家在经历了长期的民主与法治之后,运用选举制度打通了权力与金钱交易环节,在制度上创造了腐败和旋转门的合法性。效仿西方模式的发展中国家没有实现治理腐败和现代化两者兼顾的目标,也没有一个发展中国家通过西方式的民主成为发达国家。中国特色社会主义制度是我国经过长期实践探索出的科学制度,具有让全党全国各族人民紧密地团结起来坚定不移推进反腐败斗争,巩固发展反腐败斗争压倒性胜利的制度优势。在中国,中央与地方关系以及人民代表大会与"一府一委两院"之间的关系,都是按照民主集中制原则运行的。这种制度既能保证国家机关协调高效运转又有利于动员力量办大事,既能充分反映广大人民的意愿又有利于集中全体人民的统一意志,实现广泛参与和集中领导的统一。与西方代议制民主相比,民主集中制提高了制度整合力,为我国反腐败取得实效奠定了制度基础。中国独特的制度优势,是我国反腐败卓有成效的有力保障。

3.中国反腐败在政治秩序上的比较优势

迄今为止,人类社会的发展史在某种意义上是一个追求更为合理的政治秩序的过程。对于一个普通民众来说,腐败是他们最为痛恨的事,保障安居乐业的政治是最优越的政治秩序。"从政治秩序类比来看主要分为'资本秩序'和'民本秩序'"。西方发达国家的政治秩序概括起来就是"资本秩序",以资本主导和左右权力,从而建立一个符合资本扩张需要的政治秩序,无论是代议制度还是政党制度、选举制度都围绕资本而展开,"西方国家经常会运用紧急状态法、紧急权力法案、例外状态法、非常法律等宪法条文来维护资本秩序",在政治秩序的整体上保障了整个资本家集团对权力的垄断和社会资源的控制。民本秩序是在社会主义制度下建立的、以人民为中心的政治秩序。中国共产党领导下的多党合作制度,就是民本秩序政治,在公共政策上遵循人民民主原则,最大限度地实现社会绝大多数人的利益。在利益多元化和财富分层化的社会,各团体可以通过不同渠道表达政治诉求,但其根本利益的代表者只能是坚守以人民为中心的"代表型政党""责任型政党""建设型政党"。中国共产党基于自身责任使命,以自我革命的方式推进反腐败斗争。中国的反腐败不具有特定利益指向,而是围绕"为人民谋幸福"的初心逻辑,在与"资本秩序"比较中显示出了强大的政治秩序优势。

4.中国反腐败在国家治理能力和绩效上的比较优势

一个国家的治理能力和绩效最直观的指标,是中央政府是否有做决策的权威、是否有将政策变得可执行的权威,以及政策执行者是否有能力去执行决策。一定的国家治理体系不一定具备相应的治理能力,治理能力是考察国家治理现代化的主要维度。我国始终坚持自上而下持续推进反腐败斗争,解决了很多反腐败的难点共性问题,展现出了巨大的治理能力。在反腐败模式与国家治理能力的关系上,反腐败模式能够反映国家治理能力,一体推进"三不腐"这种模式是治理体系和治理能力的综合体现。我国反腐败斗争取得成效的坚实基础,就在于一体推进"三不腐"体制机制产生的治理绩效。中国反腐败模式在国家治理能力和绩效上的比较优势,在于持续保持"中央领导、上下齐心"高压态势,助推"实验性模式、渐进性改革"顺利进展,并通过"整合资源、丰富手段"确保"廉洁国家一体化"建设取得实效。国家治理体系和治理能力的高度契合才能产生相应的治理绩效,我国反腐败斗争取得的成效,充分展现了我国反腐败模式在国家治理能力和治理绩效上的优势。

四、一体推进"三不腐"为破解全球腐败治理难题贡献中国智慧

在推进反腐败斗争过程中,中国政府创造性地提出了一体推进"三不腐"体制机制,并在这一体制机制的影响下取得了巨大的反腐败成效。中国治理腐败的理念和实践受到了国际社会的普遍关注,并不断上升为各国在多边机制下达成的国际共识,为全球腐败治理贡献了中国智慧。中国推进"三不腐"的系统反腐败模式回答和验证了全球腐败治理中的几个难题:现代化进程与反腐败能否并行不悖、国家治理现代化能否与有效反腐败同步实现、政党的长期执政能否勇于自我革命、国际反腐败合作能否建立新秩序,破解这些难题为世界各国的腐败治理做出了贡献,产生了积极的示范效应和影响。

(一)现代化进程与反腐败并行不悖

一个发展中国家在现代化转型过程中必然存在大量腐败现象,这是国际社会普遍认同的观点。塞缪尔·亨廷顿认为在现代化进程中,某种情况下的腐败有利于社会稳定和经济发展,腐败是经济发展的润滑剂;美国学者魏德安在分析中国腐败问题时也提出了"双重悖论"。现代化进程能否摆脱腐败的困扰、中国能不能在现代化进程中取得反腐败的成功,这些问题都需

要用实践及其成功来回答和检验。一体推进"三不腐"所取得的成效,为我国实现现代化进程与反腐败并行不悖做出了贡献。

1. 现代化进程与腐败的关系问题

腐败问题一直是困扰现代化国家发展的问题。现代化过程中出现的腐败现象,具有一定的历史必然性,不仅与该国进入现代化之前的传统社会性质密切相关,而且与现代化的模式选择以及现代化速度存在内生关系。在现代化进程中,一国的历史传统决定了其现代化模式和类型的选择,这直接影响着该国公共权力和共同利益的分配方式以及利益矛盾的解决方式,进而对该国因利益纠纷和权力争夺引起的腐败问题产生影响。现代化涵盖了政治、经济、社会等各方面转型,产生了新的政治力量、开辟了新的财富来源、改变了社会基本价值观念,这些转型为腐败的发生和发展提供了机会,尤其是经济的现代化为国家官员利用公共权力抢夺资源实施腐败提供了最为直接的条件。此外,在制度化速度滞后于社会经济变迁速度的情况下,将进一步增加腐败发生的可能性。由此可见,腐败是一个国家制度发展落后于社会经济发展的产物,与该国社会经济快速现代化有着密切的关系。但腐败问题的产生对政治、经济、社会等方面都有着严重的消极影响,甚至成为现代化进程的重大障碍,因此必须大力反腐以有效推动现代化进程。

2. 中国现代化进程中的腐败与反腐败

中国现代化始发端于反思计划经济之弊端,政治对经济的主动干预成为我国现代化进程中腐败发生的主要原因。改革开放以后,国家采取了双管制经济模式,在不断加大力度发展市场经济的同时,国家仍保留了一部分市场资源支配权,导致多个领域出现"官倒型"腐败,尤其是国企管理、公共工程、政府审批等领域。在此期间,我国对腐败的治理主要以运动式反腐为主,难以遏制腐败蔓延趋势,反腐败未取得明显成效。进入21世纪,我国腐败又表现出新的特点,政治主体和经济主体相互渗透形成了腐败共同体,出现了大量的腐败窝案,腐败程度加剧。面对现代化过程中反腐败的严峻形势,国家采取了法治反腐、制度反腐,从消极治理向积极治理过渡,使腐败大案要案不断减少,不断取得反腐败成效。对于中国现代化进程的腐败问题,我国必须不断提高治理腐败的能力,实现反腐败有效化和常态化。

3. 一体推进"三不腐"体制机制的效应与贡献

中国过去的腐败治理注重事后追究,对腐败的预防功能重视不够,没有真正构建起预防机制,难以有效遏制腐败。随着反腐败进入新时期,我国的反腐败斗争采取了积极治理模式,不断推进标本兼治,实现和巩固发展反腐败斗争压倒性胜利。一体推进"三不腐"体制机制就是积极腐败治理模式的尝试,不敢腐、不能腐、不想腐体制机制不仅在理论上站位高,而且在实践上行得通,取得的成效非常显著。中国反腐工作的鲜明特色,就是坚持标本兼治,在严厉惩治、形成震慑的同时,更注重在治本上加强法律制度的建设、党性教育和思想道德的教化,以综合运用政策策略和纪律法律增强惩治效果,以正风肃纪反腐凝聚党心军心民心,使我国反腐败取得压倒性胜利。一体推进"三不腐"体制机制作为新时代党风廉政建设和反腐败斗争的重要实践,为治理现代化进程中的腐败问题以及证明现代化与反腐败并行不悖的关系,提供了中国方案,产生了中国效应,做出了中国贡献。

(二)国家治理现代化与有效反腐败的同步实现

有效遏制腐败,实现权力廉洁高效运行,是国家治理现代化的应有之义;而实现国家治理现代化,落实全面从严治党要求,是遏制腐败滋生蔓延的必由之路。从国家治理的角度,分析代表性国家推进国家治理、实现现代化转型的主要路径,以及民主转型、现代化转型国家的治理危机、治理失败对腐败治理的影响,发现腐败的预防遏制与国家治理成效有着重要关系。因此,基于国家治理与反腐败之间的内在联系,分析中国反腐败斗争对于国家治理现代化的作用,具有重要意义。

1. 国家治理与反腐败的相互影响

国家治理现代化与构建反腐败长效机制之间有着内在联系,中国走出了一条以反腐败作为突破口推动国家治理现代化的道路,与此同时,国家治理现代化又保障了反腐败的可持续。"推进国家治理现代化建设是从源头治理腐败的基石。"遏制腐败蔓延的唯一途径是实现国家治理的现代化,完善国家权力结构,构建良好的权力运行秩序。因此,有效推进反腐败斗争,实现权力的廉洁高效运行,也是实现国家治理现代化的必然意义。在国家治理现代化进程中,必须坚持可持续反腐败治理。腐败之所以难以解决,是因为任何社会、任何文化,腐败的根源都很深。腐败会导致"软政权""亚政府"的出现,继而削弱国家治理能力。要推进国家治理现代化建设,必须构建起具有从源头治理腐败的长效机制,只有实现反腐败斗争的常态化,才能从根本上治理腐败。

2.个别转型国家的国家治理与反腐败

通过比较研究,可以发现在东南亚、拉美地区的一些国家的现代化进程中,腐败的蔓延与加剧对政治、经济、社会等方面产生了严重影响,引起了世界关注。这些发展中国家没有实现治理的现代化,也没有很好地解决腐败问题,在经济现代化进程中,未能推进国家治理现代化和有效反腐败的同步实现。反观中国,面对腐败的严峻形势,执政党立足世情国情党情,坚持问题导向,提出全面从严治党的管党治党根本性战略,使国家治理现代化建设与有效反腐败实现有机统一。在这个意义上,中国不仅在解决自己国家的难题,而且在解决一个全球性问题。正如一些国际政要所言:"无论是在推进改革开放,还是在打击腐败上,中国政府都意志坚定、强力推进,这对其他国家治国理政有着很好的启迪作用。"我国实现了国家治理现代化与反腐败的有机统一,为转型中的国家以及全球的反腐败事业做出了更大贡献。

(三)政党的长期执政与勇于自我革命

40多年来,国际社会上唱衰中国的声音一直没有停止。在中国的腐败问题以及腐败治理方面,有国家认为"中国共产党反腐注定不会成功"。对此,习近平总书记回应:"有人说一党执政解决不了腐败问题,我们中国共产党人还就不信这个邪。"实践证明,中国共产党能够实现腐败治理,目前我国反腐败已取得压倒性胜利。党的十八大以来,以正视问题的勇气和刀刃向内的气魄不断推进党的自我革命,落实落细管党治党要求,中国共产党领导的反腐取得了成效,交出了一份完美的反腐成绩单,受到了世界各国和国际社会尊重和称赞。

1.一党长期执政能够实现腐败的有效治理

一些质疑中国共产党无力遏制腐败的人将问题溯源到中国政党制度,

认为一党执政是导致腐败发生的直接原因,一党制不可能实现廉政,只有多党制才能有效治理腐败。然而,事实证明,多党制并不能有效预防和控制腐败。在两党轮流执政的美国,重大腐败案件也时有发生,如美国海军第七舰队"集体塌方式"腐败案件。至于商人与军方利益勾结,财团与政客不正当交易等腐败事件更是持续发生。反之,一党执政的国家能够实现廉洁社会,典型例子就是新加坡,在人民行动党一党长期执政下,不仅经济实现了飞速发展,而且反腐败斗争工作也取得了巨大成效,廉洁程度受到世界关注。"腐败根源在于权力滥用,与特定的社会政治制度无关",无论是多党执政还是一党执政,对腐败都没有与生俱来的抵抗力,腐败的产生和遏制与否,跟多党制还是一党制并无必定的联系。中国在中国共产党的领导下,全面从严治党、高压反腐,让权力受到监督和制约,把权力关进制度的笼子里,有效遏制了腐败蔓延势头,再次证明一党长期执政能够实现腐败的有效治理。

2. 马克思主义政党能够保持初心和信心

中国共产党始终坚持马克思主义政党性质,且随着时代的变迁不断将马克思主义基本原理和中国国情相结合,使中国特色社会主义制度取得了巨大成就,并得到了来自世界各国共产党的认同。面对新时期,中国共产党牢记为人民谋幸福的初心,勇于刀刃向内,进行自我革命,管党治党不断取得新的突破性进展,日益呈现马克思主义政党在理论上的优势和自信。反观西方资本主义国家,在2008年国际金融危机发生之后,这些国家的政党不仅在经济、政治上陷入困境,而且在党派竞争、多党轮替、公开选举等方面也陷入危机,面临着民意难以掌控、腐败要案缠身、公共危机突发等一系列难题。世界无产阶级政党应牢记列宁的忠告:"沿着马克思的理论的道路前进,我们将愈来愈接近客观真理(但决不会穷尽它);而沿着任何其他的道路前进,除了混乱和谬误之外,我们什么也得不到。"通过对各国政党的自我治理政绩的比较和分析,世界各国马克思主义政党可逐渐焕发生机活力,保持住马克思主义执政党的信心和本色。

3. 反腐败能给民众带来福祉

世界各国政党政治发展的难点和重点在于,既要在民主法治轨道上有序开展政党活动,又要给国家和人民带来最大福祉。中国共产党在不断深化改革中,找到了解决此问题的关键点,即把反腐败和民众福祉进行有效衔接。中国共产党始终坚持发展是第一要务,从战略高度上推进全面从严治党,加快推动政党治理能力现代化,提高党的执政能力和水平。以坚定的决心和强有力的意志"打虎""拍蝇""猎狐",不断推进反腐败工作向纵深发展,使我国反腐败斗争取得压倒性胜利。新形势下党的反腐败斗争,遏制了腐败蔓延势头,开辟了治国理政的新实践,让人民群众有了更多获得感。通过反腐败斗争,实现了党和人民利益的统一,保障了人民对美好生活的向往,同时也得到了广大人民的衷心拥护。这与一些国家的政党政治发展乏力、民众支持率低等现象形成鲜明对比,进一步凸显了中国共产党对民众利益的重视,不断增进人民群众福祉。

(四)推动形成国际反腐败新秩序

当今国际社会上,中国在不断发展壮大,正以前所未有的自信步伐走向世界舞台中央,与世界的关系发生了重大变化。反腐败国际合作是我国反腐败战略的重要组成部分,也是我国大国外交、元首外交的重要议题。在处理反腐败国际合作过程中,中国主张建立一个以求同存异、凝聚共识为原则的国际反腐败新秩序,坚持以长远政治眼光建设廉洁国家的坚定立场。"深刻阐述中国反腐败理念和实践,推动反腐败成为全球治理重要议程,充分彰显我们党在反腐败问题上的坚定立场、决心和信心。"这一主张体现了中国的治理智慧和治理思维,对于有效解决各国政党治理和全球治理问题具有深刻的时代价值和世界意义。

1. 国际反腐败新秩序的中国智慧

中国对国际反腐败新秩序的推进,立足于中国腐败斗争的成功经验和实践,将其作为参与国际反腐合作的主张加以显现。我国在遣返境外第一案许超凡案、引渡第一案姚锦旗案,以及大批外逃腐败分子主动回国投案等方面取得重大突破,充分体现了我国在腐败斗争中的制度优势和中国智慧。中国以《联合国反腐败公约》和国际法为基础,倡导国际反腐败新秩序,在政治上建立规则,相互尊重,确保参与者作为平等成员根据基本国情和治理现实,自主制定适合本国国情的反腐败治理战略,避免意识形态制约;在安全上创造平台和促进安全信任,促进对话与合作,解决反腐败理念中的分歧,避免设置体制性障碍;在文化方面应该寻求共同点,加强理解,倡导相互学习,以避免文化形式歧视或文化传统冲突;在经济领域要相互协调、相互支持,推进经济领域制度协调规则的建立,保障参与者合理的利益回收和补偿。通过构建国际话语平台,将廉洁中国建设的目标讲清楚,不仅可以赢得更多的理解和支持,而且可以使中国以更广阔的方向意识参与全球腐败治理,为国际反腐败新秩序提供中国智慧。

2.中国推动国际反腐败新秩序的努力

在新形势下,中国不断落实反腐败斗争工作,积极推动构建国际反腐败新秩序。反腐败国际追逃追赃案件涉及诸多领域,包括反腐败、外交、警务、司法、检察、金融等方面,需要多个部门乃至国际合作才能完成。中国高度重视反腐败的国际合作,多次强调国际共同努力追捕逃犯、追回赃物的重要性,在二十国集团、亚太经合组织、《联合国反腐败公约》等多边框架下积极推动反腐败国际合作,将中国的反腐败方案积极与国际社会分享,得到了世界各国的普遍赞赏。中央加强了对反腐败工作的统一领导,优化各部门资源配置,使反腐败工作集中统一、沟通顺畅、紧密衔接,大大提升反腐败效率。国家监委的成立进一步加强了党对反腐工作的统一领导,缉赃办案资源进一步整合,上下级工作机制更加明确,为国际反腐败新秩序做出努力。此外,具有中国特色的"一带一路"国别法律风险评估机制的建议,和廉洁丝绸之路建设理念的推广,也成为中国积极推动国际反腐败新秩序的缩影。

3.中国推动反腐败国际合作取得的成效

在反腐败斗争的实践中,我国大力加强国际合作,并且取得了积极的进展。为了规范并推进反腐败的国际合作,我国颁布实施了《中华人民共和国监察法》,不仅指出了监察委员会的职责,还明确了监察委员会统筹协调和督促履职的范围。与此同时,我国也积极通过了《北京反腐败宣言》《二十国集团反腐败追逃追赃高级原则》等法律法规,陆续公布施行国际刑事司法协助法以及追逃追赃配套法规制度,一方面拓宽了同其他国家在反腐败中的合作领域,另一方面也为亚太地区推进反腐败工作提供了新的平台,从而为各国开展反腐败追逃追赃提供了最优环境。在中国积极推动下,一些国家和地区加强了反腐败司法协助和执法合作,推动了反腐败追逃追赃向纵深发展,推进了全球反腐败治理和反腐败国际交流合作,国际反腐败合作取得了一系列务实成果。随着反腐败国际合作取得显著成效,一些研究机构和学者开始更加专注于研究中国共产党,对中国共产党、对中国共产党的领导集体、对中国共产党开创的中国特色社会主义事业日益持肯定态度。我国反腐败"朋友圈"和影响力逐渐扩大,各国对中国在国际反腐败中发挥更大作用也有了新的期待。

以组织建设和制度建设推进基层腐败治理

肖岚支　杨英杰[①]

基层治理是国家治理、地方治理的微观基础。党的工作最坚实的力量支撑在基层,经济社会发展和民生最突出的矛盾和问题在基层,一个国家治理体系和治理能力的现代化水平很大程度上也体现在基层。处于工作第一线的基层干部,既是贯彻落实党的路线方针政策的骨干,也是党联系群众的桥梁和纽带,还是党的作风和形象展示的窗口。正是因为基层干部离老百姓最近,管理的社会事务纷繁复杂,一旦贪污腐化,将严重恶化干群关系和政治生态,并直接影响党和政府的公信力。能不能消除"微腐败",直接关系到基层政治生态的风清气正,关系到群众切身利益的保障维护。

一、基层腐败治理是国家治理体系和治理能力
现代化的题中之意

国家治理体系和治理能力是一个国家制度和制度执行能力的集中体现。党的二十大报告把"国家治理体系和治理能力现代化深入推进"作为未来五年我国发展的主要目标任务之一,要求广大党员干部提高运用制度干事创业能力,严格按照制度履行职责、行使权力、开展工作。然而,"国家之败,由官邪也",腐败是最容易毁坏制度、损害根基、颠覆政权的问题。基层"微腐败"在腐败层次和腐败程度上往往低于严重性腐败行为,但其在本质

---

① 作者简介:肖岚支,中共中央党校(国家行政学院)硕士研究生;杨英杰,中共中央党校(国家行政学院)教授。

上也是以权谋私和对公权力的滥用,是对公共利益的侵犯。严惩"微腐败"不仅是基层社会治理的应有之义,还对维护党和政府的形象、营造良好的社会风气具有重要作用。

(一)风清气正的政治生态是国家治理体系和治理能力现代化的重要标志

党的十八届三中全会提出:"全面深化改革的总目标是完善和发展中国特色社会主义制度,推进国家治理体系和治理能力现代化。"党的十九届四中全会指出:"坚持和完善中国特色社会主义制度、推进国家治理体系和治理能力现代化,是全党的一项重大战略任务。"这一重大战略任务的重要标志,就是要实现风清气正的政治生态。而坚决反对腐败,营造廉洁环境,是涵养政治生态的必要条件和重要任务。必须把纪律意识强不强、党性修养好不好、人品官德行不行作为选人用人的重要依据,看其能否做到知敬畏、存戒惧、守底线,能否做到明大德、守公德、严私德,能否做到爱家庭、严家教、重家风,能否永葆共产党人清正廉洁的政治本色。必须坚持"重遏制、强高压、长震慑"的反腐姿态,运用监督执纪"四种形态",瞄准群众感受最直接、反映最强烈的问题,聚焦与群众利益关系最密切的领域,持续整治群众身边的腐败现象。

实践证明,政治生态和自然生态一样,稍不注意就很容易受到污染,一旦出现问题,再想恢复就要付出很大代价。我们党是执政党,是各项事业的领导核心力量,也是塑造良好政治生态的关键所在。必须把规范党内政治生活摆在突出位置,严明政治纪律和政治规矩,发展积极健康的党内政治文化。只有党风优良、政风清明,才能确保民风淳朴、社会和谐,从而优化国家治理环境,顺利实现各项改革目标。

(二)基层腐败治理是推进基层治理体系和治理能力现代化的基础性工程

基层治理是国家治理的"微细胞",是公共治理的"最后一公里",也是人民群众感知服务效度和温度的"神经末梢",更是推动社区认同走向社会认同、社会认同走向国家认同的"源头"。而基层腐败严重损害基层治理能力现代化。习近平总书记强调,"微腐败"也可能成为"大祸害",它损害的是老百姓切身利益,啃食的是群众获得感,挥霍的是基层群众对党的信任。"涓流不止,溪壑成灾",微时不惕,遂至渐大不可收拾。少数基层干部级别虽不高,权力亦不大,却私心甚重,吃拿卡要、弄虚作假、怠惰渎职,搅乱机构内部正常的组织关系,助长投机及破坏规则的歪风邪气,在悄无声息中动摇党和政府的民心基础。基础不牢,地动山摇;"蝇贪蚁腐",其害如"虎"。只有严惩"微腐败",切实保障群众利益,提高基层治理社会化、法治化、智能化、专业化水平,才能夯实国家治理体系和治理能力现代化的基石,从"基层善治"走向"大国之治"。

(三)"熟人社会"向"陌生人社会"的文化迁移带来新问题新挑战

随着现代社会的崛起和全球化的迅猛发展,人类社会形态发生了重大变革。著名学者费孝通曾用"熟人社会"的概念来分析中国传统乡土文化。在"熟人社会"中,人们以血缘和地缘关系为基础,长期生活在一个相对稳定的圈子里,经过多方面、经常性地接触,彼此之间逐渐产生亲密感与信任感,从而相互支持、相互约束。但随着市场经济的高速发展,社会分工更加细化,人员流动性增强,建立在亲情、交情之上的"熟人关系"被货币化浪潮所冲淡,中国开始迈入"陌生人社会"。与"熟人社会"的"沾亲带故"不同,"陌生人社会"是建立在成熟的法治环境和法治文化基础上的社会形态,是埃米尔·涂尔干所说的"有机团结"联结起来的社会,人与人之间互不了解,需用严密的法律来规范各类行为。传统的"熟人社会"以"礼治"为核心,而现代"陌生人社会"的运行规则是"法治"。过去人们办事讲究"亲疏远近",遇见问题就喜欢"走后门",将社会关系移植到公共权力的行使中,因"熟悉"而模糊了权、责、利的界线,导致诸多潜规则的产生,使得社会的公平正义常为人情所左右。特别是在基层治理中,公权私用、任人唯亲等情形时有发生,屡禁不绝。如今由于陌生人之间缺乏情感和信任的支撑以及文化与道德约束,社会治理应以刚性手段为基础,如强调法治建设,强调科技化、数据化和网格化对人的管控等。

中国社会发展的进程有着自身的历史背景和文化传统,以关系代替规则的"熟人习气"无法根除,建立法治社会的成本高昂,即使国家提出从管理转向治理,并强调多元主体的参与,仍难以调动基层民众投身社会事务的主动性。由此可见,现存治理中的一个突出矛盾是政府既需要对快速流动的社会加强管控,又需要激发多元主体的活力参与治理。

随着现代化进程的推进,城市规模不断扩大,个体间交往的广度在拓宽,深度却有限,很难从各自居住地范围内获得熟悉感,但受以"礼"为灵魂的儒家思想影响,人们仍未停止对群体生活的渴望以及对稳定环境的追求。而交通的便利和互联网技术的广泛应用,提高了社会成员通过其他渠道获得熟悉感的可能性。因此,如何在"熟人社会"的传统下寻找治理遗产,突破"熟人—陌生人"二元对立的思维框架,构建现代法治的历史基础,成为探索基层治理新模式的重要切入点。

在中国传统社会中,制度、法律、礼仪和习俗交织在一起,个体以好坏、善恶作为价值判断的标准,对"礼"与"法"的界限没有清晰的认识,使道德归责和法律归责混同,阻碍了法律制度的进步与发展。眼下礼的秩序价值仍在社会治理中占据重要地位,不能简单将其视作现代法治建设的"绊脚石",而应去粗取精、加以利用,使之厚植基层治理的法治土壤,进一步筑牢法治文化根基。

二、推进以党建引领基层治理

基层治理是国家治理的基石。以党建引领基层治理,是推进基层治理体系和治理能力现代化的根本路径。习近平总书记强调,要把加强基层党的建设、巩固党的执政基础作为贯穿社会治理和基层建设的一条红线。近年来,党中央高度重视党建在基层治理中的重要作用,就如何发挥党建引领作用做出"完善党全面领导基层治理制度""完善党建引领的社会参与制度"等制度性安排。

（一）加强党的基层组织建设意义重大

治国安邦重在基层，管党治党重在基础。我们党之所以能够从小到大、由弱到强，成功领导中国人民取得革命、建设、改革一个又一个伟大胜利，得益于党始终坚持自我革命，加强自身建设，高度重视做好抓基层、打基础的工作。加强基层党组织建设既是我党的优良传统，也是我党的政治优势，还是我党完成使命任务的客观需要。党的基层组织建设是否坚强有力，直接关系到党和国家事业发展的全局。党的二十大报告指出："坚持大抓基层的鲜明导向，抓党建促乡村振兴，加强城市社区党建工作，推进以党建引领基层治理，持续整顿软弱涣散基层党组织，把基层党组织建设成为有效实现党的领导的坚强战斗堡垒。"

（二）强化党的基层组织建设

基层党组织是我们党执政的最大组织优势和宝贵资源。大抓基层就要加强基层党组织的体制机制、干部队伍、服务能力等方面建设，使党的大政方针和决策部署及时地、不折不扣地贯彻落实到基层，确保党的领导"如身使臂，如臂使指"。

一是要坚持经常性教育和集中性教育相结合，突出抓好习近平新时代中国特色社会主义思想的学习，用党的创新理论把基层党组织和党员武装起来、统一起来，使其成为宣传党的主张、贯彻党的决定、领导基层治理、团结动员群众、推动改革发展的坚强战斗堡垒。

二是要着力建设政治功能强、支部班子强、党员队伍强、作用发挥强的党支部，在严密组织体系、严肃党的组织生活、严格党员教育管理、严明党建责任上持续用力，推动基层党组织全面进步。

三是要强化服务功能，发挥凝聚作用，秉持人民至上理念，建设服务型党组织，主要体现在服务改革、服务发展、服务民生、服务群众等方面。

四是要注重技术运用，强化技术赋能，建设先进安全的智能化基础设施，促进基层治理数字化，引导基层干部用数据研判、管理与服务，推动基层治理由"管控"向"智控"转变，从而解决人民群众反映强烈的急难愁盼问题。

（三）坚持党建引领，提升基层治理效能，防治"微腐败"

相对于远在天边的"大老虎"，人民群众对近在眼前嗡嗡乱飞的"蝇贪"感受更为真切。"蠹众而木折，隙大而墙坏"，"微腐败"决不能"微治理"。要积极探索"基层党建+社会治理"新模式，将基层党组织的政治优势、组织优势转化为治理效能，推进社区网格治理精细化、服务管理精准化，深入整治群众身边的不正之风。要推动全面从严治党向基层延伸，畅通信访举报渠道，健全各职能部门联动监督机制，对"微腐败"抓早抓小快查快结，形成不敢腐的震慑。要严把干部选人用人关，细化实化责任，建立科学的考核激励机制，营造鼓励担当作为、崇尚苦干实干的良好氛围。要常态化抓好基层干部党性修养、宗旨意识和党纪法规观念的教育，大力宣传基层为民服务优秀代表，坚持典型案例通报曝光，弘扬廉洁文明家风乡风，不断筑牢基层干部拒腐防变的思想防线。

三、把权力关进制度的笼子

权力是社会政治生活的核心，其运行且得到制约和监督的状况，是判断一个国家政治文明和发展水平的重要标志。腐败的本质是权力的滥用，反腐败必须强化对权力运行的制约和监督。习近平总书记强调，"权力是一把双刃剑，在法治轨道上行使可以造福人民，在法律之外行使则必然祸害国家和人民。把权力关进制度的笼子里，就是要依法设定权力、规范权力、制约权力、监督权力"。要坚持用制度管权管事管人，让人民监督权力，让权力在阳光下运行。

（一）全过程人民民主是全面依法治国的生动实践

"法者，治之端也。"法律是治国之重器，法治是治国理政的基本方式。只有全面依法治国才能有效保障国家治理体系的系统性、规范性、协调性，才能最大限度凝聚社会共识。而法治中国建设的核心要义是实现全过程人民民主。党的二十大报告提出："全过程人民民主是社会主义民主政治的本质属性，是最广泛、最真实、最管用的民主。"全过程人民民主是党带领人民实现更高更切实民主的制度程序和参与实践，也是不断提升基层治理效能的内在要求。

全过程人民民主必须与依法治国有机结合起来，才能有效地推动中国特色社会主义政治制度的发展。"法，国之权衡也，时之准绳也。"习近平总书记指出："经验和教训使我们党深刻认识到，法治是治国理政不可或缺的重要手段。"一方面，人民是依法治国的主体和力量源泉，法治建设以保障人民根本权益为出发点和落脚点；另一方面，人民也在法治中自我管理、自主发展。离开了法治的有力保障，社会主义民主就会偏离正确的发展方向，就可能引发以侵犯人权和破坏法治为目标的无秩序群众运动以及忽视法治和人权价值的"大民主"行为，致使国家治理和社会治理失序。

（二）全过程人民民主是治理基层腐败的利器

全过程人民民主是"全链条、全方位、全覆盖的民主"，实现了"过程民主和成果民主、程序民主和实质民主、直接民主和间接民主、人民民主和国家意志相统一"。不同于西方"竞争性选举"的窄化民主，中国的"全过程"民主是以人为本、"始终把最广大人民根本利益放在心上"的民主，不代表任何利益集团、任何权势团体、任何特权阶层的利益。基层民主是全过程人民民主的重要体现。必须推动反腐败工作向基层延伸，聚焦群众所急所忧，顺应群众所思所盼，坚决整治侵害群众利益的突出问题，让人民充分享受到社会经济发展的福祉，进而激发基层群众更加积极地参与民主管理、民主监督与民主决策，将人民民主的制度优势转化为基层治理效能。

发展全过程人民民主与基层反腐败工作相辅相成。基层腐败的重要原因就是对基层干部权力制约不足，即对其缺乏有效监督，加之基层治理中政策堵塞、信息不透明、自由量裁过大等情况，进一步增加干部"任性妄为"的空间，最终酿成"小官巨贪"的恶果。从中央和地方公布的一系列案件来看，影响群众"幸福感"的"蝇贪蚁腐"现象仍然不少，如截留低保户的"养命钱"，骗取农业保险的"救灾钱"，克扣贫困家庭"扶贫款"等。"治国有常，而利民为本"，党和政府持续深入开展反腐败斗争的根本目的是维护人民群众合法利益,最大限度实现和增进整个社会的公共利益。一方面,要遏制基层腐败,就必须发展全过程人民民主,坚持标本兼治的工作方法,下沉纪检力量到户,让群众参与监督的每一个环节,将民主议事、政务公开等制度落地落实落细,以制度管权管事管人,建起风清气正的制度"屏障";另一方面,推进基层腐败治理,完善基层民主的制度体系和工作体系,保障人民依法管理基层公共事务和公益事业,有利于基层社会各项工作更加公正、公开、透明,充分体现发展全过程人民民主的实质意义。

(三)强化社会舆论监督的作用

我国宪法第二十七条规定:"一切国家机关和国家工作人员必须依靠人民的支持,经常保持同人民的密切联系,倾听人民的意见和建议,接受人民的监督,努力为人民服务。"这里所说的"人民的监督"自然包括舆论监督。舆论监督作为特有的监督形式,通过媒体传播,及时反映群众心声,引起社会关注,具有监测、告诫、警示的作用。

在新媒体与互联网兴盛的时代,借助舆论监督,不仅能帮助人们行使民主权利,更能促进中国特色社会主义民主政治的发展。习近平总书记当年在浙江工作时就强调,"要把党内监督、法律监督、群众监督结合起来,发挥舆论监督的作用。各级领导干部要欢迎舆论监督,主动接受舆论监督,通过运用舆论监督,改掉缺点和错误,努力把工作做得更好"。

加强新闻媒体的舆论监督功能,让基层"微腐败"无处遁形。习近平总书记在2016年党的新闻舆论工作座谈会上指出:"舆论监督和正面宣传是统一的,而不是对立的。新闻媒体要直面我们工作中存在的问题,直面社会丑恶现象和阴暗面,激浊扬清,针砭时弊。"群众通过媒体监督公职人员、反映意见呼声,有利于改进党和政府的工作,推动社会和谐稳定发展。近年来,基层腐败问题呈现出花样翻新、隐形变异的趋势,违规收送电子红包、通过快递物流收礼、不吃公款"吃老板"、虚报冒领津贴补助等现象层出不穷。针对此类情况,新闻媒体应立足自身的优势,在遵守职业道德的前提下,充当广泛收集社情民意的信息窗口,对歪风陋习进行大胆地批评和揭露,对典型问题的整改进程予以及时报道,似显微镜般照出"微腐败",让舆论监督成为正面宣传的重要辅助工具和补充力量。

合理利用网络平台,激发和调动广大群众参与舆论监督的热情及积极性。"知屋漏者在宇下,知政失者在草野",很多网民称自己为"草根",那网络就是"草野"。习近平总书记强调,各级党政机关和领导干部要学会通过网络走群众路线,经常上网看看,了解群众所思所愿,收集好想法好建议,积极回应网民关切、解疑释惑。由此可见,互联网既是大众参政议政的重要渠道,也是民间舆论集聚的重要平台。要推进纪检监察信息化建设,畅通投诉举报渠道,鼓励群众通过网络合理合法地表达自身诉求,对基层干部行使权力的过程进行有效监督,扫清基层治理的盲区,使党中央的惠民政策能够在基层落地生根,并释放出巨大的生机和活力。

参考文献

[1]肖慧.基层微腐败的基本特征、生成机理与治理路径[J].廉政文化研究,2022(2):80.

[2]深入整治微腐败[EB/OL].(2021-03-09)[2023-10-15].http://fanfu.people.com.cn/n1/2021/0309/c64371-32046412.html.

[3]刘怡然.突破"熟人—陌生人"模式:基层治理新探索[N].中国社会科学报,2022-08-17(5).

[4]翟玉晓.论从"熟人社会"走向"陌生人社会":兼析法治在社会秩序重构中的核心作用[J].辽宁省社会主义学院学报,2021(2):112.

[5]杨俊辉.做实党建与治理的融合文章[N].中国组织人事报,2020-07-29(6).

[6]刘敏.深化以党建引领基层治理的理论和实践探索[J].人民论坛,2023(18):59.

[7]习近平.论坚持全面依法治国[M].北京:中央文献出版社,2020:3.

[8]游劝荣.努力让人民群众在每一个司法案件中感受到公平正义[J].红旗文稿,2023(3):9.

[9]中华人民共和国国务院新闻办公室.中国的民主[N].人民日报,2021-
　　12-05(5).

[10]习近平.领导干部要欢迎舆论监督[J].思想政治工作研究,2013(8):4.

[11]马玉玲.在新闻舆论斗争中激浊扬清[J].红旗文稿,2020(7):35.

[12]刘军志.学会通过网络走群众路线[N].学习时报,2018-09-05(4).

纪检监察干部腐败行为的生成机理研究

——基于扎根理论的探索性分析

谷志军　曾　言①

纪检监察干部是党风廉政建设和反腐败斗争的忠实执行者和坚决捍卫者,但为何会有纪检监察干部从反腐者蜕变为腐败者? 厘清此问题对于推动纪检监察工作的高质量发展具有重要的意义和价值。本文以20名"落马"纪检干部的忏悔内容和10名在任纪检监察干部的访谈资料为研究对象,通过扎根理论的质性研究方法,构建出纪检监察干部腐败行为的"权力—制度—监督—心理"四维理论模型。研究发现:对于纪检监察干部腐败行为现象,权力特征是原生性变量,制度虚置是内生性变量,监督乏力是结构性变量,心理变化是中介变量。其中,制度虚置和监督乏力既是纪检监察干部腐败行为得以实现的关键,同时也是逆向强化腐败心理的重要原因,而心理变化则是纪检监察干部由廉洁奉公向营私舞弊转变的"总开关",若腐败心理得不到制度机制和监督体系的有效遏制,纪检监察干部的腐败行为便难以根治。研究结果揭示了纪检监察干部腐败行为的生成机理并丰富了腐败行为研究的理论认识,为防治纪检监察干部腐败提供了经验证据。

---

①　作者简介:谷志军,管理学博士,深圳大学政府管理学院、廉政研究院副院长,教授;曾言,华南理工大学公共管理学院博士研究生。

一、问题提出

律人者必先律己,正人者必先正己。自党的十八大以来,随着党风廉政建设和反腐败斗争的纵深推进,纪检监察机关承担着越来越重要的反腐职责,纪检监察干部也因此成为当之无愧的反腐"铁军"。然而,随着一批"纪检内鬼"因贪腐问题纷纷落马,"谁来监督监督者""如何监督监督者"等问题亦成为社会关注的焦点。鉴于此,为有效防止监督权滥用、堵住监督执纪漏洞,党中央和中央纪委以"打铁必需自身硬"为承诺,对监督执纪各环节存在的腐败风险点进行了系统梳理,并在体制机制等层面进行了系列调整,拉开了党和国家纪检监察体制改革的序幕。

从制度建设上看,《中华人民共和国监察法》第五章明确了"对监察机关和监察人员的监督",《中国共产党纪律检查机关监督执纪工作规则》第八章严明了"纪检机关的监督管理"等,从制度层面回答了"如何监督监督者"的问题。从机构改革上看,2014 年 3 月始,全国各级纪委监委陆续增设了纪检监察干部监督室,承担与纪检监察内部人员有关的信访举报、线索调查和训诫惩处等任务,并在具体的实践过程中明确了"一案双查"的工作机制,切实增强纪检监察干部的日常管理和责任追究。从监督方式上看,除了通过聘请特约监察员加强外部监督之外,2022 年 4 月,十九届中央第九轮巡视首次对中央纪委国家监委机关开展巡视,并发现了一些突出问题和问题线索,进一步夯实纪检监察机关的主体责任和监督责任。

中央为矫治监督执纪权的异化现象和纪检监察干部的腐败行为所作的努力和尝试,充分体现了中国共产党长期执政条件下"自我革命"的勇气和担当。但十九届中央纪律检查委员会向中国共产党第二十次全国代表大会所作的工作报告显示,"近五年,全国谈话函询纪检监察干部 4.3 万人,组织处理 721 人,处分 1.6 万人,移送监察机关 620 人"(新华社,2022),从侧面反映出腐败问题依然不同程度地存在。为打造忠诚干净担当、敢于善于斗争的纪检监察铁军,2023 年 2 月,中共中央印发《关于开展全国纪检监察干部队伍教育整顿的意见》,拉开了纪检监察干部队伍教育整顿活动的大幕。

在此背景下,值得深究的问题是,纪检监察干部作为反腐保廉的主体为何会蜕变为腐败分子? 为此,本文试图探究纪检监察干部腐败行为的生成机理,以深化腐败行为研究的理论理解与认识。

二、文献回顾

(一)腐败行为的致因理论研究

腐败行为不但会降低政府提供公共产品和服务的能力和效率,同时也会削弱公众对政府体系的政治信任(Zhang & Kin,2018)。在此情境下,深入探寻腐败行为的致因并以此来消解政府官员的腐败行为,则构成了学术界腐败问题研究的重要议题。通过文献梳理后发现,当前关于腐败行为的致因分析,主要有三种代表性观点。

一是腐败机会说,认为腐败机会是腐败行为发生的前提条件,其中权力张力和制度间隙则是腐败行为得以实现的重要中介。从权力的角度看,国家权力的过度集中和分散均有可能成为导致腐败行为产生的根源。一方面,政府官员拥有过度集中的最终决策权,且缺乏纪律和司法监督,这意味着他们将有更多的空间和机会进行"权钱交易"(周黎安和陶婧,2009;李燕凌等,2011);另一方面,随着权力的下放,地方政府拥有了更多的经济管理权和地方政策制定权,同时拥有国家代理人和地方经济委托人的双重身份,拥有极大的腐败机会(Gong,2006;魏旭和魏姝,2019)。从制度的角度看,新制度主义认为宏观的制度机制能够通过强迫机制、模仿机制和规范机制来影响个体的行为(Dimaggio & Powell,1983),但制度机制调试过程缓慢或缺乏适应性同时也是引致个体腐败行为的关键要素。因为,制度变革困难重重,既得利益者会想方设法维护有利于腐败的现存制度秩序,并通过合法化过程使得腐败根植于组织之中(雷玉琼和曾萌,2012;Pillay & Kluvers,2014);此外,在新旧制度交替变革的过程中也会衍生出新的政策漏洞和腐败机会,政府官员有更多渠道攫取利益,同时又缺乏对这些行为的制度约束(Sun,1999;过勇,2006),为腐败行为的滋生蔓延提供了可乘之机。

二是腐败动机说,认为腐败动机是腐败行为发生的内在因素,它为腐败行为提供了心理上的准备。一般认为,心理失衡或失落感是诱导腐败行为的重要因素。因为普通基层官员与商人老板、高级官员相比,存在福利价值缺失、直接收入不高以及升迁机会的小概率性和随机性等问题,诱使部分官员通过腐败的方式来填补这种"相对剥夺感"(李靖和李春生,2018);此外,部分官员甚至错误地认为,自己辛辛苦苦为国家工作了大半生,付出和得到之间并不相称,自己可以多享受一点、多拿一些,形成居功自傲的腐败认知(孙卓华和李强楠,2016)。从经济学的视角看,政府官员虽然是行使国家权力的政治人,但同时也是努力寻求自身收益最大化经济人。当腐败收益远大于廉洁成本时,政府官员的经济人特性很容易凌驾于政治人特性之上,进而做出有益于自身利益却损害国家公权力的腐败行为(何增科,2008;倪星,2009);近期的研究亦发现,腐败动机的生成不局限于获取个人经济利益,也有可能是为了推进或实现政治目标(Figueroa,2021),进而将腐败动机的经济学解释延伸至政治属性。

三是环境侵染说,认为社会环境是腐败行为发生的外在因素,强调腐败行为并非个人的铤而走险,而是一种非正式的社会惯习。社会环境对个体行为具有潜移默化的影响,也就是说,如果腐败被视为是一种普遍的社会行为,政府官员从事腐败行为的可能性以及社会公众对腐败行为的容忍度通常也越高(Corbacho et al.,2016)。例如,腐败程度较高的国家(地区)的民众对反腐败往往持消极态度甚至有较高的行贿意愿(Persson et al.,2013),当腐败弥漫在某一行业内部时会导致"腐败文化"的形成,从而让索贿和行贿成为该地区公认的行业规则(Knutsen et al.,2017)等,由此折射出外部环境对个人腐败行为及意愿的影响。此外,与腐败动机的"合理化"机制不同,腐败主体还会将腐败行为进行"社会化",即诱使进入组织的新成员接受甚至从事老成员们正在进行的不道德行为,使得腐败行为逐渐被组织成员所接纳(Anand et al.,2004)。社会认知理论进一步指出,组织内部成员不道德行为所产生的传染性远远超过外部成员,极易生成腐败行为的模仿机制,加剧集体腐败的风险(Gino et al.,2009;Tavits,2010)。

(二)反腐者腐败的理论研究

腐败既是一个历史性问题也是一个世界性难题,受到各国学术界和务实界的广泛关注,并取得了丰硕的理论研究成果。然而,纪律检查委员会作为我国打击腐败行为的关键部门,却被证明是目前中国政治研究中最为欠缺的一块(Gong,2009)。对于纪检监察干部腐败行为的研究更是相对缺乏,主要散落在以下两个方面:

一是从我国特色的"决策—执行—监督"权力体系出发,分析纪检监察干部腐败的现实危害及矫治措施。纪检监察干部腐败的危害性比一般官员腐败更严重,因为腐败的纪检监察干部不仅可以利用自身执掌的监督执纪权来规避、压制甚至迫害反腐败者(谷志军,2017),还可能与腐败的高层领导干部有紧密的联系,向他们泄露涉密信息,甚至试图帮助他们逃避党纪和国法的惩处等(过勇等,2018),严重影响反腐败工作的公正性。基于此,要彻底根除反腐者腐败现象,既需要加强对权力执行者的监督制约,也需要加强对权力监督者自身的监督制约(郭文亮,2016),以减少纪检监察干部的权力滥用和以权谋私等行为。

二是从反腐败机构存在腐败行为这一现实出发,梳理反腐者腐败的表现、成因及对策。反腐者腐败的典型表现有直接干预案件、利用影响力谋取私利、为家人谋取利益以及因监督权缺失导致的监督不当等(陈朋,2021)。这是因为人有逃避监督制约的天然本性、监督权行使过程及惩戒措施的滞后性、外部力量无力实施有效监督以及少数人内心深处德不配位的诱导等(陈朋,2020),严重影响纪检监察干部队伍的纯洁性。因此,亟待从加大巡视巡察力度、提升干部监督室的独立性、严格控制自由裁量权、实行请托事项报告制度等方面着手(陈宏彩,2020),切实解决"如何监督监督者"的现实难题。

综上所述,已有研究对腐败行为的影响因素和反腐者的腐败行为两个方面进行了理论探讨,为本文提供了宝贵的参考和借鉴。但仍存在一些不足之处:一是从腐败行为的致因理论看,现有研究对腐败行为生成机理的交互研究较为薄弱,鲜有注意到纪检监察干部的腐败行为与其他类型官员的腐败行为相比所具有的特殊性,导致腐败行为生成的理论范式和解释框架缺乏系统性和针对性;二是从反腐者腐败的理论研究看,囿于纪检监察干部腐败行为资料的获取难度,现有研究主要以应然层面的理论阐释为主,缺少对纪检监察干部腐败行为的深描,尚未厘清反腐者腐败行为何以发生的共性问题。

基于此,本文将在借鉴已有研究的基础上,结合 20 名"落马"纪检监察干部的忏悔内容和 10 名在任纪检监察干部的访谈资料,采用扎根研究方法深度挖掘纪检监察干部腐败行为的生成机理,为防治纪检监察干部腐败行为提供经验证据和政策启示。

三、研究设计与资料收集

(一)研究方法

对于我国纪检监察干部腐败行为的相关研究,目前尚未形成系统成熟的变量范畴和理论模型。因此,为解决现有理论欠缺和分析工具匮乏的问题,可以借助扎根研究方法构建纪检监察干部腐败的理论模型。扎根理论是由格拉泽和斯特劳斯(Glaser & Strauss)两位学者于 1967 年共同提出的,是一种基于经验材料建立理论的质性研究方法,直接从原始资料入手逐渐提升概念及其关系的抽象层次,自下而上地建立理论模型(Martin & Turner, 1986)。扎根分析方法对社会科学研究产生了巨大影响,被誉为 20 世纪末"应用最为广泛的质性研究解释框架"(Denzin,1994),目前已被诸多学者应用于社会学、政治学、管理学等研究领域。该分析方法被广泛传播和使用的重要原因在于,它既不是研究者先入为主的假设,也不是内含于材料中等待研究者用严谨步骤来挖掘的"客观事实"(吴肃然和李名荟,2020),十分适用于探索性问题的研究,与本文的研究问题具有内在的契合性。

本研究选取该方法对纪检监察干部腐败行为的内在机理进行研究主要是基于三方面考虑:其一,该方法的适用场景非常广泛,除了常见的访谈资料之外,会议记录、档案文件、音频和电影等,均可作为扎根分析的原始素材,为深描纪检监察干部腐败行为的生成机理提供了方法论支撑;其二,该方法非常适合用于回答"是什么"和"怎么样"的问题,从而极大地避免了经验性观念或预设性理论模式对研究过程的影响,能够根植纪检干部腐败行为发生的具体情境提炼问题并建构理论;其三,与一般的定量研究不同,该方法能够较为全面地展现研究问题的起因、过程及结果,揭示心理、行为和环境等要素之间的互动关系,有助于丰富纪检监察干部腐败行为生成的过程性知识。

(二)数据来源

扎根理论的运用不仅需要建立在大量翔实、丰富的数据或资料之上,而且还要求分析样本具有一定的代表性和典型性。因此,在充分考虑研究资料的可获取性和研究对象的代表性的基础上,本研究主要通过两个渠道获取扎根素材。其一,2017 年中央纪委宣传部制作的专题片《打铁还需自身硬》和 2020 年中央纪委国家监委宣传部制作的专题片《国家监察(打造铁军)》中先后亮相的 20 名"落马"纪检监察干部的忏悔内容;其二,依托政校共建的廉政研究基地,在 2023 年 3—4 月对 10 名现任纪检监察干部进行一对一的半结构化访谈,获取纪检监察干部腐败行为何以发生的访谈资料(案例信息参见表4)。在操作过程中,为了使研究结果更为扎实可靠,本文从 30 个案例中随机抽取 5/6(25 例)进行编码与理论建构,另外 1/6(5 例)则用于饱和度检验,整个过程不断进行比较、分析与提炼,修缮已建构的理论模型,直到信息达到饱和状态。

表4　案例信息表

"落马"纪检监察干部				在任纪检监察干部			
变量		频次	比例	变量		频次	比例
性别	男	19	95%	性别	男	7	70%
	女	1	5%		女	3	30%
教育程度	本科及以下	7	35%	教育程度	本科及以下	6	60%
	硕士及以上	13	65%		硕士及以上	4	40%
纪检监察工作年限	10年以下	7	35%	纪检监察工作年限	10年以下	6	60%
	10~20年	10	50%		10-20年	3	30%
	20年以上	3	15%		20年以上	1	10%
行政级别	省部级	3	15%	行政级别	省部级	—	—
	厅局级	10	50%		厅局级	—	—
	县处级	6	30%		县处级	2	20%
	乡科级	1	5%		乡科级	8	80%

四、范畴提炼与模型建构

扎根理论的编码过程包括三个环节,即开放性编码、主轴编码、选择性编码(科宾和斯特劳斯,2015)。在具体的编码过程中,本研究由两位经过一致编码训练的独立编码员分别运用Nvivo 12软件对案例进行背对背编码,以获取理论模型建构的标签或范畴。

(一)开放性编码

开放性编码也通常被称为一级编码,是一个将原始资料进行逐句登录和标签,以便发现初始概念和范畴的过程。为提高编码的质量,先由两位编码员对随机抽取的25个案例进行独立编码,然后针对编码过程中出现的异同点进行反复沟通和推敲,剔除无法取得共识和前后互相矛盾的标签,最终获得136条原始语句及对应的初始概念,继而对其进行多次提炼、处理与聚合,最终得到20个初始概念和10个初始范畴(见表5)。

表5　开放性编码

范畴	初始概念	原始语句(范例)
治人之权	制约干部	LM-D-06:纪委书记对某一个干部、某一个党员的看法,都是决定这个人一生的,至少一段时期的升迁荣辱,所以一般的领导干部都怕纪委书记,这是肯定的。
	施以压力	LM-C-04:对官员的约束力也很大,这样使一些人可能感觉,他要跟纪委干部熟,可以给当地的干部以压力。
辐射面广	工作面宽	LM-B-02:纪委的工作有一个特点,各个部门它都能联系到,它就有可能通过工作关系,认识各个部门的人,面宽,是吧?
	联系面广	LM-N-03:我在中央纪委工作期间,利用十多年的时间吧,在自己所联系的地区,逐渐地编制起了自己一个关系网。
执行力差	因地而异	ZR-B-03:我们市十个区选聘特约监察员的时间和人数都是不一样的……他们(特约监察员)主要是受邀开会的时候才会来我们单位,大多是建言献策而不是监督。
	因人而异	ZR-C-06:看似都是一样的办案流程,但是怎么落实、落实到什么程度还是与办案人员的素质和专业性密切相关的。
针对性弱	关键少数	ZR-D-04:拿前段时间刚被查处的殷某来说,他就长期分管信访室、多个审查调查室、干部监督室,集信息、审查和监督于一身的腐败风险还是比较大的。
	派驻干部	ZR-E-06:纪检监察机关主要由内设机构和派出机构组成,其实派出机构出现腐败概率往往要高于内设机构,一来他们与监察对象的接触机会更多,二来他们长期外出办公组织监管难免会有疏漏的时候。
自我监督	排斥监督	LM-D-07:一提要有人监督,就觉得组织对我不信任,领导对我不信任。
	缺少监督	LM-A-02:哎呀,中纪委这地方,谁查中纪委啊。

续表5

范畴	初始概念	原始语句(范例)
组织监督	监督机制	ZR-G-07:我们纪检部门同样存在"上级监督太远,同级监督太软,下级监督太难"的问题,想要通过这些监督渠道减少腐败实际上是很难的。
	监督机构	ZR-F-05:干部监督室说到底是一个比较"弱势"的内设部门,不仅缺少主动发现腐败线索的工具和抓手,而且不少纪检干部的问题线索还是其他部门转交过来的。
社会监督	难以监督	ZR-C-01:纪检监察机关作为一类特殊国家机关,不仅时常给人高高在上的神秘感,而且没有案件信息或线索我们也不会与普通民众接触。
	透明度低	ZR-A-07:纪检监察工作有严格的保密程序……即使是自己父母和配偶等身边最亲密的人,也不能透露办案信息。
心理扭曲	私欲膨胀	LM-M-02:现在回过头来对照自己,主要是私字,私心、贪。
	缺乏自律	LM-M-04:哪来的应酬,人家不是看着你的地位、权力,想利用你吗?但是自己这个方面没有把持住。
主动寻租	以权谋私	LM-E-02:得到人家的好处,总要给人家充当保护伞的。
	以案谋私	LM-N-08:我所了解的信息给他们透露一点。一方面呢是说,表示我对他信任吧,对对方的信任,再一个呢,也想展示一下自己,掌握一些内幕的情况。
追悔莫及	悔不当初	LM-F-01:真的特别后悔做这些事情,一面反腐败,一面去腐败这个确实是自己觉得挺后悔、悔恨的一件事情。
	幡然悔悟	LM-L-08:自以为这些人好像会替你去扛,其实我在工作中发现没有人会去扛,人一旦到了只求自保的情况下,人都是趋利的,没有人会拿个人的前途、家庭去押在你身上。

注:LM-D-06 表示"落马"纪检监察干部 D 的第 6 句原始语句;ZR-B-03 表示在任纪检监察干部 B 的第 3 句原始语句。其他照此类推。

（二）主轴式编码

主轴式编码又可称之为二级编码,是根据类属关系把所有初始标签进行归类整理的过程,以形成层次更高、概括性更强的主副范畴,进而提炼出最能代表研究问题内涵的核心概念。在开放性编码的基础上,根据初始范畴的语义、相似关系等继续对其进行比较、归纳、抽象,最后得到权力特性、制度虚置、监督乏力和心理变化4个主范畴(见表6)。

表6　主轴式编码

主范畴	副范畴	关系内涵
权力特性	治人之权	监督执纪权是一种关系政府官员政治生命的权力,纪检监察干部也因此成为外界"围猎"的重点对象。
	辐射面广	监督执纪权的影响力能够辐射至不同地区和部门,为纪检监察干部实施腐败行为提供了便利条件。
制度虚置	执行力差	防治纪检监察干部腐败行为的制度规范在实际运用的过程中未能得到有效执行。
	针对性弱	防治纪检监察干部腐败行为的制度规范在实际运用的过程中未能有效应对纪检监察工作存在的腐败风险点。
监督乏力	自我监督	纪检监察干部作为专司执纪问责工作的"反腐人",很少将监督的眼光投向自己。
	组织监督	对纪检监察干部实施组织监督的领导机制和专责部门处于局部空转状态。
	社会监督	纪检监察干部处在相对封闭的组织结构当中,实施社会监督的基础和条件较为欠缺。
心理变化	思想扭曲	少数纪检监察干部的理想信念在外界的不断腐蚀下出现动摇或异化。
	逐步腐化	抵制腐败的心理防线一旦失守,纪检监察干部的腐败行为逐渐由"被动俘获"向"主动设租"转变,在腐败泥潭中越陷越深。
	追悔莫及	腐败的纪检监察干部在腐败惯性的裹挟下难以自拔,直至腐败行为被揭露后才追悔莫及。

（三）选择性编码

选择性编码指的是从主范畴中挖掘核心范畴,并以"故事线"的形式探讨核心范畴与其他主范畴之间的关系,进而构建出理论模型框架。经过不断分析与比较编码结果,最终将核心范畴确定为"纪检监察干部腐败行为的生成机理",与之相对应的故事线为:监督执纪权的约束力和影响力显性增强,不仅使纪检监察干部成了不法商人和腐败官员围猎的重点对象,同时也为其实施腐败行为提供了前提条件。在此情境下,如果纪检监察干部的心理防线面对物质和权力的诱惑出现失守,就很有可能会利用制度漏洞或监管盲区与不法商人和腐败官员达成"共谋",沦为执纪违纪、知法违法的"纪检内鬼"。而且,在"制度虚置"和"监督乏力"的双重作用下还会逆向强化纪检监察干部的腐败心理,进而形成反腐者持续腐败的恶性循环。依据该故事线,本文建构出一个纪检监察干部腐败行为的生成机理框架,可称之为"权力—制度—监督—心理"模型(见表7)。

表7　主范畴间的关系结构

典型关系结构	关系结构内涵
权力特性→腐败行为	监督执纪权的权力特性既是纪检监察干部受到外界腐蚀的重要原因,也是纪检监察干部实施腐败行为的前置条件。
心理变化 ↓ 权力特征→制度虚置→腐败行为	心理变化是纪检监察干部蜕变为腐败分子的中介变量,因为心理防线失守的纪检监察干部会想方设法利用制度漏洞实施腐败行为。
心理变化 ↓ 权力特征→监督乏力→腐败行为	监督乏力不仅是未能及时发现并制止纪检监察干部腐败行为的关键原因,同时会在无形中助长腐败纪检监察干部的侥幸心理和麻痹心理。
心理变化 ↓ 权力特征→制度虚置→监督乏力→腐败行为	纪检监察干部的心理变化经由制度虚置和监督乏力的链式效应,为纪检监察干部持续实施腐败行为提供了心理准备和客观条件。

（四）理论饱和度检验

扎根理论主张在理论建构完成后需要对理论的饱和度进行检验,如果通过饱和度检验则认为理论模型具有较高的信度和效度,如果未通过饱和度检验则需要重新对数据资料进行编码,以补充此前遗漏的概念或范畴。因此,本文根据上述步骤,对剩余的 5 个案例进行二次编码,并与已建构完成的理论模型进行比较分析,以检验理论模型的饱和度。结果显示,在对这 5 个案例进行编码的过程中并未出现新的颠覆性概念和范畴,表明本文建构的"权力—制度—监督—心理"理论模型达到了饱和度要求。

五、理论模型与阐释

基于扎根理论编码发现,纪检监察干部腐败行为的主导要素有权力特性、制度虚置、监督乏力和心理变化,据此构建起纪检监察干部腐败行为生成的理论分析框架(见图 4),揭示出纪检监察干部腐败行为背后的深层动因与内在机理。

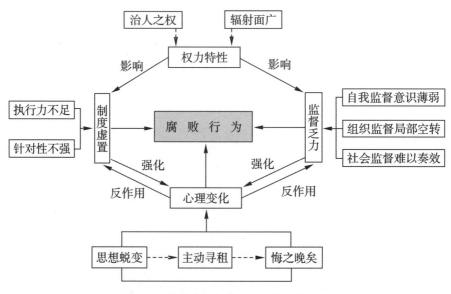

图 4　纪检监察干部腐败行为的生成机理

(一)权力特性维度

权力特性维度是纪检监察干部腐败行为生成的原生性变量,意指监督执纪权所具有的特性既增加了纪检监察干部被"围猎"的风险,也为纪检监察干部实施腐败行为提供了便利。一切有权力的人都容易滥用权力,这是万古不易的一条经验(孟德斯鸠,1961),监督执纪权的异化也不例外。通过案例编码后不难发现,监督执纪权是一种自成体系的稀缺资源,同时也是引致纪检监察干部腐败行为发生的深层原因,如果缺乏有效的监督和制约也会异化为制造隐患的权力。

其一,监督执纪权是一种"治人之权"。监督执纪权作为一种"治人之权",对决策权和执行权的行使主体具有制约作用,使纪检监察干部成为不法商人和腐败高官重点俘获的对象。一方面,随着全面从严治党和监察体制改革的纵深推进,使纪检监察机关处于位高权重的地位,监督执纪权的弱势地位得以明显改善(童之伟,2017;贺海峰,2019)。在此情境下,掌握监督执纪权的纪检监察干部成了不法商人重点俘获的对象,"他们这些老板,其实在这些方面他是很精的,他知道你肯定跟下面说话管用"(LM-A-08),试图借助监督执纪权的影响力来对其他政府官员施以压力并获取商业利益。另一方面,监督执纪权的"治人"特性还与政府官员的政治生命密切相关。部分腐败高官为了套取其关心的问题线索或规避组织的监督问责,会主动结交行政级别较低的纪检监察干部,进而使两者的腐败交易具有"反科层"的特点。例如,在两名科级纪检干部忏悔内容中提道:"我也很忐忑和他交往,我是科级干部,他是副部级干部"(LM-F-04)、"我和武某顺(副省级)的关系不是秘密,他们别人办不了,你看,我能办"(LM-G-02),最终沦为腐败高官获取问题线索和寻求应对策略的"纪检内鬼"。

其二,监督执纪权的影响力辐射面广。省级及以下纪检监察机关除了受到同级党委和上级纪检监察机关的双重领导之外,其职权范围并不严格按照归口管理原则开展工作。例如,一些纪检监察干部提到,"纪委工作有一个特点,各部门它都能联系到,它就有可能通过工作关系,认识各个部门的人,面宽"(LM-B-02),能够将监督执纪权的影响覆盖至权力运行的各个环节和侧面。然而,这一特点也会异化为纪检监察干部寻租的腐败利益链。一方面,辐射面广的权力特性为纪检监察干部编织利益输送网络提供可能,"我在中央纪委工作期间,利用十多年的时间吧,在自己所联系的地区逐渐编织起了自己的一个关系网"(LM-N-04),将监督执纪权的影响力异化为个人谋取私利的筹码。另一方面,这一特性使纪检监察干部除了可以直接利用职务便利,借办案、核查线索谋利之外,还可以利用其职务和权力让监管对象间接帮助他们去谋利,将寻租空间延伸至纪检监察之外的领域,例如提级晋升、安排工作、工程项目、司法审判等,远超监督执纪权的权力范围。

(二)制度虚置维度

制度虚置维度是纪检监察干部腐败行为得以发生的内生性变量,意指防治纪检监察干部腐败行为发生的制度规范未能得到有效的落实和执行。随着反腐败斗争的持续深入,人们越来越深刻地认识到,要真正有效地遏制腐败行为的发生,必须由运动式反腐向制度化反腐转变。因为,制度反腐不仅是反腐败斗争不断向纵深发展的具体体现,同时也是遏制腐败行为发生的重要抓手。然而,通过编码后不难发现,防治纪检监察干部腐败的制度设计存在执行力不足和针对性不强的问题,是导致纪检监察干部腐败行为屡禁不止的重要原因。

其一,制度执行力不足。为了防治少数纪检监察干部的"灯下黑"问题,中央纪委国家监委出台了系列防治纪检监察干部腐败行为的制度文本,比如《中国共产党纪律检查机关监督执纪工作规则》《国家监察委员会特约监察员工作办法》《关于开展全国纪检监察干部队伍教育整顿的意见》等,但在具体的落实过程中时常出现"打折"执行的现象。以《国家监察委员会特约监察员工作办法》为例,实践经验表明该制度虽然形成了一些成功经验,但也存在一定的职责不明、边界不清、渠道不畅、合力不足等问题(王高贺和周华国,2021),与制度预期仍有较大距离。具体来说,"我们市十个区选聘特约监察员的时间和人数都是不一样的……他们(特约监察员)主要是受邀开会的时候才会来我们单位,大多是建言献策而不是监督"(ZR-B-03),特约监察员制度对纪检监察干部腐败行为的规约作用仍需实践检验。诚然,在超大规模单一制国家中,制度设计必然面临治理规模大和治理负荷高的内在矛盾,防治纪检监察干部腐败行为的制度文本也一样,需要各地纪委监委细化落实和探索创新才能更好地将监督执纪权关进制度的笼子里。

其二,制度针对性不强。制度作为一种原则性规范既难以精准地预判未来,也无法做到事无巨细,为极少数纪检监察干部利用制度漏洞从事腐败交易提供了操作空间。具体来说,纪检监察干部不管是利用问题线索敲诈失责对象,还是凭借职务便利掩护失责对象,都或多或少地与纪检监察制度的针对性不强有关。例如,"拿前段时间刚被查处的殷某来说,他就长期分管信访室、多个审查调查室、干部监督室,集信息、审查和监督于一身的腐败风险还是比较大的"(ZR-D-04);又如,"纪检监察机关主要由内设机构和派出机构组成,其实派出机构出现腐败概率往往要高于内设机构,一来他们与监察对象的接触机会更多,二来他们长期外出办公组织监管难免会有疏漏的时候"(ZR-E-06)。由此可见,虽然纪检监察工作已经有了严明的制度规范并进一步加强了纪检监察干部的行为规约,但如何加强"关键少数""派驻(出)人员"的监督问题仍是当前防治纪检监察干部腐败行为发生的薄弱环节。

(三)监督乏力维度

监督乏力维度是纪检监察干部腐败行为生成的结构性变量,意指纪检监察干部的监督体系在实践的过程中缺乏效力或者力度。监督体系是一个有机整体,通常由监督机构、监督制度和监督战略三个部分构成。根据主体不同,又可以分为自我监督、人大监督、审计监督、司法监督和社会监督等。目前,纪检监察干部的监督存在不少难点和痛点,例如自我监督意识薄弱、组织监督局部空转、社会监督难以奏效等,致使纪检监察系统的"内鬼"未能被及时发现并予以制止。

其一,自我监督意识薄弱。在统治权的本质中有一种对控制的急躁感,因而使那些授权行使统治权的人用一种邪恶的眼光来看待一切外来的约束或指挥其行动的企图(汉密尔顿等,1980)。纪检监察干部作为监督执纪权的行使者同样有着逃避监督和制约的冲动和偏好,"一提要有人监督,就觉得组织对我不信任,领导对我不信任"(LM-D-07),企图用组织的信任代替权力的监管,为腐败行为的生成埋下了隐患。与此同时,监督执纪权作为一种监督他人的权力,很少将监督的眼光投向自己,部分纪检监察干部内心深处并未真正树立自我监督的意识。例如有不少纪检监察干部就提道:"哎呀,中纪委这地方,谁查中纪委啊"(LM-A-02)、"我在这个机关工作27年了,一直都是张着嘴说别人,尤其是过去拿着镜子是照别人的,没有照过我自己"(LM-M-01)。这为少数纪检监察干部从事权钱交易、以权谋私等腐败行为提供了监管间隙。

其二,组织监督局部空转。与一般官员的腐化行为不同,纪检监察干部长期从事监督执纪工作,不仅使其具有较高的规避意识,而且腐化行为也更为多样且具有隐蔽性,致使组织难以及时发现他们的腐化问题。事实上,不少"落马"纪检监察干部的腐败线索都是经由其他监察对象供认出来的,这既说明纪检监察干部的腐败行为较为隐蔽,同时也表明纪检监察干部的监管管理存在较大盲区,直至受到涉案人员的供述后其腐败行为才浮出水面。从具体的缘由来看,"我们纪检部门同样存在'上级监督太远,同级监督太软,下级监督太难'的问题,想要通过这些监督渠道减少腐败实际上是很难的"(ZR-G-07)、"干部监督室说到底是一个比较'弱势'的内设部门,不仅缺少主动发现腐败线索的工具和抓手,而且不少纪检干部的问题线索还是其他部门转交过来的"(ZR-F-05)。显然,在多种组织监督机制均处于空转的情况下,部分心存侥幸的纪检监察干部会更加肆无忌惮,逐渐由"反腐者"沦为"腐败者"。

其三,社会监督难以奏效。社会监督通常被认为是反腐保廉、遏制腐败的可靠保证,但期冀通过社会力量加强对纪检监察干部的监督往往难以奏效。因为,社会力量参加纪检监察干部监督存在诸多难题和壁垒,这不仅有主观层面的原因,更有客观层面的原因。从主观层面看,社会监督难以奏效的原因不仅在于社会公众对公权力的意识较为薄弱,更在于普通公众对纪检监察机关及其干部缺乏基本的认知和了解。这一现实困境得到了访谈资料的印证,"纪检监察机关作为一类特殊的国家机关,不仅时常给人高高在上的神秘感,而且没有案件信息或线索我们也不会与普通民众接触"(ZR-C

-01)，缺乏实施社会监督的基础和条件。从客观层面看，为了减少监督执纪信息泄露的风险，"纪检监察工作有严格的保密程序……即使是自己父母和配偶等身边最亲密的人，也不能透露办案信息"(ZR-A-07)。在此情境下，执纪透明与社会监督存在天然的张力，社会力量很难对纪检监察干部的办案情况实施过程性监督，监督执纪的"黑箱"并未向外界完全打开，期冀通过社会监督来遏制纪检监察干部的腐败行为也就无从谈起。

(四)心理变化维度

心理变化维度是纪检监察干部腐败行为生成的中介变量，意指纪检监察干部腐败意图产生或已经行为化后的心理历程，对腐败行为的发生、发展与升级具有调节作用。通过对案例进行系统编码后不难发现，纪检监察干部的腐败行为与其他类型官员的腐败行为具体相似的心理历程，主要包含"思想蜕变→主动寻租→悔之晚矣"三个阶段。也即是说，一旦打开了腐败的缺口且未被发现后，越轨行为将会持续升级，在没有外力的强制和组织的干预下很难停下来，形成腐败行为的"破窗效应"。

其一，前期在诱惑和困难面前思想发生蜕变。通过案例梳理后发现，不少"落马"纪检监察干部都曾主办过大案要案，并受到组织的嘉奖和重用。然而，却在各种诱惑和畏难情绪的作用下丧失原则和底线。一方面，在"金字塔"结构的科层体系中，晋升职位属于"稀缺资源"，职务级别越高晋升天花板效应越明显，进而在俘获方式上呈现出"高低有别"的特征。编码发现，高级别的纪检监察干部晋升通道变窄，俘获方式主要以提供超越其职务层次的物质享受为主，而对职务层级较低的干部则物质诱惑和政治诱惑双管齐下。例如，有落马纪检监察干部说道："他那个海边别墅，真是豪华……说实在的，我心里就真有点，你给我来进贡吧，反正都是朋友，你也出得起"(LM-A-11)，"他们给我提供了一些我以前没有经历过的物质享受。对方也给我承诺过，帮助我引荐一些关系，实现我尽快提拔"(LM-N-06)，投其所好地侵蚀纪检监察干部的思想防线。另一方面，作为专门用于防止和纠正错误的权力，监督权自其形成之始就打上了不信任的烙印，监督者也始终扮演着怀疑的和不信任的角色(韩志明,2009)，受到监督对象的对抗和抵触,监督执纪工作开展存在相当程度的困难。这一点得到编码证实,"我觉得纪委书记还是挺难干的,是得罪人的活,特别是冲击一部分人利益的时候,那难得一塌糊涂"(LM-J-04),一旦被这种畏难情绪占据心理的主导地位,再加上外界的不断腐蚀与围猎,不良欲念往往也会随之而生。

其二,中期为牟取私利逐步走向腐化深渊。在不良欲念的驱使下,纪检监察干部的腐败心理由最初的被动俘获向主动寻租转变,并逐渐产生"审丑疲劳",对腐败行为的态度变得不以为意,甚至与社会上的腐败分子同流合污(Marquette and Peiffer,2015)。编码发现,"它(腐败)是一个渐变的过程,不是一个突变的过程"(LM-K-01)、"比如说你第一次收了 10 万,那么你收了 10 万和收 100 万,收 100 万和 1000 万,它只不过是加了一个零"(LM-D-03)。然而,根据寻租理论可知,"经济租金"的获取来源于垄断性权力所带来的差价收入(倪星,1997),也即是说,当纪检监察干部收受了贿赂后必然要为行贿主体提供实质性的回报。正如一名纪检监察干部所言:"得到人家的好处,总要给人家充当保护伞的"(LM-E-02),其在本质上是一个利用公共权力换取腐败收益的交易过程。与此同时,这一行为了也印证了"开弓没有回头箭"的俗语,纪检监察干部的腐败行为一经开始便难以收手,形成"腐败惯性"(Wang et al.,2022)。具言之,一旦被潜在的行贿主体知道某一纪检监察干部存在腐败行为,行贿主体会想方设法俘获这名纪检监察干部,使其不能停止、不能拒绝,也不能回头,并与周围的腐败分子紧密联系在一起,直至腐败行为彻底败露。

其三,后期面对组织的审查调查悔恨不已。普遍而严重的腐败,以及低度腐败、较高程度的廉洁,往往被视为具有高度稳定性的纳什均衡(Melanie,2004)。在具体的实践案例中,香港总督于 1977 年颁布的"局部特赦令"对于推动香港从腐败均衡向廉洁均衡转化具有独特的作用,实现了对既往各种小腐败、普遍盛行的习惯性腐败行为一体惩处的划断性了结(袁柏顺,2016)。事实上,自党的十八大以来,针对纪检监察系统内部苗头性和倾向性的腐败问题,纪检监察机关内部也采取了系列举措,如开展党风廉政教育、上门入户开展家庭访谈以及督促干部及时清理"朋友圈"等,以便能够及时发现并纠正纪检监察干部的偏轨行为。然而,编码发现部分纪检监察干部存在较为明显的侥幸心理,"我没有认识到这个问题的严重性,所以我就没有去真正地清理朋友圈"(LM-N-01)、"部委机关出于对干部的一种关心爱护,要求部门负责人去家访……我害怕领导发现,我和一些商人老板有这种不正当交往的问题,后来我就考虑演场戏"(LM-L-02),在试图蒙混过关的同时也越陷越深,直至案发后才意识到悔之晚矣。

六、总结与讨论

本研究基于 20 名"落马"纪检监察干部的忏悔内容和 10 名在任纪检监察干部的访谈内容,运用扎根理论分析方法研究发现,权力特性、制度虚置、监督乏力、心理变化四个主范畴构成纪检监察干部腐败行为的核心要素,构成纪检监察干部腐败行为生成的"权力—制度—监督—心理"理论模型。通过对各要素的构成因子进行详细分析后,可以得出以下结论:①纪检监察干部的腐败行为是多重要素共同作用下的产物,且总体沿着"权力—制度—监督—心理"的逻辑演进,从而在一定程度上回应了既有研究从腐败机会、腐败动机等维度对腐败行为的理论解释;②在全面从严惩治"灯下黑"的背景下,制度虚置和监督乏力仍是纪检监察干部腐败行为"屡禁不止"的重要原因,并会逆向强化纪检监察干部的侥幸心理和麻痹心理,形成反腐者持续腐败的恶性循环;③纪检监察干部的腐败心理与其他类型官员的腐败心理具有相似性,是纪检监察干部从廉洁奉公向营私舞弊转变的"总开关",若腐败心理得不到制度机制和监督体系的有效遏制,纪检监察干部的腐败行为便难以避免。

作为一项探索性研究,本文可能存在的边际贡献有:其一,丰富了腐败行为的理论研究。腐败行为在本质上是公共权力的非公共运用,腐败主体掌握的权力特性与腐败行为的表现及成因具有直接的内在关系,但任何单一视角对腐败成因的分析都存在其局限性,需要将权力特性与其他影响因素进行统合分析才能更好地揭示出腐败行为的发生机理。鉴于此,本文以监督执纪权的权力特性为切入点,刻画了"反腐者"向"腐败者"蜕变的过程,构建起腐败行为研究的"权力—制度—监督—心理"四维理论模型,对于解释腐败行为何以发生的复杂机理具有抛砖引玉的作用。其二,弥补了纪检监察干部研究不足的缺憾。随着国家监察体制改革和反腐败斗争工作的深入推进,纪检监察机关的地位变迁及其职能变化受到了政治学界和法学界的广泛关注,但聚焦到纪检监察干部这一微观层面的研究依然并不多见。为弥补这一缺憾,本文以"己不正,焉能正人?"为思考起点,结合官方披露和个案访谈的相关资料,运用扎根方法凝练出纪检监察干部腐败行为的共性规律,丰富了监督者腐败行为研究的理论认识。

在此基础上,本文的研究发现对防治纪检监察干部的腐败行为、规范监督执纪权的运用行使亦有着较好的启发性。

第一,强化监督权制约是防治纪检监察干部腐败行为的基础。长期以来,监督权通常被认为是一种具有贫困性、被动性、从属性和事后性的权力(韩志明,2009;谷志军,2017),在权力结构中处于相对弱势的地位。然而,本文通过编码发现,随着全面从严治党的深入推进和国家监察体制改革的纵深发展,纪检监察机关的政治地位得以明显提升,监督执纪权的影响力和震慑力也随之强化,并成长为一种自成体系的"治权之权"。监督执纪权"贫困性"地位的改变在为反腐败斗争工作注入权力势能的同时,如果缺乏有效的监督和制约也会异化,会滋生腐败的权力,并在少数纪检监察干部的腐化行为中得到体现。因此,需要建立健全与监督执纪权相匹配的监督制约机制,将纪检监察干部所掌握的监督执纪权压缩在合理、必要和可控的范围之内,尽可能减少监督执纪权的寻租资本,促使纪检监察干部规范审慎行使监督执纪权。

第二,筑牢思想防线是防治纪检监察干部腐败行为的前提。引致腐败的不是权力本身,而是执掌权力的人。然而,这并不是说所有权力的执掌者都会从事腐败行为,而是指那些自律缺失、思想异化的少数权力行使者更有腐败的可能性。经编码发现,纪检监察干部的腐败行为大多是从思想蜕变开始的,例如一部分"落马"纪检监察干部就曾抱着既想当大官又想发大财的贪婪心理,另一部分则艳羡商人的奢华生活而形成的"心理落差",进而引致偏轨行为的发生,直至腐败行为败露后才意识到自身行为的恶劣性。事实上,在日益强调专业性的背景下,不断加强纪检监察干部的专业技能培训无可厚非,但与此同时理想信念教育和廉洁教育也不可偏废,需要从源头上遏制和铲除贪腐邪念产生的土壤,增强纪检监察干部的团队责任感和职业使命感,让纪检监察干部自愿、主动地远离腐败,切实发挥纪检监察干部在反腐败斗争中的"战斗堡垒"作用。

第三,加强监督管理是防治纪检监察干部腐败行为的关键。要彻底铲除纪检监察干部腐败的温床,既需要加强由内向外的政治监督,也需要加强由外而内的社会监督,形成融通"内""外"的监督格局。一方面,纪检监察干部腐败行为得以滋生的重要原因在于,掌握监督执纪权的纪检监察干部能够为俘获主体提供其关心的举报信息或问题线索等,而且这些行为不易被外界所发现,需要纪检监察机关以"自我革命"的精神为统领,进一步堵住监督执纪工作存在的漏洞,强化纪检监察干部的自我监督和组织监督。另一方面,组织透明既是腐败治理的关键,也是增强社会监督的前提(Bauhr et al.,2020;肖汉宇和吴玉洁,2020)。实际上,社会监督难以奏效的症结不仅在于社会公众参与监督的意识较为薄弱,还与纪检监察机关的透明度低密切相关。因此,为了破解社会监督难以奏效的问题,需要切实保障社会公众的知情权和监督权,并进一步增强纪检监察工作的透明度,使纪检监察干部自觉接受广大人民群众的监督。

第四,提高腐败成本是防治纪检监察干部腐败行为的保证。期望效用理论认为,个体遵从行为的产生取决于其对遵从行为成本和收益的权衡(Becker,1968)。在编码的过程中发现,纪检监察干部的腐败行为同样受到预期收益-成本的影响,其中由制度虚置带来的低腐败成本问题是导致纪检监察干部腐败行为"屡禁不止"的重要原因。具言之,纪检监察干部的大多数腐败行为通过顺水推舟、牵线搭桥等方式就能实现,操作起来并不困难也不违反大原则,却能够从中获取丰厚的回报,腐败行为的收益远大于腐败行为的成本。可见,提高腐败行为成本和廉洁奉公收益是矫治纪检监察干部腐败行为的关键。一方面,要进一步增强反腐制度的执行力和针对性,提高纪检监察干部腐败行为的发现概率和综合成本,从严惩治纪检监察系统中"投机者";另一方面,还要保障绝大多数廉洁纪检干部的正当权益和收入,对于少数存在失责行为但尚未造成损失,并能够主动向组织坦白改过的纪检干部要善用"四种形态"予以矫治,以此来激励相关责任主体恪尽职守、干净担当,锻造新时代纪检监察"铁军"。

但本文仍存在以下两个方面的局限性:一是研究样本的局限。虽然本文将"落马"纪检监察干部的忏悔内容和在任纪检监察干部的访谈资料进行了交互验证,但研究样本的数量较为有限,且没有完全做到分层抽样,未来仍需进一步丰富研究样本的多样性,提升理论模型的信度和效度。二是研究方法的局限。虽然运用扎根理论建构纪检监察干部何以腐败的理论模型具有一定的现实解释力,但不可否认该模型仅是一个探索性的理论框架,难以实现精准的因果推断,未来仍需要对各要素进行更为客观的测量和分析,以提升研究结论的说服力。

参考文献

[1]陈宏彩.强化监察机关内部监督的理论逻辑与制度建构[J].河南社会科学,2020,28(11):39-47.

[2]陈朋."灯下黑"问题的四重深层诱因剖析[J].国家治理,2020(24):12-14.

[3]陈朋.监督权的再监督:逻辑理路与空间拓展[J].河海大学学报(哲学社会科学版),2021,23(1):10-16.

[4]谷志军.谁来监督监督者:监督权问责的逻辑与实现[J].社会科学战线,2017(1):172-177.

[5]郭文亮.制度反腐新课题:如何加强对党内权力监督者的监督[J].理论探索,2016(3):28-35.

[6]过勇.经济转轨、制度与腐败:中国转轨期腐败蔓延原因的解释[J].政治学研究,2006(3):53-60.

[7]过勇,潘春玲,宋伟."十八大"以来我国纪检监察机关的改革路径及成效分析[J].国家行政学院学报,2018(5):87-92.

[8]汉密尔顿等.联邦党人文集[M].程逢如,在汉,舒逊,译.北京:商务印书馆,1980:76.

[9] 韩志明. 监督权的内在贫困及其理论建构[J]. 中共福建省委党校学报,
2009(8):63-69.

[10] 贺海峰. 严防"灯下黑":加强纪检监察干部监督[J]. 中国党政干部论
坛,2019(7):50-54.

[11] 何增科. 中国政治体制改革研究[M]. 北京:中央编译出版社,2008.

[12] 雷玉琼,曾萌. 制度性腐败成因及其破解:基于制度设计、制度变迁与制
度约束[J]. 中国行政管理,2012(2):110-113.

[13] 李靖,李春生. 我国基层官员"微腐败"的生成机理、发展逻辑及其多中
心治理[J]. 学习论坛,2018(7):58-64.

[14] 李燕凌,吴松江,胡扬名. 我国近年来反腐败问题研究综述[J]. 中国行
政管理,2011(11):115-119.

[15] 孟德斯鸠. 论法的精神(上册)[M]. 张雁深,译. 北京:中央编译出版社,
1961:184.

[16] 倪星. 论寻租腐败[J]. 政治学研究,1997(4):21-29.

[17] 倪星. 理性经济人视角下的官员腐败研究[J]. 广州大学学报(社会科学
版),2009,8(6):3-8.

[18] 孙卓华,李强楠. 行政心理视域下的官员腐败研究[J]. 行政论坛,2016,
23(2):32-37.

[19] 童之伟. 对监察委员会自身的监督制约何以强化[J]. 法学评论,2017,
35(1):1-8.

[20] 王高贺,周华国. 监督监督者:新时代特约监察员制度的探索与突破
[J]. 理论探讨,2021(1):119-124.

[21] 魏旭,魏姝. 分权对腐败的影响:基于45国2000—2010年的数据分析
[J]. 经济社会体制比较,2019(2):92-105.

[22] 吴肃然,李名荟. 扎根理论的历史与逻辑[J]. 社会学研究,2020,35(2):
75-98.

[23] 肖汉宇,吴玉洁. 研究选题与方法:2020年第二季度公共管理研究佳作
评介[J]. 公共管理评论,2020,(3):132-150.

[24] 袁柏顺. 香港反腐败历程中"局部特赦"原因探析[J]. 湘潭大学学报

（哲学社会科学版），2016,40(1):80-84.

[25]周黎安,陶靖.政府规模、市场化与地区腐败问题研究[J].经济研究,
2007,44(1):57-69.

[26]朱丽叶·M.科宾,安塞尔姆·L.斯特劳斯.质性研究的基础:形成扎根
理论的程序与方法[M].朱光明,译.重庆:重庆大学出版社,2015:3.

[27]Anand V,Ashforth E B,Joshi M. Business as usual:The acceptance and
perpetuation of corruption in organizations[J]. Academy of Management Ex-
ecutive,2004,18(2):39-53.

[28]Bauhr M,Czibik A,de Fine L J,et al. Lights on the shadows of public pro-
curement:Transparency as an antidote to corruption[J]. Governance,2020,
33(3):495-523.

[29]Corbacho A,Gingerich D W,Oliveros V,et al. Corruption as a self-fulfilling
prophecy:Evidence from a survey experiment in Costa Rica[J]. American
Journal of Political Science,2016,60(4):1077-1092.

[30]Figueroa V. Political corruption cycles:High – frequency evidence from
Argentina's notebooks scandal[J]. Comparative Political Studies,2021,54
(3-4):482-517.

[31]Gino F, Ayal S, Ariely D. Contagion and differentiation in unethical
behavior:The effect of one bad apple on the barrel [J]. Psychological
Science,2009,20(3):393-398.

[32]Gong T. New trends in China's corruption:Change amid continuity[M]//
Dittmer L,Liu G. China's deep reform:Domestic politics in transition. New
York:Rowman & Littlefield Publishers,2006:456-465.

[33]Gong T. The institutionalization of party discipline inspection in China:
dynamics and dilemmas[M]// Gong T,Ma S K. Preventing corruption in
Asia. New York:Routledge,2009:86-102.

[34]Knutsen C H,Kotsadam A,Olsen E H,et al. Mining and local corruption in
Africa[J]. American Journal of Political Science,2017,61(2):320-334.

[35]Marquette H,Peiffer C. Corruption and collective action[J]. DLP Research

Paper,2015(32):1-16.

[36] Melanie M. Corruption by design:Building clean government in Mainland China and Hon Kong[M]. Brighton:Harvard University Press,2004.

[37] Persson A,Rothstein B,Teorell J. Why anticorruption reforms fail-systemic corruption as a collective action problem[J]. Governance,2013,26(3): 449-471.

[38] Pillay S,Kluvers R. An institutional theory perspective on corruption:The case of a developing democracy [J]. Financial Accountability & Management,2014,30(1):95-119.

[39] Richey S. The impact of corruption on social trust[J]. American Politics Research,2010,38(4):676-690.

[40] Tavits M. Why do people engage in corruption? The case of Estonia[J]. Social Forces,2010,88(3):1257-1279.

[41] Wang K,Ma Z,Xia Y. General strain theory and corruption among grassroot chinese public officials:A mixed-method study[J]. Deviant Behavior, 2022,43(4):472-489.

[42] Zhang Y,Kin M H. Do public corruption convictions influence citizens' trust in government? The answer might not be a simple yes or no[J]. American Review of Public Administration,2018,48(7):685-698.

"微腐败"行为动机及治理策略

——基于礼物交换理论的分析

张自永①

"礼物"是传统中国社会互惠原则的符号载体,行为主体经由礼物交换尝试实现其社会关系的构筑和再生产。"微腐败"行为具有鲜明的基层本土性特质,其场域内表达性意义的礼物被异化为"工具性礼物",本质上是对礼物与商品两者之间根本区分的模糊。"礼物"的异化并不意味着传统文化的整体失落,而是反映了个体行为动机的"积极"扭曲,体现了经济属性对社会属性的凌驾。在马克思主义基本原理同中华优秀传统文化相结合的视域下,铲除"微腐败"土壤必须正视"礼物"流动的积极意义,否定"礼物"异化的动机并进而实现"礼物"的复归。从"工具性礼物"复归"仪式性礼物",同时也要强化道德内约,注重家庭家教家风建设,多积尺寸之功,复归领导干部的社会属性,也即复归"一个普通的人""一个普通的老百姓"的生活世界。

党的十八大以来,反腐败形势实现了由量变到质变的转变,反腐败斗争取得压倒性胜利并全面巩固。但是,我们也必须清醒认识到,反腐败斗争形势依然严峻复杂,铲除腐败滋生土壤任务依然艰巨。深化标本兼治、系统治理,核心是增强不想腐的自觉,难点在"微腐败"治理。习近平总书记在十八届中央纪委六次全会上首次提出"微腐败"概念。随后,学界从概念内涵、表

---

① 作者简介:张自永,1986 年生,男,河南淮阳人,法学博士,中共江苏省委党校廉政教育研究中心副教授,江苏党的建设理论与实践创新研究院特聘研究员,研究方向为中华廉洁文化与新时代政德建设。

现形式、治理策略等方面进行了研究。铲除"微腐败"滋生的土壤和条件，必须深刻洞悉其由传统文化所构筑的场域特质。遗憾的是，鲜有此类专题之论。礼物交换理论是可以深入到这一向度的分析工具，或可为研究"微腐败"行为动机及治理策略提供新的视角。

一、"微腐败"的特征及其场域审视

蒋来用先生指出，腐败是滥用权力谋取私利并被法律、纪律追究责任的组织失范行为，具有交易性、职务性、故意性、失范性、行为性、反复性等特征。"微腐败"在一定程度上适用于本概念之设定，同时也变现出一定的异质性。严格来说，"微腐败"不是一个学理意义上的概念，是相对于实践中的"大腐败""巨腐败"而言的"亚腐败"或"非典型性腐败"。依据习近平总书记关于"微腐败"的相关重要论述，"微腐败"呈现出如下五大特征：

第一，从行为主体来看，"微腐败"主要指向县级以下的基层组织。"微腐败"概念是习近平总书记在2016年十八届中央纪委六次全会上阐述"推动全面从严治党向基层延伸"时首次提出的。"微腐败"总是与基层联系在一起，基层一词是"微腐败"概念的必然要素。《中国共产党章程》规定，党的组织由党的中央组织、党的地方组织和党的基层组织三个层次构成。党的基层组织是党在"企业、农村、机关、学校、科研院所、街道社区、社会团体、社会中介组织、人民解放军连队和其他基层单位"设立的组织。根据行政区划设置，基层则是指"街道、乡、镇和村、社区"，并不包括省、市、县三级［省、自治区、直辖市，设区的市和自治州，县（旗）、自治县、不设区的市和市辖区］。因此，乡、镇、农村、机关、街道社区、人民解放军连队以及公立的企业、学校、科研院所、社会组织和其他基层单位的干部构成"微腐败"的主体。就已公开的案例来看，基层公务员、村（社）两委班子成员最为突出。

第二，从主体行为来看，"微腐败"涉及较小财务数额或者作风问题。与中央和地方两级干部所管辖的范围及可支配的资源相比，基层干部手中的公共权力往往具有"小""微"的特点。"微腐败"主体贪污受贿的绝对数不大,所涉内容大多为小吃小喝、小贪小占、小卡小要等"小"事情,甚至是如遇事推诿、办事拖拉、态度恶劣等作风问题造成的公共利益损失。习近平总书记将"微腐败"的表现形式概括为"四类",即有的搞雁过拔毛,挖空心思虚报冒领、克扣甚至侵占惠农专项资金、扶贫资金;有的在救济、补助上搞优亲厚友、吃拿卡要;有的高高在上,漠视群众疾苦,形式主义、官僚主义严重;有的执法不公,甚至成为家族势力、黑恶势力的代言人,横行乡里、欺压百姓。与"老虎式贪腐"不同的是,"微腐败"涉及财务数量和金额一般都比较少,有些是不涉及财务的干部作风问题。"微腐败"如蚁穴溃堤般,具有渐蚀性的特征,貌似不起眼,但终将酿成大祸。

第三,从客体危害来看,"微腐败"与民生密切相关,直接损害基层群众的切身利益。相对于"远在天边"的"老虎",群众对"近在眼前"嗡嗡乱飞的"蝇贪"感受更为真切。正如习近平总书记所强调的,"微腐败"也可能成为"大祸害",它损害的是老百姓切身利益,啃食的是群众获得感,挥霍的是基层群众对党的信任。早在2013年十八届中央纪委二次全会上,习近平总书记就提出,要坚持"老虎""苍蝇"一起打,既坚决查处领导干部违纪违法案件,又切实解决发生在群众身边的不正之风和腐败问题。基层群众是基层干部"微腐败"的直接受害者,对其危害感受更深。"微腐败"的后果不"微",必须无"微"不"治"。2020年十九届中央纪委四次全会上,习近平总书记指出,要深入整治民生领域的"微腐败",促进基层党组织全面过硬。2021年十九届中央纪委五次全会上,习近平总书记再次强调,要持续整治群众身边腐败和作风问题,让群众在反腐"拍蝇"中增强获得感。解决好群众的"急难愁盼"问题,让人民群众感受到公平正义。

第四,从主体心理看,"微腐败"是典型腐败案件的量变之始,小节之失。"微腐败"通常打着熟人社会"人际交往""礼尚往来"的幌子做出一点一滴的腐败,给公众相当的迷惑性。多数公众对其习以为常,在放之任之的同时甚而效仿行事。2014年,在河南省兰考县委常委扩大会议上,习近平总书记对其中的心理动态进行过深刻描述:基层干部容易产生一种活思想,认为自己掌点小权,干不了大事,平时行个职务之便,吃点收点或捞点,既上不了纲，又触不了法，最多算生活小节；有的自认为贪占小便宜手段高明，无影无踪，或者是自己人、哥儿们，保险可靠，不会出问题，即使出问题也会有人代为"顶缸"；有的看到身边的人常搞点"小腐败"，生活滋润，逍遥自在，便心理失衡、按捺不住，于是揣摩效仿，甚至暗中较劲、试比高低；有的认为为他人办了事，有送就收才显得随和自然，而不被人视为"假清高"；有的认为常在河边走哪能不湿鞋，与其保持操守，不如随波逐流，即使查也是法不责众，检查一阵子，享受一辈子。分析近年来查处的典型腐败案件，都有一个量变到质变、小节到大错的过程。

第五，从运用监督执纪手段来看，"微腐败"多适用于"第一种形态"。党委（党组）在日常教育监督管理中应当运用"第一种形态"予以处置的主要有如下情形：发现党员干部存在政治、思想、工作、生活、作风、纪律等方面苗头性、倾向性问题；或者存在问题虽不构成违纪，但造成不良影响的；或者存在违纪行为，但情节轻微，不需要给予党纪处分或者组织处理的；或者存在违纪行为，应当给予党纪处分，但具有从轻减轻处分情形，可以免予处分或者给予其他处理的。这些基本涵盖了"微腐败"的表现形式。因此，单独使用或可以依据规定合并使用警示提醒、告诫约谈、主体责任人谈话、民主生活会、批评教育、诚勉谈话、责令检查、党内通报批评等落实监督执纪"第一种形态"的方式是处理"微腐败"的常态化方式。

概而言之，"微腐败"是指县级以下基层工作人员运用公共小微权力为自己或他人谋取涉及财务数额比较少的私利，或违反中央八项规定精神、违背社会公序良俗的行为和活动，其中不仅涵盖腐化变质、滥用公权力谋取私人利益等违法违纪行为，还包含形式主义、官僚主义、享乐主义、奢靡之风等作风问题，表现为漠视群众利益、庸政懒政怠政、追求个人享受等现象。

"微腐败"场域与传统社会固有的"半熟人社会"特质密切相关，在"半熟人社会"，人们彼此之间相互熟悉、相互照顾。这种夹杂着血缘、业缘、地缘等多重因素的耦合，借由人情、面子、关系等，使掌握着一定资源分配权的人便有可能为其"熟人网络"中的人谋取私利。

"微腐败"这种场域的构建，是一种"非民俗"事象。美国表演理论代表性人物鲍曼认为,民俗存在于一个相互关联的网络之中,个人的、社会的和文化的因素会赋予民俗以形态,并把语境划分为两个大层面,即文化语境(cultural contest,理解文化需要理解的信息,主要指意义系统和符号性的相互关系)和社会语境(social contest,主要指社会结构和社会互动层面)。为了充分理解民俗事件,共时研究应当和历时的研究结合起来,应当把表演者(人)、表演(活动)和处境(政治、经济、自然等方面的条件)的历史背景考虑进来。萨姆纳在 *Folkways:A Study of the Sociological Importance of Usages,Manners,Customs,Mores,and Morals* 一书中,提出系列概念并将它们的生成关系联结为一体:习惯(habits)发展成风俗(customs),再发展为仪式(ritual)、德范(mores),进而派生出制度和意识形态。

我们认为从具体的"微腐败"事象来看,时间、空间、赠与方、受赠方、社会结构、文化传统等不同因素共同构成了其发生场域,尤其是行为载体——"礼物"——的文化价值和象征意义以及与社会意识诸形态的关系(如民俗)等不应被忽视。

二、"微腐败"行为动机的礼物视角

礼物馈赠是人类社会中最为重要的社会交换方式之一。法国人类学家马塞尔·莫斯在经典著作《礼物》中提出"礼物交换"概念,他认为在原始或古代类型的社会中,礼物交换之所以能够实现是由于"礼物之灵",通过礼物交换与礼物之灵的流动,人们彼此联结,形成了相互依赖的关系。马林诺夫斯基认为礼物交换是基于一种理性互惠原则。20 世纪 60 年代,结构人类学创始人克洛德·列维-斯特劳斯批评莫斯对"礼物之灵"的诠释,认为这种对文化的特殊性解释,不能说明一般性的结构原则。

中国本土的礼物流动及人际关系与西方具有差异性。阎云翔所著《礼物的流动:一个中国村庄中的互惠原则与社会网络》填补了这一研究的空白,着重分析了若干作为理解中国的礼物实践的关键的地方性概念,例如,关系、人情、面子等。阎氏根据礼物馈赠的目的和社会关系的差异,阐明了礼物与商品的根本区分,并区分了礼物的表达性与工具性,这对于剖析"微腐败"具有积极的理论意义。

(一)"礼物"的流动:社会关系再生产

从礼物交换之中可以窥见一个社会和文化的运行逻辑和规则。一件物品在流动过程中被赋予两种性质:商品和礼物。商品用价格衡量了其价值,而礼物的价值就在于其在流动过程中的社会性。礼物的流动过程一般遵循私人关系网络的等级秩序,但这种等级秩序具有流动性,人们根据具体的实践情境,创造性的培育与他人的关系。礼物的流动超脱于个人的意志,人们需要考虑人情与脸面在礼物交换中的作用,将他人对自身行为的评价作为自身礼物交换的一个出发点。

根据礼物馈赠的目的和社会关系的差异,礼物被区分为"表达性礼物"和"工具性礼物"。"表达性礼物"以交换本身为目的,反映了送礼人和受礼人之间长期形成的社会联系,具有"非仪式性"特征,这种不怎么隆重的礼物交换,是人们日常生活的组成部分,起着维持乡土社会网络的作用,被人们当成联络感情的一般手段。而"工具性礼物"则是以纯粹功利的目的为特征,其中"送礼行为"无非是手段,带来的无非也是短期的关系。

对于个体来说,礼物的流动不仅维持着既有的人际网络,也在诊断和重新塑造着个人的关系网络:既表达了自己的人情和道义,获得群体的认同,也为自己生活中困难的顺利解决积攒资本。

(二)"礼物"的异化:经济属性对社会属性的凌驾

"改革开放是决定当代中国前途命运的关键一招",党的十一届三中全会以后,以邓小平同志为主要代表的中国共产党人,果断结束"以阶级斗争为纲",做出把全党的工作重点和全国人民的注意力转移到社会主义现代化建设上来、实行改革开放的历史性决策,"从传统的计划经济体制到前无古人的社会主义市场经济体制"。

在改革开放这场中国的第二次革命中,经济结构、社会文化、意识形态以及人们的各种社会关系也发生了巨大的变化。"艰苦朴素"等价值观念向"致富光荣"等追求财富和物质利益的观念嬗变。一些领导干部采用各种手段发展经济,包括合法、非法、寻找政策漏洞、游走在法律边缘、忽视环境、社会长远利益和道德约束在内的方法都在运用之列。同时,在"万元户"等先富群体出现和经济利益的驱动下,一些领导干部丢掉了为人民服务、艰苦朴素的宗旨和作风,而追求利己主义、享乐主义,腐败之风逐渐滋生蔓延。针对此类现象,李真将军在致弟弟李振岐的家书中写道:"社会上、党内出现的腐败现象,相当一些人道德败坏,民族意识沦落,越来越严重,打着共产党的招牌,挂羊头卖狗肉,说假话,办坏事,比比皆是。……一个人来到人世间,应该有做人的道德准则和目标,他们不应该毫无廉耻地破坏社会公德,一心为私,一心为钱。"

1982 年 4 月 10 日,邓小平将腐败问题与党和国家的存亡相关联,深刻指出:"我们自从实行对外开放和对内搞活经济两个方面的政策以来,不过一两年时间,就有相当多的干部被腐蚀了。卷进经济犯罪活动的人不是小量的,而是大量的。……这股风来得很猛。如果我们党不严重注意,不坚决刹住这股风,那么,我们的党和国家确实要发生会不会'改变面貌'的问题。这不是危言耸听。"1989 年 9 月 16 日,他进一步指明:"我们要反对腐败,搞廉洁政治。不是搞一天两天、一月两月,整个改革开放过程中都要反对腐败。"

在改革开放和发展社会主义市场经济的过程中,由于多种原因,党的好传统、好作风,相当一部分党员和干部已经淡忘了,甚至已经丢得差不多了,以至奢侈浪费成风。奢侈浪费既是消极颓废的表现,也是腐败问题得以产生和蔓延的温床。对此,江泽民 1997 年在中纪委第八次全会上讲话时表示:"应该说,新中国成立以后,在相当一段时期内,这方面的问题解决得是很好的。为什么现在泛滥起来了?值得我们深思和研究。"

2013 年 11 月 26 日,习近平总书记在孔子研究院座谈时的讲话指出:在经济社会快速发展的进程中,我们也遇到了一些"成长的烦恼",其中就包括一些社会道德严重失范问题,必须引起高度重视。有学者指出,我国农村基于血缘和地缘因素极易形成"差序格局",以自己为中心,形成错综复杂的社会网络,为优亲厚友、索贿受贿提供土壤。"家中有人好办事""一人得道,鸡犬升天"成了一些农村地区的真实写照,这些不正之风不仅没有随着社会进步而被摈弃,反而在一些地方"盛行"。

但也必须认识到,社会道德严重失范等"成长的烦恼"恰恰是社会关系激荡重构的"负产品"。兼具政治属性的领导干部,为了刻意回避经济属性,而被迫选择架空社会属性,从个体层面阻断"礼物"的流动;或者以社会属性之名,行经济属性之实,"礼物"被异化为工具性的载体。两种路径在实质上都是经济属性对社会属性的凌驾,在这个过程中,"礼物"被以不同形式或不同程度地异化着,抽离于本该存在"生活世界"中的社会关系。

三、"礼物"的复归:"微腐败"的治理策略

"礼物"的复归是治理"微腐败"的总体策略之一。而"礼物"的复归具有双重含义,一则是从"工具性礼物"复归为"仪式性礼物",剥离本不属于礼物的经济属性;另一则是将领导干部复归到"礼物"流动的场域之中,复归社会属性,也即是"一个普通的人""一个普通的老百姓"。

习近平总书记说,领导干部也是一个普通的人,又不是一个普通的人。说领导干部不是一个普通人,是因为其一言一行对社会具有重要的导向作用。说领导干部是一个普通的人,是从一个普通的百姓的角度,不再是单单具有政治属性的人,而是强调其本质意义的社会属性。因此,"微腐败"治理并不是切断一切"礼物"的流动,而是要辨明"礼物"属性,实现"仪式性礼物"的流动,让作为一个普通的人的领导干部会做人,做好人,注意自己的言行举止,珍惜自己的人格魅力,洁身自好,做一个有高尚品德的人。

(一)强化道德内约

道德在抑制和防范"微腐败"现象和行为过程中是一股重要的、不可忽略的力量,它能起到的作用带有根本性。道德建设属于上层建筑领域,与思

想观念、意识形态等事物一样,它具有较强的独立性和延续性。在清除和防范"微腐败"的斗争中,运用道德手段会产生良好的效果。运用道德手段的基本目的就是巩固道德防线,强化道德内约。

道德的在场性是人类全部文化乃至文明的根本奥秘所在,领导干部的道德资质关乎广泛的群体利益和社会福祉,具体而言,就是要做到明大德、守公德、严私德。明大德侧重于思想认识,经由党性淬炼而光明正大,守公德侧重于规范约束,经由实践锻炼而自觉遵守,严私德侧重于精神自律,经由思想修炼而恪守尺度,立政德经由"明""守""严"而立,既有修德的指导性,又有修德的操作性,具有鲜明的实践品格。明大德、守公德、严私德并不是强加给党员、领导干部的"思想枷锁",而是新时代公民道德建设的基本要求。《新时代公民道德建设实施纲要》"总体要求"中提出的"六个坚持"中就明确指出:"坚持社会主义核心价值观为引领……引导人们明大德、守公德、严私德。"这里的"人们"显然并不局限于党员、领导干部,而是普遍意义上的广大人民群众。

(二)注重家庭家教家风建设

家庭是社会的基本细胞,家庭的前途命运同国家和民族的前途命运紧密相连。中华民族历来重视家庭,所谓"天下之本在国,国之本在家",家和万事兴。家庭是人生的第一课堂,父母是孩子的第一任老师,家庭教育"最重要的是品德教育",要重言传、重身教,教知识、育品德,身体力行、耳濡目染,帮助孩子扣好人生的第一粒扣子,迈好人生的第一个台阶。2016年1月12日,习近平在第十八届中央纪律检查委员会第六次全体会议上的讲话指出:"从近年来查处的腐败案件看,家风败坏往往是领导干部走向严重违纪违法的重要原因。……每一位领导干部要把家风建设摆在重要位置,廉洁修身、廉洁齐家。"

一要做家风建设的表率。领导干部的家风,不仅关系自己的家庭,而且关系党风政风。各级领导干部特别是高级干部要继承和弘扬中华优秀传统文化,继承和弘扬革命前辈的红色家风,向焦裕禄、谷文昌、杨善洲等同志学习,做家风建设的表率,把修身、齐家落到实处。各级领导干部要保持高尚道德情操和健康生活情趣,严格要求亲属子女,过好亲情关,教育他们树立遵纪守法、艰苦朴素、自食其力的良好观念,明白见利忘义、贪赃枉法都是不道德的事情,要为全社会做表率。二要少出去应酬,多回家吃饭。对领导干部来说,除了工作需要以外,少出去应酬,多回家吃饭。省下点时间,多读点书,多思考点问题,油腻的食物少吃一点对身体还有好处。三是不要护犊子。家里那点事有时不经意可能就溜过去了,要留留神,防微杜渐,不要护犊子。干部子弟也要遵纪守法,不要以为是干部子弟就谁都奈何不了了。触犯了党纪国法都要处理,而且要从严处理。

(三)多积尺寸之功

小事小节中有党性、有原则、有人格。2014 年 3 月 18 日,习近平总书记在河南省兰考县委常委会扩大会议上的讲话中引述了张伯行和他的《禁止馈送檄》:"一丝一粒,我之名节;一厘一毫,民之脂膏。宽一分,民受赐不止一分;取一文,我为人不值一文。谁云交际之常,廉耻实伤;倘非不义之财,此物何来?"我认为,这也可以作为一面镜子。一名领导干部的蜕化变质往往就是从生活作风不检点、生活情趣不健康开始的,往往都是从吃喝玩乐这些看似是小事的地方起步的。

党员领导干部要牢记"堤溃蚁孔,气泄针芒"的古训,坚持从小事小节上加强修养,从一点一滴中完善自己,严以修身,正心明道,防微杜渐,时刻保持人民公仆本色。要慎独慎初慎微慎欲,培养和强化自我约束、自我控制的意识和能力,做到"心不动于微利之诱,目不眩于五色之惑"。要管好自己的生活圈、交往圈、娱乐圈,在私底下、无人时、细微处更要如履薄冰、如临深渊,始终不放纵、不越轨、不逾矩,增强拒腐防变的免疫力。

参考资料

[1]任建明:《村务监督与微腐败治理》,《人民论坛》,2018 年第 21 期。

[2]陈朋:《当前"微腐败"的新形态与新动向》,《人民论坛》,2023 年第 8 期。

[3]金太军,金祖睿:《基层政府"微腐败"及其整体性治理》,《江汉论坛》, 2022 年第 12 期。

[4]王立峰,孙文飞:《农村"微腐败"发生的诱因及治理对策——基于全国 38 个案例的定性比较分析》,《社会科学战线》,2022 年第 4 期。

[5]朱晓东:《基层"微腐败"问题的表现、成因及防治》,《领导科学》,2022 年第 4 期。

[6]徐铜柱,张恩:《乡村微腐败的异质性表现及其法治化治理之维》,《湖北民族大学学报(哲学社会科学版)》,2021 年第 2 期。

[7]卜万红:《"微腐败"滋生的政治文化根源及治理对策》,《河南社会科学》,2017 年第 6 期。

[8]卜万红:《全面从严治党视域下乡村"微腐败"的成因及其治理》,《学术研究》,2021 年第 3 期。

[9]田雪梅,张旭:《巡察治理"微腐败"的价值、困境及策略》,《中州学刊》, 2020 年第 10 期。

[10]李海涛:《微腐败易发难治的原因及治理机制构建》,《领导科学》,2020 年第 10 期。

[11]吕永祥,王立峰:《县级监察委治理基层"微腐败":实践价值、现实问题与应对策略》,《东北大学学报(社会科学版)》,2019 年第 1 期。

[12]余雅洁、陈文权:《治理"微腐败"的理论逻辑、现实困境与有效路径》, 《中国行政管理》,2018 年第 9 期。

[13]杜治洲:《改善基层政治生态必须治理"微腐败"》,《中国党政干部论坛》,2016 年第 11 期。

[14]蒋来用:《新时代廉政建设策略研究》,中国社会科学出版社 2019 年版, 第 6-8 页。

［15］习近平:《习近平谈治国理政》(第一卷),外文出版社 2018 年版,第 388 页。

［16］习近平:《习近平谈治国理政》(第三卷),外文出版社 2020 年版,第 548 页。

［17］习近平:《做焦裕禄式的县委书记》,中央文献出版社 2015 年版,第 48 页。

［18］刘帮成:《"微腐败"的易发领域及诱因》,《人民论坛》,2023 年第 8 期。

［19］《新时代公民道德建设实施纲要》,人民出版社 2019 年版,第 4 页。

［20］习近平:《论党的宣传思想工作》,中央文献出版社 2020 年版,第 282 页。

新征程上强化党的政治监督的核心要义与路径选择

陈　静①

政治监督是党章赋予纪检监察机关的一项基本职责,是实现党的政治路线的重要保障。政治监督在党和国家监督体系中的地位极为重要,它事关党的全面领导、党风廉政建设和反腐败斗争等诸多重大问题。党的政治监督是一个与时俱进的过程,不同的时代背景和发展阶段,其内涵特征及具体内容也不尽相同。踏上新征程,面对百年未有之大变局和中华民族伟大复兴的战略全局,党的政治监督的内容也要随之丰富与拓展。充分认识新征程上党的政治监督的内涵要义并做深做实,确保党的二十大精神和党中央决策部署不折不扣落地见效,是纪检监察机关至关重要且极为紧迫的任务。

一、新征程上党的政治监督面临的新形势新要求

当前,世界百年未有之大变局加速演进,世界之变、时代之变、历史之变的特征更加明显。风高浪急甚至惊涛骇浪的国际环境,全面建设社会主义现代化强国、以中国式现代化全面推进中华民族伟大复兴的崇高使命,解决大党独有难题的永恒课题等,都对党的政治监督提出了新的更高的要求。

① 作者简介:陈静,黑龙江省社会科学院原副院长、黑龙江社会发展与地方治理研究院首席专家、二级研究员。

（一）外部环境复杂严峻

当今世界正经历百年未有之大变局,恐怖主义、霸权主义、贸易保护主义、单边主义等愈演愈烈,世界进入新的动荡变革期。一些西方发达国家加大了对我国实施分化西化、打压遏制的战略图谋。从当今世界的发展看,各国面临的安全形势日益复杂,战争威胁始终挥之不去,和平与发展的时代主题正遭遇逆风逆流的冲击。从经济力量格局看,发展中国家综合力量大幅上升,西方主导的经济力量格局正在发生转变。从"两制关系"的发展走向看,当今世界正在重构社会主义与资本主义并存关系及共处空间,"两制关系"在交锋与较量中地位发生深刻转变,"东升西降"的发展趋势不可阻挡。总之,当今世界形势正如习近平总书记指出的那样:"我们所处的是一个风云变幻的时代,面对的是一个日新月异的世界。"复杂多变的国际局势给各国执政党都带来了严峻挑战。中国共产党作为负责任的大党,致力于为人类进步和世界和平发展做出更大贡献,这就客观要求把党自身建设好,始终保持历史主动性,在错综复杂的国际斗争中维护党的团结统一,在世界形势深刻变化的历史进程中始终走在时代前列。

（二）国内发展面临新的困难挑战

踏上新征程,意味着我国社会主义现代化国家建设进入新的历史方位。经过新时代十年的艰苦奋斗,我国取得了经济快速发展和社会长期稳定两大奇迹的伟大成就。同时,我国社会主要矛盾发生转变,发展不平衡不充分问题突出显现。中国式现代化引领中华民族伟大复兴的战略目标,意味着改革进入攻坚期、深水区,"好吃的肉都吃完了,剩下的都是难啃的硬骨头"。新征程上,会涉及更多利益的调整和更深层次的矛盾。看病入学、劳资纠纷、民生保障、生态环保、公共安全等方面的社会问题更加凸显。从经济形势看,面临国内需求不足、一些企业经营困难、重点领域风险隐患较多等挑战,这就要求作为执政党的中国共产党要更加坚强有力,更加有效推进党的政治监督,始终保持风清气正的政治生态,不断满足人民群众对美好生活的新期待,为全面推进中国式现代化、全面推进中华民族伟大复兴提供坚强有力的政治保障。

（三）全面从严治党任务依然艰巨

进入新时代，全面从严治党卓有成效，但必须清醒认识到，迈入新征程，我们党面临的执政环境愈发错综复杂，执政任务愈发艰巨繁重，党面临的"四大考验""四大危险"依然严峻，党内政治生活"四化"问题依然存在，"四个任重道远"特征显现，彻底铲除腐败滋生土壤、实现海晏河清还任重道远。党内存在的"七个有之""四个不纯""四风"等问题依然不时显现。一些"老毛病"存在反弹可能，一些现存问题还未完全解决，一些新问题正在悄悄冒头。习近平总书记在党的二十届中央纪委二次会议上，对大党独有难题的形成原因、主要表现、破解之道进行了深刻阐释，"六个如何始终"为新征程上全面从严治党提供了重要遵循和行动指南。其中的"如何始终及时发现和解决自身存在问题"，给政治监督提出了新课题新任务。政治监督就是从政治高度不停地发现问题，不停地推动问题的解决，从而一刻不停推进全面从严治党，确保公权力始终在正确的轨道上运行。

二、新征程上强化党的政治监督的核心要义

政治监督是人类社会生活中的重要政治现象。对于什么是政治监督，古往今来学界有不同的概念界定。从政党建设角度来说，政治监督是指中国共产党对各级党组织、党员干部以及所有行使公权力的公职人员，重点是各级党员领导干部尤其是"一把手"的政治立场、政治方向、政治行为、政治原则等方面的检查、督促、纠偏的政治行为，是为保证党的政治目标得以顺利实现而开展的制度安排和管理活动。

党的政治监督不是抽象的、空泛的，而是具体的、实践的、与时俱进的、不断发展变化的。在党的百年历程中，因革命、建设、改革等各个时期的中心任务不同，政治监督的着力点、侧重点都有所差异。新征程上，面对国际国内的新形势及党的建设新的伟大工程向纵深发展的新要求，必须深化对政治监督核心要义的认识理解，这是提升政治监督治理效能的前提和基础。

从新时代政治监督推进实践来看，各级纪检监察机关聚焦党和国家的

中心任务,立足职能职责,把政治监督摆在了越来越重要的位置上,取得了显著成效。但毋庸置疑,政治监督还存在诸多的矛盾和问题亟待解决。比如,一些纪检监察机关对政治监督的基本概念、政治监督包含哪些内容不是很清晰,出现了"政治监督是个筐,什么都往里装"的说法。再如,一些纪检监察机关政治监督职能定位不准、内容不聚焦、重点不突出、方式不丰富、措施不够有力等。政治监督虚化、泛化的问题,可以说是当前政治监督的一个薄弱环节。因此,亟待从理论维度对政治监督的内涵与基本内容进行科学准确的定位阐释,从而消除思想认识上的误读与行动上的偏差,推动政治监督实践走深走实。

对于政治监督核心要义的科学认识,我们可以从习近平总书记关于政治监督的重要论述中找到正确答案。党的十八大特别是党的十九大以来,习近平总书记对深化党的政治监督做出了一系列重要论述,为新时代新征程强化政治监督提供了科学方法论与行动指南。2018 年 12 月 13 日,习近平总书记在十九届中央政治局第十一次集体学习时指出,"要牢牢把握工作职能,强化政治监督","要强化政治监督,做实日常监督,靠前监督、主动监督"。这是习近平总书记首次提出"政治监督"基本概念。此后,习近平总书记又在多个重要场合谈到政治监督问题,逐渐形成了习近平总书记关于政治监督的重要论述。习近平总书记在党的二十大报告中提出,要"确保全党在政治立场、政治方向、政治原则、政治道路上同党中央保持高度一致,确保党的团结统一"。这些都为我们进一步深化对新征程上党的政治监督的监督内容、监督对象、监督方式、监督目标等核心要义的认识指明了科学方向,提供了根本遵循。

(一)监督内容

围绕党的二十大做出的战略部署,坚定捍卫"两个确立",坚决做到"两个维护",这是新征程上政治监督的根本任务。

各级纪检监察机关主要依据党章党规党纪开展监督,其中《中国共产党党内监督条例》《中国共产党纪律处分条例》等作了详尽规定。新征程上最根本最重要的监督内容就是要不断促进党员领导干部深刻领悟"两个确立"

的决定性意义,增强"四个意识"、坚定"四个自信"、做到"两个维护"。以监督落实"第一议题"制度为重点,推动监督单位及时学习、全面贯彻习近平总书记重要讲话重要指示精神,监督强化对党的创新理论武装的学习贯彻情况,推动监督单位和领导干部用习近平新时代中国特色社会主义思想凝心铸魂,以有力监督保障党中央重大决策部署不折不扣得到贯彻落实。而是否捍卫了"两个确立",做到了"两个维护",关键要看是否体现落实到了党的二十大精神的实际行动中。二十届中央纪委二次全会工作报告把"围绕落实党的二十大战略部署强化政治监督"作为2023年排在首位的一项重要工作进行部署,这就要求各级纪检监察机关要"立足国之大者"开展政治监督,通过政治监督推动党的二十大精神、党中央决策部署贯彻落实到位。

(二)监督对象

盯住关键环节和重要领域,抓住"关键少数",紧扣对"一把手"和领导班子的监督制约,这是新征程上政治监督的重点环节。

习近平总书记指出,要"抓住'关键少数',破解一把手监督难题。各级领导班子一把手是'关键少数'中的'关键少数'",这就明确了对"关键少数"特别是"一把手"的监督是政治监督的重点环节。"一把手"作为部门、单位的主要领导,在领导班子中居于核心地位,负有总揽全局、协调上下的重要责任,掌握着更大的权力、承担着更大的责任、处于更重要的地位、发挥更重要的作用,对于党风廉政建设和反腐败斗争、构建良好的政治生态至关重要。从政治监督实践看,还存在着对"一把手"不敢监督、不愿监督的问题,结果导致了习近平总书记指出的"一把手违纪违法最易产生催化、连锁反应,甚至造成区域性、系统性、塌方式腐败……领导干部责任越重大、岗位越重要,就越要加强监督"。从党的十八大以来查处的案件来看,违纪违法大案要案主要集中在领导干部这个"关键少数",特别是"一把手"身上。一些领导干部特别是"一把手"因手握十分重要的权力,把自己凌驾于组织和集体之上,凌驾于党纪国法之上,变成了"一霸手",大肆滥用权力,严重损害了党和人民的利益,严重损害了党的形象。新征程上,政治监督就要紧扣对"一把手"和领导班子的监督,全面掌握"一把手"思想、工作、作风、生活状况,特别是要加大对"一把手""八小时之外"的"生活圈"和"社交圈",还有家庭重大事项报告的监督力度,发现苗头性、倾向性问题的,及时提醒;发现存在严重问题的,及时报告,切实发挥政治监督的威力与作用。

(三)监督方式

推动政治监督与其他各类监督贯通协调,形成监督合力,提升监督效能,这是新征程上政治监督的重要方法。

强化新征程党的政治监督,必须构建以政治监督为主导和引领的监督体系,推动政治监督与其他监督贯通协调,切实解决多头监督、重复监督的弊端。纪检监察机构要发挥合署办公优势,推进纪律监督、监察监督、派驻监督、巡视监督协调衔接,形成监督合力,并按照党的二十大报告提出的"健全党统一领导、全面覆盖、权威高效的监督体系"要求,促进各类监督要素贯通协调,坚持以党内监督为主导,推动人大监督、民主监督、行政监督、司法监督、审计监督、财会监督、统计监督、群众监督、舆论监督9类监督有机贯通、相互协调,深化构建"1+9"监督贯通协同体系,打破各类监督主体衔接协作壁垒,推动各监督主体成员单位同题共答、同频共振,切实形成监督闭环、做到一督到底,提升监督效能,把权力置于全方位的合力监督之下,确保监督权威高效。

(四)监督目标

坚持和加强党的全面领导,坚定维护党中央的集中统一领导,确保党中央重大决策部署落实到位,这是新征程上政治监督的根本目标。

习近平总书记指出,要加强政治监督,"维护党中央权威和集中统一领导,确保党中央重大决策部署落实到位"。政治监督在党和国家监督体系中处于统领地位,能够从根本上强化党的全面领导,确保党始终成为中国特色社会主义事业的坚强领导核心。党的十九大创造性地提出加强党的政治建设的重大命题,并把党的政治建设放在首位,作为统领新时代党的建设的根本性建设。政治监督是政治建设在监督领域实践的具体形态,也是党的政治建设的重要内容,因此,新时代新征程加强政治监督,必须将其上升到坚持和加强党的全面领导高度加以把握,推动各级党组织和党员干部自觉加强党的政治建设,不断提高政治判断力、政治领悟力、政治执行力,确保在政治立场、政治方向、政治原则、政治道路上同党中央保持高度一致,及时发现、着力解决"七个有之"问题,从而有效应对党面临的重大风险挑战,巩固党的长期执政地位,确保党长期执政和国家的长治久安。

三、新征程上强化党的政治监督的路径选择

政治监督在新时代党的政治建设中具有举足轻重的重要地位,是解决党内各种问题的治本之策。党的二十大报告指出,"推进政治监督具体化、精准化、常态化,增强对'一把手'和领导班子监督实效"。习近平总书记在二十届中央纪委二次全会上再次强调,政治监督"要在具体化、精准化、常态化上下更大功夫"。强化政治监督的"三化",是党的十八大以来政治监督重要经验的系统总结,是党的二十大做出的重大战略安排和重要要求,是新时代新征程强化党的政治监督的重要方法路径。

(一)找准结合点,打通难点,在具体化上下更大功夫

强化政治监督具体化,就是要把政治监督与党中央的路线方针政策及各地区党组织、各部门的具体职责任务相结合,把政治监督要求与监督对象的具体实际工作相结合。从政治监督实践来看,一些纪检监察机关还存在着照搬照抄、上下一般粗,笼而统之、大而化之等问题,这也是政治监督的一大难点问题。政治监督具体化,就是要准确把握"两头":一是准确把握党中央决策部署的精神实质,二是准确把握监督部门单位的职能职责,在此基础上找到监督的结合点,明确政治监督的任务和内容。新征程上的政治监督具体化就是要从监督部门、单位的具体工作与事情中,监督党的二十大精神是否得到真正贯彻落实,监督党的二十大关于新发展理念、新发展格局、推动高质量发展等重大战略部署是否得到真正贯彻落实,监督党中央提出的一系列重点任务、重点举措、重要政策、重要要求是否得到真正贯彻落实,特别是要监督是否把本部门本单位的职责承担起来并完成好、完成到位。各

级纪检监察机关要以党的二十大战略部署为标尺,紧密结合被监督对象的职责任务开展有针对性的监督,以项目化、清单化推进政治监督具体化,切实把政治监督落实到推动具体行动和具体项目上、落实到解决具体问题上来,锚定具体事情去、紧盯具体任务抓、抓住具体问题改,紧盯一件件具体任务和一项项工作举措,监督工作进度与工作成效,做到见人见事见问题,明确具体的监督事项、监督重点、监督周期,通过完善台账管理、动态跟踪、督查问责、"回头看"等措施制度,切实提高政治监督的针对性、结合点,使政治监督从抽象到具体,从"无形"到"有形",做到监督任务、监督内容、监督标准、监督目标等都要细化具象化可操作化。

(二)找准关键点,打通淤点,在精准化上下更大功夫

强化政治监督精准化,就是要精准发现问题、精准分析问题、精准推动解决问题,及时准确发现有令不行、有禁不止,做选择、搞变通、打折扣等问题。这就要在全方位监督、全链条监督、全覆盖监督的基础上,聚焦重点岗位、重点领域、重要工作、重要环节,紧盯住重点人和重点事,切实打通瘀点,抓住关键。

一是监督内容要精准。紧紧扭住政治监督的政治属性,聚焦"国之大者"任务的落实进展,从政治视角审视具体业务问题,要透过业务问题发现政治风险和隐患,从监督中发现政治因素,从各种问题背后挖掘出政治根源,对容易诱发政治风险的敏感因素、苗头性倾向性问题,及时预判和规避风险。

二是监督对象要精准。2021年发布的《中共中央关于加强对"一把手"和领导班子监督的意见》,明确规定把对"一把手"的监督作为重中之重,强化监督检查。党的二十大报告明确要求,增强对"一把手"和领导班子监督实效。因此,政治监督必须突出"一把手"和领导班子成员这个重点,聚焦"关键少数",以管好"关键少数"带动"绝大多数"。

三是监督问责要精准。在政治监督实践中,要精准有效用好问责利器,在发现问题时,要准确把握问责概念,正确区分领导责任和直接责任,区分主要领导责任和重要领导责任等。同时,不能用问责代替负责,不能用问责下级代替上级责任,既防止问责泛化,也防止问责不严。

(三)找准贯通点,打通堵点,在常态化上下更大功夫

强化政治监督常态化,就是要把政治监督作为一项日常性工作,始终保持态势常在,把政治监督贯穿党领导经济社会发展的全过程各方面,融入重大战略、重点项目的制定和落实中,找准贯通点,打通堵点。从政治监督实践看,还存在着松劲歇脚、疲劳厌战的情绪,存在着权宜之计、一时之举的思想。各级党委和纪检监察机关要按照习近平总书记"要坚持党中央重大决策部署到哪里,监督检查就跟进到哪里"的指示要求,推进政治监督常态化。党的二十大提出了全面从严治党永远在路上,党的自我革命永远在路上的重大判断,这就决定了新征程必须把政治监督作为党长期执政下的重要战略加以固化强化,把政治监督贯彻落实到方方面面的工作中去。强化政治监督常态化,要坚持"全周期管理"理念,围绕贯彻落实党中央各项决策部署各环节、各要素推动监督横向到边、纵向到底。强化政治监督常态化,要求更加注重工作的连贯性、规范性和持续性。强化政治监督常态化,要求融入日常,抓在经常,做深做实日常监督。贯通政治监督与日常监督,贯通政治监督与审查调查,贯通各方监督力量的协同联动,努力做到嵌入式监督、贯穿式监督,使政治监督成为日常工作习惯,提升监督质量,保证监督效果。

总之,新征程上进一步强化政治监督的具体化、精准化、常态化,就要全方位加大力度、双管齐下。一方面,要认真研究理解"三化"各自的内涵特质与精髓要义。具体化要在"结合"上下功夫,解决监督什么内容的问题;精准化要在"关键"上下功夫,解决监督的重点问题;常态化要在"日常"上下功夫,解决监督如何长效的问题。另一方,要从整体的维度理解和推动"三化"的落实。"三化"之间是相互作用、相辅相成的。具体化是基础,精准化是关键,常态化是支撑。具体化、精准化、常态化三者缺一不可,离开或忽略任何"一化",政治监督的作用都会浮于表面,难以取得实际成效。因此,要通过"结合"体现具体深入,通过"重点"体现精准有效,通过"日常"体现常态长效,让政治监督的"三化"紧密结合,协同施治,以高质量政治监督保障党和国家事业行稳致远。

关于清廉家风建设的实践与思考

赵 亮[①]

"家"是社会组成的最基本单位,家风是一个家庭代代相传沿袭下来的体现家庭风貌、品质、审美格调和整体气质的家庭文化风格。习近平总书记多次强调必须重视家庭文明建设,以培育和践行社会主义核心价值观为根本,以"注重家庭、注重家教、注重家风"为着力点,以好家风塑造好民风。对于党员干部而言,家风建设的核心要义是清廉。基于此,本文对清廉家风建设实践进行了初步探析,并据此提出相关的建议。

一、清廉家风建设的历史溯源和现实意义

(一)清廉家风建设的历史溯源

1. 清廉家风建设是中华文明的重要组成部分

古人云:"天下之本在国,国之本在家。"在中华民族 5000 多年文明史中,"家风"扮演着关键角色,对国家、民族、社会的繁荣发展更是不可或缺。《礼记·大学》中讲:"一家仁,一国兴仁;一家让,一国兴让。"有人曾探讨,四大古文明为何只有中国文明绵延至今。一个重要原因就是中华民族历来"注重家庭、注重家教、注重家风",始终把修身齐家作为治国、平天下的基础和起点,把承古训、正家风放在重要位置,以小家铸大国、用大国护小家。我们需要重视家风家规的建设。家庭是每个人最初的课堂,家庭教育对于一

---

① 作者简介:赵亮,济源示范区监察工委委员。

个人的成长至关重要,而家风则是家庭教育的核心,是家庭成员在生活和行为中形成的价值观和道德准则。

2.清廉家风建设是共产党人秉承的优良传统

"将教天下,必定其家,必正其身"。我们党是中华优秀传统文化的继承者和弘扬者,历来重视家庭家教家风建设。老一辈无产阶级革命家在家教家风上做出了典范。伟大领袖毛泽东在家风家教方面做出了表率。他给自己定下的三条原则,"恋亲不为亲徇私,念旧不为旧谋利,济亲不为亲撑腰",以此来正确处理亲情与党和国家利益之间的关系。周恩来总理注重严管厚爱、不搞特殊,曾给晚辈定过十条家规,其核心是决不搞特殊、不享特权,一切以国家、人民的利益为重。进入新时代,以习近平同志为核心的党中央高度重视家庭家教家风建设,一系列重要论述为加强家庭家教家风建设指明了方向,引领全社会把实现个人梦、家庭梦融入国家梦、民族梦之中,使千千万万个家庭成为国家发展、民族进步、社会和谐的重要基点,汇聚起强国建设、民族复兴的磅礴伟力。

3.清廉家风建设入法入纪入规形成制度化

法安天下,德润人心。家风入德入纪入法,是导向,是鞭策,也是约束。家风建设既要道德提倡、教育引导,也要纪法约束、刚性要求,相辅相成,同向而行,才能形成强大合力。《关于新形势下党内政治生活的若干准则》要求领导干部特别是高级干部必须注重家庭、家教、家风;《中国共产党廉洁自律准则》将廉洁齐家列为党员领导干部廉洁自律规范的一项重要内容;《中国共产党纪律处分条例》明确了党员领导干部不重视家风建设、对配偶子女失管失教的处分规定。同时,做出进一步规范领导干部配偶、子女及其配偶经商办企业行为的规定。党的十九届六中全会将"注重家庭家教家风建设"写入《中共中央党的百年奋斗重大成就和历史经验的决议》。党的二十大报告又进一步指出,要"弘扬中华传统美德,加强家庭家教家风建设"。注重清廉家风建设,深刻阐明了党员干部家风问题并不仅仅是道德问题,更是党性问题、纪律问题。

（二）清廉家风建设的现实意义

"积善之家，必有余庆；积不善之家，必有余殃。"从古至今，家风与廉政一直如影随形，不可分离。《关于加强新时代廉洁文化建设的意见》指出，要培养廉洁自律道德操守，引导领导干部明大德、守公德、严私德，把廉洁要求贯穿日常教育管理监督之中，把清廉家风建设作为领导干部作风建设重要内容。树立清廉家风不仅是时代呼声、文明象征，也是广大党员干部和群众的心声。

1. 清廉家风绘就清白人生底色

蔡元培在《中国人的修养》中写道："家庭者，人生最初之学校也。"家庭是社会的基本细胞，是个人成长的第一环境，是最能塑造人的精神长相的地方。少成若天性，习惯如自然。人之初皆为一张白纸，是家风绘就了人生第一抹底色。家风教育不同于其他教育之处就在于，它是靠亲情的力量来拨动心弦、启迪心智，扣的是人生第一粒纽扣，孕育的是润物细无声、"日用而不觉"的价值观。廉洁家风在为人生确定基本方向、绘就清白底色方面具有重要作用。领导干部要坚持以"国计已推肝胆许，家财不为子孙谋"的格局厘清权力与欲望的边界，以"不要人夸颜色好，只留清气满乾坤"的决心廉洁修身、廉洁齐家，真正做到树好家风、管好家人、处好家事、建好家庭，用清廉绘就人生底色，将清廉作为对家人最好的馈赠。

2. 清廉家风有利于家庭成员互相监督

家庭是每个人停留时间最多的地方，家庭成员共同生活在一屋下，朝夕相处，彼此洞悉对方的行为处事。如果领导干部的家风好，崇尚正义、清廉，当他行走在腐败的边缘时，家人对其进行大胆的监督、善意的提醒、真诚的帮助，就可能会让他幡然醒悟、悬崖勒马，自觉抵御歪风邪气。若有家庭成员打着领导干部的旗号谋取私利，领导干部及时对家庭成员进行监督和管理，对其不正之风进行批评，对苗头性、倾向性的问题及时制止，就会防止家庭成员一步步走向深渊。

3. 清廉家风有助于全面实施从严治党

清廉家风建设是推动全面从严治党向纵深发展的有力抓手。古人云：

齐家治国平天下。党的十八大以来,我们党高度重视领导干部的家风问题。根据《中国共产党纪律处分条例》,党员领导干部不重视家风建设的,会受到相应的处分。以家教家风带动党风廉政建设,提高党员领导干部的党性,加强党员领导干部个人修养,这是全面从严治党的有效路径之一。通过家庭家教家风建设,筑牢反腐倡廉的家庭防线,将家风建设与党风廉政建设融为一体,崇德治家、廉洁齐家、勤俭持家,让家庭更美满、社会更和谐、祖国更强大,为奋斗新时代、奋进新征程滋养丰厚的文化内涵、提供源源不断的精神力量。

二、清廉家风建设的实践与探索

(一)清廉家风建设的省内外相关实践

据和相关同事同仁座谈交流、日常沟通,并在中纪委内外网站、中国纪检监察杂志等相关行业媒体了解到,全国各地关于清廉家风建设已经有了一个初步并趋向于成熟的实践探索,其主要做法如下。

1.强化政治引领

各地坚持把推动清廉家风建设作为一体推进"三不腐"的重要载体,纳入党风廉政建设和反腐败工作总体布局,与中心工作同谋划、同部署、同落实。对立案查处的案件,明确把家风作为案件剖析报告的重要内容,把查办案件和警示教育贯通起来,强化以案促鉴、以案促改。将领导干部家风问题纳入纪检监察建议,督促发案单位党组织落实整改举措,发挥好清廉家风建设积极作用,推动形成整体合力。例如:江苏省坚持严惩腐败与严密制度、严肃教育紧密结合,以"三不腐"一体推进的理念抓好家风建设,通过剖析家风问题和贪腐行为的规律性联系,总结提炼领导干部发生腐败行为的特征,形成廉洁从政负面清单,供领导干部和家人对照检查、时刻警醒,让"不敢腐"的惩治高压震慑、"不能腐"的制度监督约束、"不想腐"的理想信念感召同向发力、同时发力。

2. 注重挖掘传承

各地各级注重从中华优秀传统文化中汲取智慧营养,深入挖掘本地历史文化、革命文化中的清廉家风故事,通过打造廉洁文化地标、选树清廉人物典型、传承清廉家教家风、策划廉洁文化作品、编印廉洁系列书籍等形式,传承与弘扬优良家风。例如:四川省结合传承创新四川历史名人文化,深入挖掘古圣先贤的优良家教家风,系统化打造了多类型、多层次、多场景、多点位的廉洁文化阵地。天府家风馆作为其中一个重要阵地,为全省党员干部提供了浸润天府好家风的平台,通过故事化表达、沉浸式体验,引导党员干部不断筑牢反腐倡廉的家庭防线。江苏省东台市打造的孝贤馆家风教育基地,场馆布置"尊老敬老""道德讲堂""家庭风尚""最美巾帼"等模块,传承孝贤家风文化,让广大干群沉浸式接受教育熏陶。

3. 开展清廉活动

各地纪委监委通过有序组织开展一系列生动活泼、接地气的清廉家风主题活动,积极推动清廉家风向基层延伸、往全域发展。例如:北京市顺义区在2023年5月15日第三十个国际家庭日到来之际,开展"兴正气家风 守清廉本色——清风润初心"廉洁文化主题活动。江苏省建湖县纪委监委借助民风文化墙、乡村大喇叭、社区故事会等传播新渠道,让好家风潜移默化地走进百姓生活。洛阳瀍河区纪委监委不断深化廉洁家风建设,2023年以来共发出《家庭助廉倡议书》200余份,收集廉洁寄语120余条,开展廉政家访80人次,签订《家庭助廉承诺书》110份。周口淮阳区深挖平粮台古城遗址、太昊伏羲陵、弦歌台、李之龙革命遗址、廉园等各类历史文化名胜和旅游景点中蕴含的廉政资源,持续承办"清风荷韵·中原廉文化"系列活动,让全体党员干部潜移默化地接受廉政文化教育。

4. 突出地域特色

各地纪检监察机关将本地看得见、摸得着的优秀传统文化资源转化为清廉家风建设的生动教材,打造具有地区辨识度的特色廉洁文化产品。例如:福建宁德市纪委监委策划《新时代闽东楷模风采》系列连环画,策划编印廉洁教育系列书籍,讲述楷模勤廉故事,让党员干部学有榜样、行有示范、赶有目标。江苏省苏州市纪委监委围绕苏州名门望族家风故事,联合方正出版社出版《家国千年——苏州历史上的家风与家规》等书籍。济源示范区纪工委监察工委打造《水清如济 家风为源》《家·国》《愚公移山》《陈母教子》《家风清韵》《廉洁文化润心田 清廉医院惠民生》等"清廉+"系列宣传片,以群众喜闻乐见的方式推动家风建设化风成俗。

(二)清廉家风建设的济源探索

1.多方协同配合探索清廉建设新路

近年来,在党中央和河南省委的坚强领导下,在省纪委监委的有力指导下,示范区党工委坚持把清廉建设作为推动全面从严治党向纵深发展的重要抓手,作为推进现代化建设的重要保障。紧扣清廉河南"四大工程""十八项行动",构建起政治清明、政府清廉、干部清正、社会清朗的"四清"目标体系,以政治领廉、惩治保廉、监督护廉、严管促廉、为民筑廉、文化育廉为纲的"六廉"任务体系。形成党委主责主抓、纪委协助推动、部门具体落实的责任体系,专班统筹、部门协同、上下联动的工作推动体系,初步探索出一条具有济源特色的清廉建设新路。为充分总结清廉济源政治生态示范区建设的突出成果,并探索特点规律,进一步创新体制机制,举办了2023"济水清风·中原廉文化"——"清廉济源政治生态示范区建设"研讨会。此次研讨会的成功举办拉开了"清风荷韵·中原廉文化"系列活动的序幕。

2.坚定不移培厚清廉家风沃土

一是明确清廉文化建设职能职责。探索与组织、宣传、党校、党史、文旅、教育、妇联等部门的清廉家风文化共建,巧借社会力量,深挖蕴含愚公故里特色的清廉家风文化资源。牢牢把握融媒体时代的特性,打破各宣传阵地各自为战的局面,打造集网站、微信、报纸专栏、电视栏目为一体的传播矩阵,形成信息报道"一体采集、多层次生成、多媒体传播"的模式,实现广泛覆盖、有效覆盖,着力营造廉荣贪耻、向上向善的社会氛围。二是打造清廉家风文化地标。注重从中华优秀传统文化中汲取智慧营养,深入挖掘本地历史文化、革命文化中的清廉家风故事,高标准建成以愚公移山精神为主线,以廉洁文化为底色的文化地标,有效运用文字图片、声光电、元宇宙技术、微视频、全息投影、舞台剧等多种手段,展陈实物311件的"济源·中华愚公清廉家风馆"。历时 1 年 3 个月,"济源·中华愚公清廉家风馆"于 2023 年 6 月 29 日建成投入使用,是目前河南省规模最大、家风文化最集中、表现形式最完备的清廉家风主题教育展馆。截至 2023 年 7 月 31 日,共接待省纪委监委、省委宣传部、省妇联、省税务局、河南科技学院等团队 105 批,3641 人次,平均日接待 5 批次 200 人次,并已荣获河南省妇联授予的"河南省家风家教示范基地"称号。三是聚焦地域特色探索新形式。以愚公故里、济水文化、革命老区等独特的地域优势,全方位挖掘全区廉洁文化元素和文化资源,升级打造王屋镇桃花湖廉政游园、廉政文化一条街、廉洁文化长廊等一批群众家门口的廉洁文化微阵地,形成《廉洁文化教育阵地目录》。以地图、文字、视频等形式,择优选择"济源·中华愚公清廉家风馆"、湨河清廉文化示范带等 18 个廉洁文化示范点串点成线,形成 5 条南北纵横的清风传承线路,铺线成面绘制全域清廉文化旅游示范图,为党员干部提供廉政教育的"实景课堂"。

3. 多措并举推进清廉家风建设

近几年来,济源集中力量建设区、镇(街道)、村(居)社区三级家庭家教家风场馆、新时代文明实践站所、家长学校、乡村未来学院等场所阵地,打造"家庭家风家教实践基地",将家风家教纳入党校(行政学院)课程和干部培训教育,在全社会开展好家风家训征集、"家庭教育暖心公益行动"等主题活动。强化好家庭家风家教宣传,开展"最美家庭""清廉家庭""济源好家风巡讲""送法进万家 家教伴成长"等活动,以家庭家教家风建设助推济源示范区高质量发展。

三、当前存在问题及下一步工作打算

(一)清廉家风建设中面临的问题和挑战

1. 社会转型升级对传统家庭家教家风建设造成冲击

随着社会经济发展水平不断提高,家庭结构、家庭观念、婚恋观念、男女家庭地位等发生了较大改变。这是社会转型升级的反映,但也造成一定的负面影响。传统社会中的家庭家教家风建设是在家族的干预下进行的,进入现代社会以来,随着大家变小家,传统家族宗族社会结构体系逐步瓦解,家庭家教家风建设的外部干预力量也随之消失,修缮宗祠、续修族谱、家族联谊等家庭家教家风建设基本陷于停滞状态,家庭家教家风建设处于自发的、无组织的状态。年轻人独立性日渐增强,淡化了家庭的传统价值观;婚姻稳定度下降,离婚率攀升。家庭生活中出现了"重抚养、轻赡养"等行为,家庭文化生活不丰富,编家谱、传家训的习惯逐渐消失,优良家风传承弘扬不够,对传统良好家教家风传承产生了一定影响。

2. 家庭教育方式方法需要进一步科学规范

现代家庭教育面临现实困难:缺乏教育方法是共性问题。很多家长在教育子女的问题上没有方法,普遍感到焦虑和迷茫。一是过于注重成才教育。在家庭教育中,重学习成绩,轻视德育建设,忽视培育成人;二是家庭教育力量不平衡。女性是家庭教育主要承担者,大部分的子女养育、家庭教育由女性负责,男性在家教家风中的作用力量少。三是对清廉家风重视程度不够。近年来,"家庭式腐败"的案例频频出现,究其原因是党员干部不重视家教家风,党员干部及其亲人家属的思想理念、言行举止出现偏差,家风就出现败坏,从而冲破道德防线、纪法底线,陷入迷途深渊。

3. 清廉家风建设工作机制和方法有待改进

一是顶层设计需进一步加强,相关制度不健全,尤其是清廉家风建设,大家会认为这是纪委的工作,出现工作中推诿扯皮、瞻前顾后、落实不力等现象,工作机制需进一步完善。如宣传、教育、群团、社会组织等围绕各自工作领域提供服务,没有形成统一化、系统化、常态化的领导协调工作机制。二是工作过程缺少评价体系和标准、激励表彰和奖罚机制,导致相关部门开展工作的积极性不高。三是整个社会清廉家风建设服务支持力度还有待加强。各部门单位力量有限、专业人员较少、硬件设施少,保障不足,服务内容单一、服务不规范等。

(二)做好清廉家风建设工作的建议

1.加强顶层设计,推动建立机制

将清廉家风建设作为家庭家教家风建设的一项极其重要内容纳入党委政府重点工作,明确并强化党委领导、政府主导的工作领导体制,整合成立相应的工作机构,建立长效工作机制,包括管理机制、评价机制、考核机制、财力保障机制等,制定硬性的考核指标,细化责任并落实到具体部门,形成党委领导、政府主导、部门齐抓共管、社会各界热情支持、家长广泛参与、各类学校科学引导的工作格局。

2.发挥阵地作用,广泛开展活动

建立廉政教育基地、设计廉洁旅游专线、创排廉洁文艺作品等,不断激活、擦亮廉洁文化"阵地",厚植良好家风的文化基础。开展"清廉家庭""文明家庭""五好家庭"等评比表彰,持续深入开展寻找"最美家庭"等各具特色的家庭创建活动,引导广大家庭以德治家、以学兴家、文明立家、忠厚传家、廉洁齐家,营造良好的家庭环境,让好的家风家教成为生活方式和生活常态。积极调动发挥家长学校和家庭教育指导服务点的阵地功能,采取专题讲座、报告、经验交流、互动体验等形式,传授科学的家庭教育知识。

3.抓好监督引导,做好舆论宣传

纪委充分发挥监督保障执行、促进完善发展作用,把清廉家风建设工作开展情况纳入政治监督范畴。组织部门要把清廉家风建设工作同加强党员干部的教育管理结合起来,纳入党员干部日常监督考察之中,作为培养、选拔和使用的一项重要内容。宣传部门要充分发挥广播、电视、平面媒体、网络平台等新闻媒体的作用,设立家庭教育专栏、专题,开展公益宣传,弘扬和传承好家风、好家训、好家规。各级党组织要依托本单位户外电子屏幕、建筑围挡、楼宇电视、机场车站、公园社区和农村宣传栏等各种微阵体,广泛播发弘扬家庭美德和清廉家风的公益广告。

4.成立专业队伍,规范组织机构

培育专业专职工作队伍,开发家庭教育工作队伍的专业培训体系,开设清廉家风专题课程,创新家庭教育人才激励机制,优化家庭教育人才结构,着重培养清廉家风建设人才,鼓励优秀人才专职从事家庭教育工作。在政府提供公共服务的基础上,调动民间组织和社会力量,实现优势互补。加强对各类家庭教育民营机构的规范管理,建立民营机构家庭教育服务的从业资格、营业事项、服务产品准入机制,并委托第三方机构进行监管。

从组织治理到清廉智治：
党建引领基层治理的淮阳路径^①

袁方成　　毕思艺[②]

　　组织建设是党的建设的重要基础，建强基层党组织是破解基层治理难题的重要抓手。面对农村基层党建工作弱化、支部蜕化，乡村社会贪腐行为滋生、干部腐化，乡镇党委主体责任缺位、监督式微，村民自治制度沦为空转、规则异化四大问题，周口市淮阳区从更替人员、改造制度、重塑价值三方面，着力发挥基层党组织政治功能、组织功能、服务功能和价值引导功能。通过"智慧纪检"、六大平台、提级监督，积极探索基层有效监督新途径，以清廉智治赋能基层治理新格局，走出了一条从组织治理到清廉智治的淮阳路径。

　　习近平总书记强调，要把加强基层党的建设、巩固党的执政基础作为贯穿社会治理和基层建设的一条红线。坚持党建引领基层治理，加强基层组织建设和权力监督，以组织治理和清廉建设助推乡村振兴，是新时代实现基层治理体系和治理现代化的重要途径。近年来，淮阳区面对基层治理困境，以组织治理和清廉智治为抓手，以基层组织建设和清廉村居建设为切入点，充实基层组织力量，完善基层监督体系，治理效能得到显著提高。

---

　　①　基金项目：国家社科基金一般项目"党建引领基层全周期治理机制创新研究"（23BDJ009）；国家社科基金一般项目"新时代党建引领社区治理机制创新研究"（22BDJ114）；国家社会科学基金社科学术社团主题学术活动资助项目"智慧社区建设与社区服务智慧化研究"（21STA043）。
　　②　作者简介：袁方成，华中师范大学政治与国际关系学院教授，博士生导师，深圳大学全球特大型城市治理研究院研究员，研究方向为中外地方与基层治理；毕思艺，华中师范大学政治与国际关系学院硕士研究生，研究方向为中外地方与基层治理。

一、组织治理：夯实乡村振兴组织基础

基层党组织是贯彻落实党中央决策部署的"最后一公里"，是党的全部工作和战斗力的基础，要把农村基层党组织建设成为有效实现党的领导的坚强战斗堡垒。2018年，中共中央、国务院发出《关于开展扫黑除恶专项斗争的通知》，要求扫除黑恶势力，将扫黑除恶与基层腐败结合。2017年至2018年期间，淮阳区处于脱贫攻坚关键阶段，上级脱贫攻坚暗访督导时，先后出现群众围堵督导组反映问题、督导反馈贫困村因班子内耗致使扶贫工作推进不力等问题。

（一）困境及切入

其一，农村基层党建工作弱化，支部蜕化。淮阳区部分"两委"班子建设和党员干部队伍建设存在软弱涣散、组织力不足的问题。同时，党员年龄结构老化。乡村入党积极分子数量减少，年轻人才流失较多，基层党务工作力量薄弱，农村发展人才硬动力不足。由于大批青壮年农民外出务工，在城乡间频繁流动，对于流动党员的流入地、流出地管理难度也越来越大。需要对软弱涣散村"两委"班子及时调整充实，找准主要问题，把加强班子建设作为整顿工作的突破口。

其二，乡村社会贪腐行为滋生，干部腐化。部分村干部滥用职权，倒卖村集体资源牟取暴利，其行为严重损害群众和村集体利益。部分地区"村霸"及农村家族宗族黑恶势力渗入农村基层政权，进行非法活动，对农民权益造成严重侵害。村集体在资金使用、项目监管等方面抗风险能力不强，缺乏长效监督机制，乡村"熟人社会"中社会伦理的异化也削弱了基层治理的效能。需要加强党员队伍建设，创新农村党员管理制度和方式，加强乡村治理监管力度，维护乡村社会秩序。

其三，乡镇党委主体责任缺位，监督式微。实际工作中，一些乡镇党委主体责任落实不到位，政治统合能力弱化，难以与村"两委"及村民形成监管合力。对于村集体行为和村民组织约束力不强，基层腐败现象和不正之风

长期得不到根治,小微权力腐败易发、频发。而仅仅依靠"能人回乡"进行乡村治理,也难以从根源上解决人才供给不足的问题。需要严格把控村级干部选用,发挥好县乡监督职能,推动基层监督从有形覆盖向有效覆盖转变。

其四,村民自治制度沦为空转,规则异化。部分村民缺乏主体意识,民主观念和参与意识淡薄,难以积极参与村庄治理,村民自治制度往往流于形式。缺乏合理有效的考核机制和激励措施,村级干部的积极性不高,工作制度执行不到位,制度化建设不足也进一步弱化了组织内部的凝聚力,加剧了干群不信任的状态。需要强化对村干部工作的监督与管理,加强制度建设,完善民主选举、民主决策、民主管理和民主监督制度,规范民主协商制度流程。

诸多困境导致淮阳区基层党组织政治功能、组织功能、服务功能和价值引导功能难以有效发挥。乡村要发展,必须建立坚强的组织堡垒。因此,淮阳区开创性将"巡察村居、查办案件、综合治理"有机结合,对各项问题进行专项巡察,筛选组织薄弱村,多部门联动推进扫黑除恶与惩腐工作。

(二)治理思路

淮阳村"两委"组织的治理思路为:政党发挥自身的政治、组织、制度和价值优势,多部门联动,将治理资源下沉,对村"两委"组织进行人员更替、制度改造和价值引导,改革和重塑"两委"组织,巩固党在基层的组织基础。

一是更替人员,为组织运转增添新力量。高位统筹,制定方案。明确目标任务,制定研判方案,针对淮阳区部分村"两委"存在的成员年龄偏大、学历相对较低、理想信念缺失、缺乏专业人才、后备力量不足等问题,综合治理工作组充分发挥党的组织和人才优势,带头抓好人才工作;严格把关,选强配齐。将加强队伍建设,尤其是村"两委"队伍建设作为重中之重。通过实地查看、听取汇报、民主测评、座谈了解、个别谈话等多种形式,全面摸清村"两委"班子换届以来的运行情况、工作实绩和成员履职情况,对村"两委"干部开展全面分析、逐个画像、精准研判。一方面,加大引智回乡力度,特别是吸纳动员青年人才参与基层治理,激发在外优秀青年回馈家乡,繁荣农村经济。挖掘青年达人,竞选吸纳返乡精英,为乡村振兴提供人才智库保障。另一方面,充分发挥乡贤领域人才荟萃的独特优势,组织公开民主选举"致富带头人",并在此基础上进一步产生全省"农村青年致富带头人标兵",旨在选树一批优秀农村青年典型。推举村级事务召集人,通过设立求贤箱、张贴招贤榜、发放求贤信等形式,对"两委"组织进行人员更替,组建作风端正、群众认可的村级班子。储备农村青年入党积极分子,引导乡镇党委和新村委班子培养农村后备干部,为党在基层的组织储备"新鲜血液"。

二是改造制度,为组织运转提供保障。淮阳区综合治理工作组对制度的改造主要从正式制度和非正式制度两个方面着手。一方面,规范制度规定"硬约束"。结合村情,利用党内制度优势,完善村级事务管理制度,引导村"两委"对"微权四化"廉政体系①和"村务日"制度进行调整和再规范化,增强制度的合法性,让村"两委"班子成员依据"四议两公开,两审一监督"的决策程序履职用权。监督制度的公开落实运转,真正做到规范小微权力,回应基层群众诉求。在全村推行"逢六村务日"制度,规定每月农历初六、十六、二十六为村务日,组织召开村务会议,公开村务信息,及时回应群众关切,自觉接受群众监督。另一方面,激活村规民约"软约束"。综合治理工作组进村后,充分发挥党的制度优势和政治优势,引导"两委"组织村民群策群力共同修订完善村规民约,整个修订过程尊重群众主体地位、吸纳全村村民参与,做到精心组织和程序严谨,使其成为村民共同认可和遵守的行动规范,为村级事务开展提供有章可循的制度依据。坚持将村规民约作为村民自治精细化的重要抓手,立规矩、立良俗,实现村规民约齐上墙,并组织志愿者进行宣传解读,以"小规约"赋能村庄"大治理"。实施"五分钱"工程,每人一天五分钱,干干净净一整年,建立健全长效治理机制,持续提升农村人居环境面貌。

三是重塑价值,深化组织价值认同。充分发挥政党的价值引领功能,持续深化能力作风建设。一方面,把坚定理想信念作为严肃党内政治生活的首要任务,通过净化基层党员干部思想,落实党组织生活和激发党员干部的活力等措施,教育引导党员提升政治站位,强化村级党员干部的思想建设,

---

① 淮阳区"微权四化"廉政体系,即权力清单化、履职程序化、监督科技化、问责常态化。

筑牢思想政治基础。例如,定期举办廉政教育课堂,营造崇廉尚洁、风清气正的社会氛围,筑牢拒腐防变的思想防线;每年度召开软弱涣散村党组织整顿工作推进暨培训会,教育引导党员干部提高党性觉悟,筑牢纪法底线。另一方面,深入挖掘各行各业先进典型,开展"奋斗的青春最美丽""青春出彩河南人"等获奖者事迹分享活动,运用各类媒体宣传推介,倡树社会主义核心价值观。充分挖掘群众身边的"凡人善举""道德榜样",举办弘扬新风正气的评选表彰活动(评选励志青年、致富能手、好婆婆、五好家庭、好媳妇等),并确保评选的代表性、典型性、真实性,发挥"老带新""传帮带"作用,进一步弘扬中华民族传统美德。开展送戏下乡、送医下乡、送温暖等活动,在活动中烘托文化氛围,通过举办"榜样就在身边——道德模范先进事迹学习宣传'三巡六进'"等,选树典型人物,弘扬以"诚、孝、俭、勤、和"为核心内涵的文明乡风,深化基层群众价值认同。

(三)治理成效

一是锻造过硬队伍,治理力量不断壮大。淮阳区综合治理工作组通过对"两委"组织的人员更替,村"两委"成员平均年龄同比降低 5.4 岁,中专以上学历占比 80.4%,村党支部书记、村主任"一肩挑"比例达 100%[①],基层组织建设整体提升。推动村"两委"干部学历提升教育,农村干部队伍素质和能力不断提高,队伍结构实现整体优化。积极引导优秀外出人才返乡,持续从青年人群中培育发展农村党员致富带头人,擦亮培育致富带头人金招牌,增强乡村文化认同感、归属感和自豪感,绘就出乡村振兴的壮美新画卷。

二是完善机制政策,治理效能稳步提升。充分发挥农村基层党组织领导核心作用,通过切实可行的制度改造,强化政治监督,以制度建设保障监督落实。增强基层监督力量,不断加强纪律建设,以强有力的监督执纪推动区干部能力素质持续优化,推动全面从严治党向基层延伸,汇聚党建引领基层治理的强大合力。通过价值引导,积极发挥村规民约、乡贤文化等软约束

① 付世桢,杜高岭,任政.踔厉奋发勇担当 乡村振兴谱新篇[EB/OL].(2022-05-16)[2024-03-13].https://mp.weixin.qq.com/s/rOVmj4AL7sK7HOvysFF12Q.

作用,并将其细化为群众参与基层治理的硬杠杆,党群干群关系显著改善,群众积极性和满意度明显提高,绘就出共建共治共享的善治新篇章。

三是培育价值认同,治理氛围日益浓厚。积极推行党员积分制管理,不断发挥党员乡贤的先锋模范作用,有效激发了党员积极性和创造性,提升了全乡党员干部的综合素质、工作作风和整体服务水平。精神激励与物质激励相结合,培育选树先进典型,涌现出了 26 类"立得住、树得起、叫得响"的5600 名典型人物,其中,连续十年评选表彰孝顺媳妇等先进典型 1682 人。2022 年,625 人荣获市级以上各类荣誉,营造出崇德向善、明礼守信的良好社会氛围。扎实推进乡风文明建设,打造了 20 个"精品村""示范村",村容村貌清爽有序,人居环境整治乡村面貌焕然一新。

二、清廉智治:营造基层治理正气清风

为坚持党建引领,加强组织建设,营造基层的正气清风,提高纪检监察效率,淮阳区纪委监委深入分析当前基层监督体系存在的突出问题和困难,以"智慧纪检平台"为载体,积极探索基层有效监督新途径,以大数据+制度为抓手,推动完善基层监督体系。

(一)"智慧纪检"助力巡查精准高效

淮阳区纪委监委开发的"智慧纪检监察平台"是现代信息技术应用于具体实践的探索和创新①,是开展监督、发现问题、解决问题,推进纪检监察工作向科技化、智能化方向发展的"智慧大脑"。智慧纪检有效破解了"熟人社会""基层人情干扰"难题,通过数字信息化赋能,在区行政服务中心、区直 6

---

① 清风淮阳."智慧纪检"助力巡察工作精准高效[EB/OL].(2023-03-31)[2024-03-23]. https://mp.weixin.qq.com/s?src=11&timestamp=1712028779&ver=5175&signature=yFhp9W3BAhnXyh5PUAw45EDj0Nw4OlXIpvPP1CsSk7WvqIMUwXG0mab6GTs8BjAapXKlb vCT07L0nO79 * OivswPqgs6WqA0oDlzDUBjzuFtenaAgjHnyLdPIekYGFQt&new=1.

个分大厅、20 个乡镇场的便民服务大厅内全面加装视频监控摄像头①，实现与纪委监督网络监察中心的联网互通，巡查功能在线上就能进行，省时省力，推动监督智能化、科技化发展。2020 年，通过视频监督发现干部缺岗、上班期间玩手机等工作作风问题 13 人，发现并通报及违纪工作人员 100 余人。

同时，借助大数据信息中心建立数据比对平台，将人口普查数据、户籍数据与各部门发放的资金清单、干部近亲属名单、本区财政供养人员名单进行比对，将房产数据、车辆数据、干部近亲属数据与贫困户信息通过平台进行数据信息比对分析②，实现大数据比对与执纪问责工作有机融合。依据"巡前—巡中—巡后"路径，通过创建"源数据库"收录各大平台信息数据，精准查处民生领域违规违纪行为和干部虚报冒领问题，完善每一个环节的巡查工作，确保目标不移、方向不偏、程序规范、工作落实，提升巡查工作提质增效。

面对个别乡干部在参会时长时间看手机、打盹，个别村室无人值班等问题，区委巡察组通过突击查岗、现场签到、调阅签到情况等方式，深入一线，逐一摸排，开展"点穴式"监督，逐一核查人员履职情况，详细了解政府人员在岗在位、服务态度、纪律遵守、工作状态等情况，发现问题后及时下发立行立改通知书，增强巡视监督实效性，有效提高了全区巡查工作质量和水平。

(二)六大平台完善基层监督体系

在智慧纪检平台中，淮阳区纪委针对不同方面的工作，接连开发六个子平台：①"两个责任"视频监督平台；②民生资金监督平台；③清廉村居监督平台；④视频监督平台；⑤码上监督一点通平台；⑥阳光执法监督平台。

其中，"两个责任"视频监督平台方面，平台收录全区 91 家单位 979 名主要领导、班子成员和重点岗位人员的责任清单，党委（党组）主体责任清单

---

① 清风淮阳.周口市淮阳区创新监督机制 打造"五大平台"持续优化营商环境[EB/OL].(2021-03-11)[2024-03-13]. https://mp.weixin.qq.com/s/tTXol3B74eEAw3_fI8EoXA.

② 周口市纪检监察网管理员.淮阳县:大数据自动检索 精准查处民生领域违规违纪行为[EB/OL].(2018-04-26)[2024-03-13]. http://www.zksjjjc.gov.cn/sitesources/zksjjjcw/page_pc/gzdt/dfzf/article0552465f61db460bbf6259e1a4bad3fb.html.

包括 4 个方面 24 大项责任和纪委(纪检组)监督责任清单 2 个方面 11 大项,明确各单位、各部门工作流程、责任主体、完成时限、完成标准、考评分数等内容,每月到期提醒上传责任落实情况,压紧压实党委主体责任和纪委监督责任。以电子台账的形式记录各单位的履职情况,系统进行分析评判、打分和排名。建立问诺、问效、问责三种考核机制,每季度对责任落实后 10 名的单位负责人进行约谈,倒逼责任落实,形成认识到位、流程清晰、完整高效的责任追究工作体系。

民生资金监督平台方面,针对日常工作中民生领域资金分配不公、虚报冒领、违规领取等问题,把全区近五年的扶贫资金、民生资金、惠农资金等整合录入数据库,为纪律审查、监察调查提供数据支持,实现大数据技术与纪检监察业务需求深度融合。平台已监控资金 11 亿元,监督党员公职人员 3.1 万余人①,受益对象 15 万余人。2022 年,区纪委监委通过该平台发现可疑数据 2052 条,通过分类处置,组织处理 96 人,移交问题线索 65 条,党纪政务处分 4 人,追缴违纪资金 331 万余元,信息化监察调查能力大幅度提升。

为积极推动清廉村居建设,淮阳区纪委监委深入分析当前基层监督存在的突出问题和困难,积极探索"线下嵌入监督+线上智慧监督"村居监督新途径,把监督和服务的触角融入基层,由每名纪检监察干部包联 2~3 个行政村,实施亮照片、亮姓名、亮身份、亮电话、亮职责的"五亮工程",开展靠前嵌入监督。

为进一步拓展监督渠道,淮阳区创新性推出"码上监督"窗口满意度评价系统,在区市民中心、区直窗口单位、乡镇群众办事中心等全区各级政务服务中心的 346 个办事窗口逐个制作专属监督二维码②,切实打通优化营商环境"最后一公里",助力监督工作高效开展,最大化实现企业和群众办事"一码在手,办事无忧"。

---

① 朱佩娴.河南省周口市淮阳区:智慧平台助力基层监督[EB/OL].(2023-11-02)[2024-03-13].http://dangjian.people.com.cn/n1/2023/1102/c117092-40108253.html.

② 袁晴.打通群众监督"最后一公里"[EB/OL].(2021-07-21)[2024-03-13].https://politics.gmw.cn/2021-07-21/content_35010193.htm.

（三）提级监督规范"小微权力"运行

规范"小微权力"运行是纪检监察参与基层治理的重要方面。在基层，熟人社会、监督力量不足等问题是监察"最后一公里"迟迟难以打通的原因之一。为了加强对小微权力的监督，淮阳区纪委监委选取集体资源多、乡村振兴产业项目多、资金投入大的 8 个重点村（社区）开展提级监督，推动监督触角向基层一线延伸，打通村级监督"最后一公里"。

淮阳区纪委监委会同相关职能部门，对村集体资产（资源）管理流程、村级财务收支等流程图进行梳理、归纳和编制，出台"小微权力"正负面清单①，列出乡镇党委、纪委、村"两委"、村监委、包村干部、中心片长、乡镇站所、职能部门的"小微权力"清单目录 9 条 36 项，包括各事项办理流程、具体时限、受理条件、承办部门等工作内容，让"小微权力清单"成为"群众幸福账单"。

建立"微权四化"综合治理平台，将"微权四化"中涉及的权力、履职过程、惠农资金发放、民政资金发放、村集体三资、村级党务政务等内容全部纳入其中②。全区 467 个村的集体"三资"信息，每季度更新一次，网上可查询的数据多达 50 万个，让基层小微权力在阳光下运行。

创新推出村务监督"一村一码"云上投诉平台，监督村级"小微权力"运行，解决运行不规范、不透明、不公开等问题，按照一名纪检监察干部包联 2~3 个行政村（居）标准，落实落细包联任务，扎实推进纪检监察干部包联村工作。

将历次支部主题党日活动发展成为"小微权力"监督平台，通过党员主题活动，将村级重大事项、"三资"管理等事项与村民共同商议讨论，并通过线上（微信群）线下（村务公示栏）双渠道将协商结果、工程进度、资金去向等

---

① 正面清单列举村级事务运作中涉及的项目建设、村级财务管理、社会保障管理等事项，公开各事项办理流程、办理时限、承办部门、所需手续、受理条件等；负面清单针对村务决策、村集体资产资源管理不规范等方面问题，公开警示谈话、批评教育、责令检查、通报批评等。

② 改革兴豫.周口淮阳:"互联网+监督"看紧"微权力"[EB/OL].（2020-12-20）[2024-03-13]. https://mp. weixin. qq. com/s? src = 11&timestamp = 1711181129&ver = 5155&signature = PhbkNszAq2SoXbZygIrDZriD01Hr9F2djEjaMidWxTKwXNMNngPdRfho4pfAdglsXdLi2bh-PccMKhGHrQx 6BsPlFNGICzdXMASy-Pvyh8QovD5ZDYdBQEfWLAjXFUo2&new=1.

内容向村民公开。目前,该模式在全区 467 个行政村推行,确保巡查经得起实践、人民和历史检验。

三、党建引领基层治理的淮阳路径

面对基层治理组织涣散和监督失效的困境,淮阳区扩充组织力量,创新治理机制,完善监督体系,从治理到监督,从线下到线上,从一元到多元,持续提升全域清廉建设水平,取得一系列值得借鉴和推广的建设经验和理论成果,走出了一条从组织治理到清廉智治的淮阳路径,为加强党建引领基层治理贡献了淮阳经验。

(一)精英吸纳,充实廉治力量

优化人才政策。贯彻落实"1+21"一揽子人才政策体系,研究制定《淮阳区高层次和紧缺人才引进办法》《淮阳区高层次人才认定办法》等,统筹推进人才培养开发、选拔任用、激励保障等措施,全方位落实人才薪酬待遇、生活补贴、子女入学等优惠政策;加强制度保障。将社区工作者队伍建设纳入全区干部队伍、人才队伍建设总体规划,结合实际制定村(社区)工作者管理办法,拓宽村(社区)工作者队伍建设,注重人才回流,吸纳优秀青年入团入党,为基层组织扩充力量,为干部队伍建设强效赋能;强化理论学习。进一步提高村(社区)工作者理论水平和业务技能,组织开展廉政谈话会、干部队伍教育整顿、集中培训会等,学习"清廉建设"中的好经验、好做法,提高基层党员干部政策理论水平,强化自我约束;倡导乡贤返乡。以"选人"为基,村级党组织召开党委会、支委会,研究部署乡土人才联络和回归工作,鼓励新乡贤返乡,成为村两委的后备干部或发展带头人,并以"一村一册""一人一表"的标准建立乡土人才信息库,确保人才联络和回归工作落到实处,充实村(社区)队伍廉治力量,推动乡村振兴。

(二)多措并举,优化廉治体系

优化顶层设计,出思路、划重点、破难题。以清廉村居建设为契机,以推进基层社会治理为导向，组织召开动员会，统筹协调全市廉洁文化建设工作，制定《〈关于加强新时代廉洁文化建设的意见〉任务分工方案》等，为推进清廉淮阳建设的创新发展提供总体设计和制度支持。

线上线下相结合，推动基层监督手段多样化。线上将平台与"清风淮阳"微信公众号互联，通过平台及公众号发布典型案例，各单位整改措施及效果及时公布公开，接受评议；开发"清廉广角"手机 App，设置廉政故事、廉剧、红廉印记等 8 个板块，传播廉洁文化，达到"立体化教育、全方位感染"的文化传播效果；构建高效协同的淮阳政务平台，利用大数据技术和云计算技术实现数据化管理和动态化监控，实现对全县农村基层党建、干部职权运用和社会治安综合治理的现代化管理。

线下定期举行网上测试，坚持将考事与考人、素质与实绩、考核导向与用人导向相结合，将考核成绩作为干部工作实绩评定的重要依据，以考核"标尺"丈量尽职"准线"；建立联席会议制度，将廉洁文化建设纳入反腐败工作布局进行系统谋划，适时召开联络员会议及专题会议，总结交流清廉智治建设进展情况，及时发现问题；深入调研征询群众寻求，完善群众监督渠道，确保党内监督与群众监督一体化推进，实现村务居务的公开透明，坚决打通纪检监察在基层的"最后一公里"。

通过线上线下多种形式，村民监督和纪检监察相结合，鼓励居民参与村务居务监督，为社会和村庄建设出谋划策，培养共治意识。

（三）涵养氛围，完善廉治格局

结合"看、听、思、动"，全方位扎实推进新时代廉洁文化建设，将清廉乡村建设与创建全国文明城市及乡村振兴等工作相结合，以清廉建设护航各项工作高质量发展；鼓励村民参与村庄建设和村居监督，以 VR 形式展示全省廉政文化教育阵地，绘制廉洁文化地图，培养群众参与意识，让居民群众积极主动的参与清廉村居和乡村振兴中来，主动以线上或线下的形式获取公开的信息，监督"小微权力"，形成共治格局。

发挥全媒体集群式浸润传播力，在公众号、官方网站等平台开设"廉洁文化别样红"专栏，宣传全市廉洁文化建设优秀做法及实践成效；因地制宜打造家门口的"学廉·思廉"学习阵地,深挖淮阳各类本土文化名胜中蕴含的廉政资源,打造自然景观、人文故里、红色文化等一体化清廉专线,形成廉洁阵地矩阵,涵养公众参与氛围,推进廉洁文化深入人心;以培育"一廉如水、两袖清风"为文化主题,充分挖掘本域优秀清廉资源,形成一批具有淮阳特色、极具淮阳辨识度、体现行业特点的清廉品牌,推动"文化润廉",打造清廉智治的"淮阳名片"。

截至目前,淮阳全区已建成廉政主题公园 1 个、廉洁街头游园 30 余处,园内有各类"廉"主题雕塑、咏廉廊等廉政元素几十处,拍摄廉政情景剧 4 部,授牌命名廉洁文化示范点 12 家,并连续举办 9 届"清风荷韵·中原廉文化"系列活动,在全域营造崇廉尚洁、风清气正的良好氛围。

结　语

基层治理是国家治理的基石,推动基层治理专项工作,事关党在基层的领导力、影响力和凝聚力。清廉村居建设是追求全域清廉的重要内容,是推动监督工作向基层延伸的重大举措,也是高水平实施乡村振兴战略的坚强保证,事关基层党风、政风、民风。

面对部分行政村基层组织软弱涣散、党建虚化、村干部"微腐败"和"村霸"渗入等现象,自 2016 年起,淮阳区创新治理工作的形式方法和机制模式,将组织建设和纪检监察相结合、党委领导和多元参与相结合,通过人员更替、制度改造和价值引导,锻造过硬队伍,完善机制政策,培育价值认同,不断加强基层组织建设,筑牢乡村振兴的廉治基础,取得了良好的治理效果。

清廉建设是深入贯彻落实党中央关于全面从严治党战略部署的重要举措,淮阳区以"五清四廉"①为目标,将规范基层权力运行作为清廉建设的着力点,以数字赋能基层智治,围绕"智慧纪检"助力巡查精准高效、六大平台健全基层监督体系、提级监督规范"小微权力"运行三个方面,因地制宜,探

---

① "五清四廉"即"班子清廉、干部清正、用权清晰、事务清爽、民风清醇""政治保廉、制度固廉、正风护廉、文化育廉"。

索创新,不断提升巡察工作水平,积极探索出清廉村居建设智治模式,以清廉村居建设助推基层治理现代化,走出一条从组织治理到清廉智治的淮阳路径。

下一步,淮阳区将以习近平总书记关于党风廉政建设和反腐败斗争的重要论述为指引,以党和国家关于加强基层治理的系列战略部署及任务为引领,将清廉乡村建设与乡村振兴等工作相结合,不断强化思想政治建设,压紧压实工作责任,锚定目标、乘势而上、比学赶超,当好新时代清廉建设领跑者。

参考文献

[1]科克罗夫特,黄国富.全球腐败:现代社会中的金钱、权力和道德[M].北京:经济科学出版社,2013.

[2]宋伟,邵景均.反腐败国际合作的中国经验[J].中国军转民,2021(18):23-24.

[3]江小燕,李斌雄.新时代中国共产党反腐败基本方针解析[J].武汉理工大学学报(社会科学版),2022(6):8-14.

[4]周跃辉.勇于突破利益固化的藩篱[J].理论与当代,2018(8):57.

[5]李秋芳,孙壮志.反腐败体制机制国际比较研究[M].北京:中国社会科学出版社,2015.

[6]胡杨.论中国特色反腐模式转型的内在逻辑与发展路径[J].马克思主义与现实,2010(4):184-190.

[7]林喆.制度反腐是依法治国进程中的主要反腐模式[J].探索与争鸣,2014(11):14-17.

[8]李永忠.推进权力反腐向制度反腐转变[N].民主与法制时报,2014-01-27(14).

[9]彭新林.2021年全球反腐败脉动透析[J].廉政瞭望,2021(24):31-33.

[10]冉刚.全覆盖:世界范围的反腐败趋势[N].中国纪检监察报,2014-1-30(3).

[11] 中国稳健前行 从国际比较看中国政治优势[EB/OL].(2019-09-03)[2024-03-13].http://www.qstheory.cn/wp/2019-09/03/c_1124953161.htm.

[12] 辛向阳.五个终结:新时代中国特色社会主义的国际意义[J].科学社会主义,2018(1):4-10.

[13] 尹音频,闫胜利.反腐败长效机制与从源治理腐败:基于国家治理现代化视角的分析[J].经济社会体制比较,2019(1):105-115.

[14] 葛平.从国际和历史视角正确看待当前反腐形势[J].红旗文稿,2015(8):28-29.

[15] 沈叶,王丹妮.推动全球反腐败治理迈上新征程:联合国大会反腐败问题特别会议综述[J].中国纪检监察,2021(12):38-39.

"清风荷韵"与淮阳沃土

——"清风荷韵·中原廉文化"系列活动的实践与思考

徐喜林[①]

"清风荷韵·中原廉文化"系列活动（以下简称"活动"）已经成功举办九届（含本届），取得了丰硕成果。"活动"将不断与时俱进，开辟新的境界，再创新的辉煌。"活动"如同出水的尖荷，引来蜻蜓，唤醒清风，展示荷韵，奉献莲（廉）果，必将为中原廉文化建设事业写下浓墨重彩的一笔。"问渠哪得清如许？为有源头活水来。""活动"不是无源之水，不是无本之木，必有其内因外因和前因后果，对其及时总结提炼，对"活动"进一步深入开展，将大有裨益。作为连续参加"活动"的"粉丝"和顾问，去年在大会上以"羲乡有道，廉程无限"为题围绕"活动"作了一个系统性总结性的发言。今年，总觉得言犹未尽，不说不快。现谨从主办方与承办方、发祥地和下一步的发展谈些看法建议。为便于记，拟以"清风荷韵，韵在哪里""淮阳沃土，沃在何地"和"系列活动，动向何方"三个短语为标题进行阐述。

一、清风荷韵，韵在哪里

"清风荷韵·中原廉文化"系列活动这一称谓，是由三个关键词组成的。其中"清风荷韵"是从务虚的角度做的品格定位，是活动精神实质的代称，可以看作是商标和品牌。"中原廉文化"是区域和性质定位，地理意义是指以河南为主体的整个中原地区的廉文化。这里特指河南省辖区内的廉文化。

---

① 作者简介：徐喜林，河南省廉政理论研究中心主任、河南省社会科学院原纪委书记。

"系列活动"是这一短语的宾语,是"活动"的形式定位,核心是动,关键是系,即系列和维系。从商标角度考量,"清风荷韵"四个字可以看作是活动精神、风格、特色的浓缩与雅号。谈"清风荷韵"之"韵",主要从主办方和承办方来考量,总结活动成功的特点与秘诀。

(一)承天接地,筑牢坚实根基

从"承天"角度讲至少有三个依据。"活动"是推动廉洁文化建设的重要渠道。《中共中央关于加强新时代廉洁文化建设的意见》强调"全面从严治党,既要靠治标,猛药去疴,重典治乱;也要靠治本,正心修身,涵养文化,守住为政之本。"以上都可从"活动"找到注脚和答案。"活动"是清廉河南建设的重要组成部分。《中共河南省委关于推进清廉河南建设的实施意见》提出了清廉河南建设的"四大工程""十八项行动"。每一个都与"活动"密切相关。其中在"推进清朗社会构建工程"中,强调实施清廉机关创建行动、实施清廉企业创建行动、实施清廉学校创建行动、实施清廉医院创建行动、实施清廉村(社区)创建行动、实施清廉社会组织创建行动、实施清廉家庭创建行动。这七个方面的创建行动都是本"活动"的重要内容,都可在淮阳的实践中找到样本。"活动"是农村基层廉文化建设的试验田。没有榜样就没有方向。无论是加强新时代廉洁文化建设,还是清廉河南建设,都必须有试点、有先行,有样本、有借鉴。目前,中央和河南省及周口市还没有这方面的典型引路,本"活动"应运而生且生逢其时,意义深远。

从"接地"角度讲,这一活动务虚与务实相辅相成,以务实为主。至少有三个看点:一是承接"活动"有韧性。全国性的廉政理论研讨活动异彩纷呈,大都是理论层面的成果。虽然有省市县承办方也介绍了当地的做法经验,但大都是一次性的,是为研讨会当绿叶的。鲜见像本"活动"这样连续九年由淮阳承办。这不是一个偶然现象,而是接地气、通活水的鲜活事例,是有内在规律支配的必然展示。二是基层实践有看点。活动的最大看点是立足乡村基层,扎根于乡村基层。在淮阳市区与乡村,廉文化系列有号召、有行动、有做法、有成果。可听领导汇报,可听群众感悟。有定性的结论也有数据的支撑。看有形、听有声、思有味。这是全国其他廉论坛所没有的淮阳特色。三是前景发展光明。"活动"是乡村清廉建设的得力工具。作为"转换器",它可以将上级要求通过系列活动的形式转化成大众自觉参与的活动。作为"孵化器",它通过系列活动可将清廉建设的要求生成具体的效果。作为"显示器",清廉建设效果可从活动中得到展示。可以预见,这一活动永远不会过时,永远会有生命力。

(二)系列出彩,展示特色风采

"清风荷韵"之韵,还在于采取多种形式,形成系列,相辅相成、相映成趣。

一是廉书画大作云集。从 2015 年举办"清风荷韵·画莲书廉"书画名家作品展以来,已经有上千幅作品。这是无价之宝。

二是廉论坛宏论频出。2016 年以基层"微腐败"治理为主题;2017 年以基层干部作风建设为主题;2018 年以基层反腐败与国家治理现代化为主题;2019 年以基层反腐败与乡村治理现代化为主题;2020 年以基层自治与乡村治理现代化为主题;2021 年以完善基层监督体系提升基层治理效能为主题;2022 年以清廉河南建设的实践与思考为主题;2023 年又以全面推进清廉河南建设为主题。各年的主题与时俱进,亮点纷呈。8 年来,编委会共精选出400 余篇廉政征文,集结成 4 本论文集。论文集以高层次理论研究成果回答了广受关注的现实问题,成为"活动"成果的结晶和宝贵财富。

三是廉景观实地感悟。淮阳建成了占地约 315 亩的廉园,它以"一廉如水、两袖清风"为主题,分三期进行打造,每期都有一个主题。廉园一期以淮阳本地廉政人物故事为主,其中包括 10 位淮阳历史上的清官石雕像,及 11 位淮阳籍在外任职的廉吏浮雕像。园内主要有"廉"主题雕塑、爱莲说浮雕墙、咏廉廊、百廉地雕、廉亭、颂廉卷、假山等。廉园二期文化主题以中国历史上的廉政人物故事为主,有廉政人物雕塑共计 10 座 12 个人物。二期主要有廉园景墙、廉廊、儿童乐园、景观水系、滨河栈道、河畔水榭等。廉园三期是淮阳中华成语故事园,文化主题以出自淮阳或陈地的成语故事为主。主要有成语牌坊、廉政成语长廊篆刻、成语故事造型景石、相望亭等。廉园通过雕塑、园林建筑、景石等元素,把廉文化与景观有机结合起来,寓廉于趣,让群众在休闲健身、陶冶性情的同时,潜移默化地接受廉政文化教育,流连忘返。建成开园以来,已经有数万观众参观游览。该廉政主题公园已成为中原廉政文化建设的一张名片。

四是廉戏剧艺术再现。2019 年以《春风吹进百吉村》为题创作了情景剧,展现了乡村治理微腐败开展乡村治理与振兴的典型事例,收到了令人耳目一新的效果。2020 年以来,以《羲乡正道》系列为载体,形成了淮阳乡村治理和廉政建设的系列剧。今年《羲乡正道》系列之四"奋进篇",将给人以崭新的视觉感受。

五是廉家书繁星闪烁。2020 以来,连续四年开展了"我的一封清廉家书"征文活动,形成了一批优秀的清廉家书,在全国产生了一定影响。上述活动寓廉于文、寓庄于趣、寓理于践,赋予了"活动"清新地气息。

(三)创新拓展,常有活水动力

"清风荷韵"是时代发展的幸运者,也是廉文化创新发展的见证者与践行者,同时也是廉文化时代的受益者。不断地创新发展成为廉文化建设的一张河南现象与中原名片。

1. 由莲及廉,活动水到渠成

2007 年 7 月,"淮阳龙湖赏荷旅游活动月"正式启动。从此,每年一届的淮阳荷花节成为河南省继推出洛阳牡丹、开封菊花之后的第三大花卉旅游节品牌。2015 年,河南法制报社与周口市淮阳县委、县纪委联手,在荷花节的基础上,创造性地加入廉洁文化,以画莲书廉、咏莲喻廉的形式进行廉洁文化宣传,开创了河南省廉洁文化宣传的新形式。这是对廉文化宣传的一个升华。2015 年 7 月 15 日,"清风荷韵·画莲书廉"书画名家作品展在淮阳开幕。2018 年起,在原有书画展的基础上,与杭州西泠印社合作,打造融书法、绘画、篆刻为一体的高端艺术名家作品展——"两湖清风"全国书画篆刻名家作品邀请展,在淮阳和杭州展出,使得中原廉文化的艺术形式更加丰富,影响更为深远。

2. 廉文必论,深耕理论底蕴

理论是行动的先导,承天接地的理论创新发展更是清风荷韵不可或缺的一个支柱。鉴于此,"活动"从 2016 年开展增加了廉论坛。如前所述,8 年的廉论坛主题汇集成的关键词和主线是乡村基层的反腐败与治理。背景和指导思想源于国家的反腐败"一体推进三不"和清廉河南建设。这样的论坛带有明显的乡村基层气息,接地气、冒热气、有鲜气。今年,主办方还专门邀请部分专家学者,深入淮阳乡村基层围绕乡村治理和廉文化建设专题调研,形成了一组紧扣淮阳廉文化建设的调研文章,成为廉论坛的一枝"出水尖荷"。2017 年,将"清风荷韵·中原廉政文化"系列活动这一称谓更名为"清风荷韵·中原廉文化"系列活动并使用至今,省略一字,却使"活动"增加了内涵,拓展了舞台,开拓了前景。

3.持续拓展,添加中原成色

淮阳是"清风荷韵·中原廉文化"系列活动的发祥地、样板间、领头羊,并将不断创新使其发展光大。但中原廉文化不能仅限于淮阳,而要通过淮阳的清风荷韵带来全省廉文化建设的百花齐放。因此,2022 年,主办方在办好淮阳活动的同时,联合许昌市委和市纪委在许昌市举办了以"喜迎二十大、清风满中原"为主题的"廉润莲城·中原廉文化"系列活动。2023 年上半年,在"济源·中华愚公清廉家风馆"举办了"济水清风·中原廉文化"系列活动。这一活动围绕"不敢腐、不能腐、不想腐一体推进研究""清廉河南建设的实践与思考""济源清廉建设的模式探索与意见建议"等议题进行研讨,收到了良好效果。

4.体系宣介,形成立体效应

活动主办方响应多方需要,采用多种手段扩大"活动"的受众和影响面,营造立体式的宣介效应。2023 年,在以往系列活动的基础上突出了"清风荷韵·廉洁文化短视频大赛""清风荷韵·廉洁文化散文征集",围绕"莲""廉"主题,阐释新时代"莲""廉"精神内涵和时代意义。2023 年 7 月 14 日,"清风荷韵·中原廉文化"系列活动的"万亩龙湖 千米长卷 百名书画爱好者共绘清廉周口"系列活动在淮阳如期举办。值得一提的是,公众号"清风淮阳"不断推出淮阳的清廉建设做法与经验。今年主办方新创立了"清风荷韵中原廉文化"公众号,及时推介活动的开展情况、专家学者的论文、书法绘画篆刻作品等,成为"活动"展示的又一亮丽平台。

二、淮阳沃土沃在何地

"活动"之所以能扎根淮阳,不断开花结果,历久弥新,除了主办方营造了十足韵味外,更重要的是得益于淮阳这方得天独厚的莲廉沃土。

(一)丰厚的莲廉景观与历史文化不可多得

从莲景观看,万亩龙湖,荷花绽放是几千年来的一大景观。淮阳成为河南五大名花(洛阳牡丹、开封菊花、淮阳荷花、南阳月季、许昌蜡梅)中荷花节的举办地。由此人们想到《爱莲说》,想到莲廉相因,由莲及廉成就了淮阳廉文化的清风荷韵。从廉文化历史上看,6500多年前,太昊伏羲氏在此建都;5000年前,炎帝神农氏定都于此,易名为陈;公元前196年,汉高祖刘邦封子刘友到这里做淮阳王,淮阳至此得名。汉唐以来,这里始终是豫东的政治、经济、文化的中心,产生了诸多廉洁的官员。汉代正气三廉吏——汲黯、黄霸、郑当时名垂青史。宋代包拯下陈州除恶为民,成为妇孺皆知的反腐佳话。这些丰厚的莲廉文化景观与历史遗产得天独厚。

(二)现实的清廉创举与丰硕收获弥足珍贵

在廉文化实践方面的创举与取得的成效是淮阳沃土中的主体,也是最现实最有说服力的证据。

1."微权四化",拓展了乡村规权治腐的有效路径

2015年,在全国贯彻十八届中央纪委六次全会精神,治理基层"微腐败"的背景下,淮阳县推进乡村"权力清单化、履职程序化、监督科技化、问责常态化"的"微权四化"。其中,权力清单化推进权力家底的全部公开透明,做到清单之外无权力。当年全县18个乡镇467个行政村累计列出权力清单131项,全部公开接受群众监督;履职程序化,推进权力运行的刚性规范力,力求程序履行无任性。在村级,对清单规定的事项实行"两议两审两公开一监督"工作法。用制度和程序保障了权力的正确运行;监督科技化,推进权力监督手段的飞跃式提升,追求监督范围无盲区。按照"资源整合、科技升

级、功能完善、触角延伸"的原则,逐步推进县、乡、村多层监督科技化,为科技反腐创造了物质条件;问责常态化,推进失责追究的常态运行,做到坚持追究问责无特例。当年启动问责数十项,教育了干部,鼓舞了群众,清澈了政风。"微权四化"的做法方便了群众、遏制了腐败、保护了干部、保持了稳定、促进了和谐、赢得了民心。《中州学刊》2017 年第 5 期以《规范乡村权力运行是治理"微腐败"的治本之举——河南省淮阳县开展"微权四化"廉政体系建设的调查与思考》做了长篇宣介。

2."重点村居整治",开启了乡村除恶治理的崭新局面

2018 年,淮阳探索出了一条"巡察村居先行,案件查办紧跟,综合治理兜底,三不一体推进"基层治理新路子。重点村居集中整治工作围绕整治群众身边的腐败和作风问题,尽锐出战、迎难而上,突出重点、精准发力,在全区部分重点乱村,开展了全面深化综合治理。2022 年,结合全面推进乡村振兴工作要求,区纪委监委探索小兵团模式作战,集中优势兵力,持续开展重点村居集中整治,目前,全区已集中整治"问题村"79 个,开展集中整治"回头看"35 个村,摸排问题线索 10 642 条,查处党员干部 158 人,移送司法机关依法处理 440 人,给予党纪政务处分 182 人,收缴违纪违法资金 915.58 万元,清收回村集体资产 1023 万元,解决民生实事 1468 件,建立健全村"两委"班子 61 个。重点村居集中整治已经成为淮阳廉文化建设的开路先锋和重头戏。

3.监督网络,提升了基层监督的质量与实效

近年来,淮阳区纪委监委确立大抓基层导向,开展包联到村推动监督下沉,打造一村一码延伸监督触角,探索视频监督拓宽监督渠道,多措并举织密基层监督网络,打通监督"最后一公里"等活动,有力提升了基层监督治理质与效。

一是包联到村,推动监督下沉一线。建立纪检监察干部包联村制度,以行政村为网格,明确每名纪检监察干部包联 2~3 个村,纪检监察包联干部以包联村"微腐败"监督公开栏、廉政墙为依托公开五亮(亮单位、亮职责、亮照片、亮身份、亮联系方式),主动深入基层、沉到一线,面对面倾听群众问题,解决群众难题。到 2023 年 7 月,全区 467 个行政村已经全部实现纪检监察

干部包联到村,纪检监察干部五亮信息全部上墙。

二是深入群众,解决具体急难愁盼问题。包联干部通过座谈会、入户走访等方式,经常性深入包联村广泛了解群众急难愁盼问题,结合群众日常反映问题大数据分析结果,对教育、医疗、民政、社保、征地拆迁、审批办事等涉及群众切身利益事项进行梳理分类,明确包联监督重点,压实监督责任,细化监督举措,形成包联工作任务清单、责任清单、监督清单,切实增强了包联监督的目的性、精准性、实效性。

三是规范化制度化运行,保障基层监督有序开展。包联纪检干部以"逢六"村务日为载体,坚持每月的初六、十六、二十六为"下沉日",深入包联村,现场监督村务办理公开情况。同时,将包联工作与带案下访、下情上访紧密结合,一方面带着案件下到基层,面对面倾听群众诉求,心贴心协商解决问题办法,实打实解决群众难题。另一方面,对收集到的问题能现场解决的即接即办;不能现场解决的问题及时开展分析研判,根据问题性质类别移送纪检监察或其他相关部门处理,做到事事有着落、件件有落实。

四是借助科技力量,提高监督质效。创新推出村务监督"一村一码",群众通过扫描本村专属二维码,随时查看村级党务、村级政务、村级财务、惠民资金等 11 项信息及低保申报、惠农助农等 9 项事务办理流程图,做到村村微权力"裸晒"、村级各类信息人人可看。一码通办,群众诉求"码"上办。平台设置监督举报模块,群众通过平台对党风党纪、低保资金、危改资金等 18 项涉及群众切身利益的问题进行一键举报,平台智能识别问题线索、智能推送至包联干部。将"一村一码"平台与清廉淮阳建设有机结合。

五是建立限时承诺制度,倒逼纪检干部提高工作效率。建立 2 个"246"问题处置机制,即对一般问题要求 2 小时内响应、4 小时内联动、6 小时内处置;对复杂问题要求 2 天内响应,4 天内联动、6 天内处置。充分发挥区纪委监委业务熟练、乡镇纪委靠前、村廉情监督员贴身等优势,形成区纪委包联干部推动、乡镇纪委主办、廉情监督员跟踪的问题诉求处理模式,共同推动群众诉求高效解决。截至目前,已通过平台受理问题线索 52 件,立行立改 36 件,限期整改 16 件。

六是实施全区网络监督服务,促进监督全方位服务全天候。区纪委监委通过视频监督摄像头实时连线,对全区政务服务窗口和村级便民服务站进行全天候"在线督查",实时了解工作人员服务态度、工作作风、在岗在位等情况,实现对全区政务服务事项办理过程的精准化监督。截至目前,视频监督全面覆盖全区48个乡镇便民服务大厅和乡镇会议室,467个村级便民服务站。紧盯关键,增强监督质效。运用视频监督系统,开展"节点式""嵌入式"监督,紧盯重大项目进展、重点政策落实、乡村两级"三重一大"事项、"四议两公开"等重点环节,通过视频拍摄全程记录决策议事、公示公告全过程,对发现的违规违法问题进行识别、抓拍、截图,确保把监督嵌入到权力运行的关键岗位、关键环节、关键领域。截至2023年7月,全区通过视频监督平台共开展监督检查22 832村次,发现违规违纪线索1062人次,均已全部办结。区"智慧纪检监察"平台还设置有清廉广角、美丽乡村、通报曝光等功能模块,把内容丰富、形式多样、喜闻乐见的本土特色廉洁文化融入其中,展示廉剧、廉政故事、红廉印记,各类典型案例等内容。

4."八廉同创"打造廉洁文化阵地新地标

近年来,在全区范围内开展了廉洁机关、廉洁学校、廉洁医院、廉洁企业、廉洁社区、廉洁乡村、廉洁游园、廉洁家庭的廉洁文化精品示范点建设活动的创建,即"八廉同创"活动。截至2023年7月,全区廉洁文化精品示范点建设活动已完成2批次12家单位示范点建设工作。除廉园建设外,先后深挖平粮台古城遗址、太昊伏羲陵、弦歌台、龙湖国家湿地公园、伏羲文化公园、苏子读书园、道德模范园等各类历史文化名胜和旅游景点中蕴含的廉洁资源和政德基因,让一个个清廉人物重现大众视野、一段段为政佳话走进百姓生活。集合各方力量发掘革命文化蕴含的廉洁理念,运用好烈士陵园、李之龙纪念馆等红色资源,举办红色廉洁文化专题展览,推出专栏"淮阳·红色故事会",在红色教育中传承党的廉洁基因。挖掘非遗传承中的廉洁元素,推出《陈地贤德》《档案忆廉》《文物话廉》《非遗中的清廉》专栏,从中汲取智慧营养和品德力量,运用历史智慧推进党风廉政建设。通过集群化做优基地矩阵、精品化做优产品供给、多维化做优活动载体、立体化做优传播体系,构建多跨协同、同向发力的长效机制,突出重点部位,融合方式创新,体系化、集成化打造"机关企业、村居社区、医院学校、人文故里、自然景观、红色文化"等为一体的清廉路线,推动廉洁文化串点成线、连线成片,并向清廉示范带、示范群迈进。

(三)坚强的组织领导与执行落实卓有成效

清风荷韵中的淮阳沃土与党的坚强有力领导密不可分,得益于纪检监察机关创造性的卓越执行力,也得益于各部门的协同配合。

1.县(区)委的坚强领导提供了根本保证

8年来,县(区)委领导从贯彻落实中央和省、市委加强党风廉政建设和反腐败斗争部署安排的高度着眼,从清廉河南建设、清廉乡村建设的角度着手,创造性地创立、壮大和发展了"活动"这一品牌。领导亲自挂帅亲自出征,解决问题,出谋划策,从人力财力等多方面给予了大力支持。

2.县(区)纪委监委的创造性实施落实是组织保障

在县(区)委的坚强领导下,县(区)纪委监委全方位多层面组织实施各项活动。

一是提高站位全局谋划。从"微权四化"到"村居整治",再到"创建淮阳区廉洁文化精品示范点",县(区)纪委监委根据廉文化建设的实际与进展情况,不失时机地提出可操作可量化的实施计划方案,或以县(区)委文件下发,或以纪委文件下发实施。例如,《中共周口市淮阳区纪律检查委员会关于创建淮阳区廉洁文化精品示范点的通知》明确了总体目标是:"通过推进廉洁文化精品示范点建设,进一步提高全区廉洁文化建设水平,推动形成'一乡(镇)一品、一局(委)一特'廉洁文化精品工程,充分发挥廉洁文化的感染力、吸引力、渗透力和亲和力,教育和引导广大党员干部不断筑牢拒腐防变的思想道德防线,努力在全区营造风清气正的良好政治生态。"还明确了廉洁文化进机关、进社区、进学校、进企业、进家庭、进农村、进游园和进医院精品示范点标准。还明确了实施步骤和具体要求,使活动可操作可检查可验收。

二是亲临一线真抓实干。在村居治理等活动中,纪委干部带队吃住在村,数月坚守,既是指挥员又是战斗员,得实情、出实招、做实事、结实果。

三是亮明身份主动担责。例如,在实行的五亮做法(亮单位、亮职责、亮照片、亮身份、亮联系方式)中,区纪委书记、副书记、常委带头,全体纪委干部出战,实行包联村监督治理。在包村公示栏上的显著位置,公开自己的主要身份信息,并积极主动受理群众来访和投诉举报,接受群众监督。这种做法一改有的干部生怕群众知道自己的手机号、与群众离心离德的弊端,与群众形成了无障碍全天候的沟通。

3. 相关部门的协同联动形成合力是必要条件

在开展的各项廉文化活动中,在县(区)委统一领导和纪委组织实施中,各相关部门各负其责,密切协作,形成联动合力,为"活动"的开展创造了有利条件。如在村居治理中,纪委、组织、公安、信访等部门混合编组,住在治理的村居,对相关问题各司其职,快速办理,收效明显。《中共周口市淮阳区纪律检查委员会关于构建廉洁文化建设共同体的通知》除明确指导思想、目标要求、重点任务、保障措施,还特别明确了各项任务的牵头单位和责任单位。这样,形成合成兵团作战,增加了取胜的把握。

三、系列活动动往何方

目前,虽然"清风荷韵·中原廉文化"系列活动成就了淮阳廉名片。借用毛主席的一名名言"万里长征走完了第一步",今后"活动"将任重道远。主办与承办各方,应当始终明确"活动"这一品牌应有的使命与担当,应当始终明确自己的长项与短板,保持清醒头脑,既不盲目自满、故步自封,又不丢失自信、无所作为。应当坚守初心、保持定力、奋发有为、不断开创新局面,为清廉河南建设、为中原廉文化的兴起做出贡献。

(一)精准定位,坚定自信

"活动"应当界定三个坐标定位。一是以廉为魂,以文为体。我们的旗帜上写的是廉文化。我们的价值追求是在不想腐上出成果。虽然"不敢腐""不能腐"与"不想腐"三位一体,但在具体发力上我们不应将重点放在如何惩治腐败和如何加强反腐败的法规建设上,而是守住"不想腐"这个定位,专司其职,取得专项特效。二是乡村为基,效果为本。活动的主要舞台是县

(区)内的乡村基层,必须围绕乡村基层作文章。我们追求乡村清廉建设出成果,不仅是理论创新,更重要的是实践创新。应当继续将"活动"和淮阳作为乡村廉文化建设的试验田和样板间,不断有新举措、出新成效。三是以莲切入,以廉结果。莲廉相通是"活动"的标签和特色。今后应当在这一方面多出新招,将各项廉文化活动都纳入清风荷韵这一品牌内。我们应当坚信本"活动"上接天线,下接地气,风格鲜明,前程广阔。

(二)长期坚守,持续创新

"行百里者半九十。"长期坚守是必须的,但要清醒地认识到长期坚守的挑战。譬如,领导层的精力投入问题、财力的长期投入问题、专家学者的审美疲劳问题、形式创新的瓶颈制约问题等。这些都需各方面协同解决。建议在活动的形式上可采用活动规模大小交替、活动内容变换穿插等方法,保证活动不断线、不停顿。以便小涟漪与大波涛配套,清风与荷韵互补,进一步展示清廉淮阳廉文化的绚丽画卷。

(三)广结善缘,星火燎原

建议吸纳省内外更多的专家学者多形式参与本"活动"。可酌情邀请部分有条件的专家学者,形成较固定的专家组,定期来淮阳实地调研,把脉问诊,形成更多切合实践、更加接地气的调研报告和理论文章。建议主动与省内各个廉政研究机构和研究平台加强联系,取长补短。可以采取协作联办等形式加强合作。譬如,与在华北水利水电大学承办的廉政论坛、与河南省社科院和中国廉政研究中心在新乡设立的调研基地等取得联系,联合主办或者协办多项活动。也应当在濮阳等条件较成熟的市联合举办活动,逐步将中原廉文化的旗帜插遍全省十八个省辖市,再逐步延伸到全省各县(区),以扩大"活动"的中原成色,使"活动"在中原大地成为燎原之势,成为全国廉文化中浓墨重彩的河南风景。

县委书记腐败问题及其治理研究

——基于99份判决书的质性分析

崔会敏　时永航①

县域有效治理是国家治理的根基,也是实现中国式现代化的重要保障。作为县委"一把手"的县委书记,一旦出现权力滥用和腐败行为,不仅导致县域政治生态的恶化,还会对县域经济社会发展产生诸多不良影响。本文通过对落马县委书记99份判决书内容进行编码分析,遵循扎根理论研究发现,县委书记常见的四种腐败行为作用对象包含"人"和"物"两大类,"人"可以分为体制外的商人、体制内的官员,"物"可以分为抽象物的职权和具体物的公共财产,主要体现在政商勾结、卖官鬻爵、滥用职权、侵占公共财产四个方面。腐败产生的原因在于权力过于集中,考核压力较大,制度"笼子"不紧,落后文化的不良影响以及县委书记主观意识的内在驱动。防治县委书记腐败对策分为四个方面:一是科学配置权力,创新官员考核;二是建立完备的制度体系,把权力关进制度的"笼子";三是加强廉洁文化建设,营造良好从政环境;四是加强县委书记思想道德教育,筑牢不想腐的思想堤坝。

---

①　作者简介:崔会敏,1974年生,河南漯河人,政治学博士,江南大学马克思主义学院教授、硕士生导师,中国现代管理学会廉政分会理事。时永航,1998年9月生,河南驻马店人,河南大学哲学与公共管理学院硕士研究生。

郡县治,天下安。县级政权在国家政权体系中处于承上启下的关键环节,关乎社会和谐稳定,关乎国家长治久安。县委书记是县委班子的"一把手",统筹县域内各项工作,不仅代表党在基层的干部形象,还关乎党和国家方针政策在基层的执行与落实。可以说县委书记集县域的人权、事权、财权于一身,虽然只是处级干部,但其承上启下地位特殊,总揽全局责任大,职级不高权力大。习近平总书记形象地将县委称为"一线指挥部",提出当好县委书记必须做到"心中有党、心中有民、心中有责、心中有戒"。但是权力是一把双刃剑,用得好可以造福百姓,用不好则会损害公共利益。党的十八大以来,在反腐败高压态势下仍旧有部分县委书记突破底线,脚踩红线,出现权力腐败行为。这大大损害了县委书记这一群体的形象,且在"一把手"的影响下,极易产生集体腐败和前"腐"后继的现象,严重破坏县域政治生态和社会风气。2021年中央出台了《中共中央关于加强对"一把手"和领导班子监督的意见》,指出加强对主要领导干部和领导班子的监督,是新时代坚持和加强党的全面领导,提高党的建设质量,推动全面从严治党向纵深发展的必然要求。从党的十八大到二十大再到二十届中央纪委二次全会,党中央对党风廉政建设始终保持着"严"的基调,以"得罪千万人,不负十四亿"的决心推进全面从严治党。因此,加强对县委书记的腐败治理对县域党风廉政建设和反腐败工作的开展具有深刻意义。

一、研究样本选择及质性分析过程

当前国内学界对县委书记腐败问题的研究成果丰富,主要从体制机制、政治社会文化、政治生态等角度对县委书记腐败的特征、危害、原因进行研讨,同时围绕权力的配置、运行以及权力的制约与监督方面探讨了对县委书记腐败问题的治理对策。本文在学界现有研究基础上,尝试以中国裁判文书网上公开发布的99份落马县委书记判决书为样本,以扎根理论为工具采用质性研究方法,编码分析落马县委书记腐败的具体行为与表现形式,并分析其腐败行为产生原因,最后提出防治县委书记腐败的对策建议。

本文所选取的落马县委书记判决书均来自"中国裁判文书网"。首先,采用高级检索方式,案件类型选择"刑事案件",在全文检索框后选择"当事人段"并输入关键词"县委书记"进行检索。时间从 2016 年 10 月 1 日到 2023 年 3 月 1 日,共检索到相关文书 117 篇,剔除"刑罚与执行变更"类不呈现县委书记腐败行为的文书,且同一当事人的以终审为主,还剩余 100 份。其次,选择十八大以来判决生效的文书,还剩余 99 份判决书。最后,逐一查看案由,均包含"受贿"。因此,最终确定本文所选取的有效样本为 99 份。本文依据扎根理论研究方法的一般流程,首先搜集、挑选并整理 99 份落马县委书记判决书,然后借助 Nvivo 12.0 软件对所获取的判决书文本内容进行深入、细致地编码分析,通过自下而上的方式将其概念化和范畴化,力图探究县委书记腐败行为这一核心问题,然后分析导致腐败行为发生的多种因素,最后针对性地提出县委书记腐败行为的防治对策。内容分析的一般流程如图 2 所示:

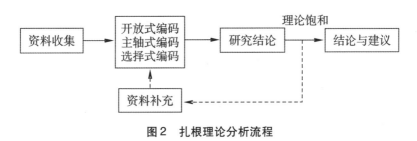

图2　扎根理论分析流程

运用扎根理论分析所选内容需要经过开放式编码、主轴式编码、选择式编码三个阶段,与此相对应的工作是文本概念化提炼、寻找主范畴与核心范畴。在研究过程中需要不断地对研究内容进行概念提炼和维度抽取,资料收集、概念提炼、分类整合、确定维度这四个步骤循环往复,贯穿研究的全过程。除此之外,为了保证研究结论的客观、完整、真实性,在经过上述三个阶段后需要进行理论饱和性检验,也叫作"信度检验"。

(一)开放式编码

开放式编码是扎根理论研究方法的第一步。需要将收集到的资料进行分析、比较,从中提炼出最原始的概念和最小的维度。通过对原始文本的分析、比较,进一步地整合、归纳,最终获得 24 条原始概念,如表 1 所示,为节省篇幅,每条原始概念仅列举一条原始文本。为保护个人隐私,对原始材料中的人名做匿名化处理。

表 1　开放式编码表

原始文本摘录	概念化	频次
2008—2010 年,被告人刘某某在担任中共巨野县委书记期间,为个体建筑商蒿某某在巨野谋取了承揽工程建设等方面的利益	工程承揽	69
2012 年 1 月—2013 年 6 月,江西瑞源房地产开发有限公司法人代表刘某华为谋求被告人傅某某在其购买湘东街土地拆迁安置及开发等方面的支持和关照,先后送给傅某某共计人民币 28 万元	土地出让	35
2009 年 7 月,久盛能源公司修建清洁型焦电项目进场道路引发群从堵工,郭某某安排分管副县长贺某某解决群众堵工问题。同月,郭某某在兴义阳光盆景园外停车场收受丁某某 40 万元	矛盾纠纷解决	24
吴某某约时任黄平县委书记的被告人吴某在凯里电厂新村小区门口见面,希望吴某帮助协调及时拨付工程款,后吴某某将已备好的现金 10 万元提到了吴某的车上	工程款拨付	22
2009 年 1 月—2012 年上半年,被告人张某某接受望江润某纺织有限责任公司董事长詹某的请托,为该公司的经营等方面谋取利益,在其办公室、宿舍等地先后 3 次共计收受詹某给予的人民币 3 万元	企业经营	20
2013 年 10 月,被告人王某利用担任清苑县委书记职务上的便利,为保定大成房地产开发有限公司开发小区项目办理规划审批手续提供帮助	行政审批	18
2011 年 1 月的一天,朱某某到吴某办公室,以拜年的名义送给吴某现金 4 万元,吴某将钱收下	拉近关系	16

续表 1

原始文本摘录	概念化	频次
2012 年春节期间,梁某某利用担任中共清流县委书记的职务便利,接受秋口煤矿有限责任公司董事长何某的请托,为该公司开设临时采石场事项提供帮助,在办公室内收受何某贿送的黄金 300 克	矿产资源开发	14
2010 年 6 月,被告人杜某收受宁夏某农业科技公司总经理张某甲现金人民币 2 万元后,在该公司申请政府农业补贴扶持提供帮助	财政补贴	14
2014 年春节前,李某某利用担任新乡市原阳县委书记的职务便利,收受地福祥实业有限公司董事长张某人民币 10 万元,为该公司在原阳县农村信用贷款获得审批提供帮助	申请贷款	14
2006 年,蔡某某投资开发浙江商贸城项目并请邓某某帮忙促进项目实施,邓某某答应帮忙,2006 年底的一天蔡某某在自己车上送给邓某某 10 万元人民币	项目推进	12
2018 年 6 月,卢某利用其担任扶沟县委书记职务上的便利,承诺为扶沟县昌茂纺织有限责任公司新上项目享受各种优惠政策提供帮助,在其办公室收受上述公司法定代表人陈某给予的现金人民币 50 万元	政策支持	8
河北燕城房地产开发有限公司法定代表人肖某,为使其公司城中村改造项目返税一事得到王某某帮助,分别于 2010 年下半年和 2012 年 10 月,在保定市区送给王某某现金 20 万元	税收返还	6
2007 年上半年,晴隆县教育局组织采购教学仪器设备,曾某某收下喻某宇 5 万元人民币,利用职务之便给时任晴隆县教育局长张某剑打电话,要求对喻某宇关照	中间人	5
2004—2011 年,桐梓县松蓥煤矿负责人曾某东在其煤矿发生瓦斯爆炸事故以及因偷逃税费被查处后,请罗某某帮忙减轻处罚。被告人罗某某利用其担任桐梓县委书记等职务便利为其提供帮助,并先后 11 次收受曾某东所送贿赂共计人民币 60 万元、美元 5000 元	应急事件处理	4

续表1

原始文本摘录	概念化	频次
2011年10月,被告人郭某某利用担任内黄县委书记的职务便利,收受张某某人民币10万元,为其担任内黄县政府副县长提供帮助	卖官	46
2007—2010年,被告人莫某某为了得到时任中共广东省委组织部副部长林某德对其在职务晋升方面的关照,分先后4次向林某德赠送港币28万元,折合人民币24.289万元	买官	4
2007年9月左右,谭某某请求邓某某帮助其当选冷水滩区人大常委会委员,在邓某某的家里送给邓某某10万元现金,邓某某答应帮助	选举	8
来安县国土局原局长储某为了和张某某搞好关系,请张某某对国土部门及其个人的工作予以关照,于2004—2008年春节每次送给张某某现金0.5万元	工作支持和关照	22
被告人程某某于2015—2017年任微山县委书记期间,违反国家规定,同意微山县政府批准微山县旭沐新能源科技有限公司、微山县天沐新能源科技有限公司在南四湖自然保护区内从事光伏项目建设	违反规定	45
2013年8月,远程煤矿因露天开采破坏放马坪草原,农业部畜牧司下文要求将案件移送司法机关追究刑事责任,高某请郭某某协调解决此事,郭某某组织召开县委专题会议、常委会等会议安排有关部门调查后,认为不构成刑事犯罪,对远程煤矿进行了行政处罚	干预司法	6
2012年1月—2014年1月,被告人黄某某利用其担任南漳县委书记的职务便利,虚构公务开支事由,安排南漳县财政局局长刘某三次共计报销其个人在襄阳城市某酒店消费支出的14.83万元费用	虚构公务开支	8
2012年2月,被告人杨某某利用担任中共德宏州委常委、瑞丽市委书记的职务便利,通过办公室主任戴某某,安排市接待办主任金某使用公款为其购买价值20万元人民币的翡翠饰品,非法占为己有	非法占有	6

续表1

原始文本摘录	概念化	频次
2011—2012年,被告人王某某利用担任禄丰县委书记的职务便利,指使下级国家工作人员,将财政拨付的涉农、惠某、救灾等专项资金用于支付由其实际控制的四季青公司小水坝和养猪场工程款,贪污共计98万元	资金挪用	2

(二)主轴式编码

主轴式编码主要是为了建立起初始编码所得范畴之间的相互关系,并发现原始文本内部的有机关联。经过对24个开放式编码的进一步分析、归类、整合,提炼出了4个主范畴,如表2所示:

表2 主轴式编码表

主范畴	副范畴	内涵
政商勾结	工程承揽	利用职务便利帮助承包商承揽工程谋取利益
	土地出让	利用职务便利帮助房地产开发商获得土地开发权力
	矛盾纠纷解决	出面协调解决企业与群众之间的矛盾纠纷
	工程款拨付	利用职务便利帮助商人索要工程款
	企业经营	利用职务便利为企业经营谋取利益
	行政审批	利用职务便利为企业行政审批提供方便
	拉近关系	商人为寻求关照利用特殊节日主动向县委书记示好
	矿产资源开发	利用职务便利帮助商人获得矿产资源开发权
	财政补贴	利用职务便利帮助有关公司获得政府财政补贴
	申请贷款	利用职务便利帮助公司获得银行贷款
	项目推进	利用职务便利帮助商人加快项目建设进度
	政策支持	利用职务便利帮助公司获得国家有关政策支持
	税收返还	利用职务便利帮助商人获得特定项目的税收奖励
	中间人	利用职务便利给商人充当权力掮客
	应急事件处理	利用职务便利帮助商人解决紧急事件

续表2

主范畴	副范畴	内涵
卖官鬻爵	卖官	收受下级官员贿赂帮助其晋升职务
	买官	为获得职务晋升向上级官员行贿
	选举	利用职务便利帮助他人获得相应的政治身份
	工作支持和关照	利用职务便利对体制内的部门或个人工作予以关照
滥用职权	违反规定	公然违反党委集体决策或国家有关法律规章制度规定
	干预司法	利用个人身份干预司法活动的独立性
侵占公共财产	虚构公务开支	通过虚开发票的方式利用公共财政报销个人消费
	非法占有	利用职务便利通过违法手段将公共资产据为己有
	资金挪用	指使他人将国家财政专项资金挪为自己所用

(三)选择式编码

选择式编码实质是在所有已经发现的概念类属中经过系统分析以后选择一个核心类属[①]。在对各主范畴进行比较分析后,明确本文研究的核心范畴为"腐败行为",围绕这一核心范畴产生了"政商勾结""卖官鬻爵""滥用职权""侵占公共财产"4个主范畴,如表3所示:

表3 选择式编码表

核心范畴	主范畴	频次
腐败行为	政商勾结	281
	卖官鬻爵	80
	滥用职权	51
	侵占公共财产	16

---

① 李志刚,李兴旺:《蒙牛公司快速成长模式及其影响因素研究——扎根理论研究方法的运用》,《管理科学》,2006年第3期。

(四)饱和度检验

理论饱和性检验是验证理论是否达到此标准的必要环节,通常通过验证核心范畴和主范畴的编码是否达到饱和①。笔者从中国裁判文书网上重新选取时间在党的十八大以前的新的未参与此次文本内容分析的落马县委书记判决文书,对所得到的核心范畴、主范畴以及副范畴进行检验,并未发现新的原始概念出现,概念和范畴之间的关系也没有发生变化,说明本研究过程构建的编码体系通过了理论饱和性检验,具有较高可信度和较强解释力。

二、县委书记腐败行为表现

通过对 99 份落马县委书记判决文书的文本进行编码分析,得出县委书记常见的四种腐败行为。其行为作用对象包含"人"和"物"两大类,"人"可以分为体制外的商人、体制内的官员,"物"可以分为抽象物的职权和具体物的公共财产。按照腐败行为发生次数的多少来看,分别是:政商勾结、卖官鬻爵、滥用职权、侵占公共财产。其腐败行为的模型构建如图 3 所示:

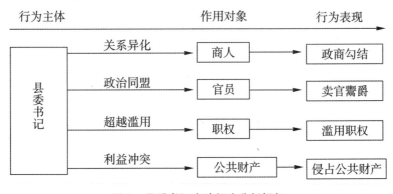

图 3　县委书记腐败行为分析框架

---

① J.M:《科宾,施特劳斯.质性研究的基础:形成扎根理论的程序与方法》,朱光明,译,重庆大学出版社 2015 年版,第 310 页。

(一)政商勾结

县委书记和商人的非法利益交换是一种典型的政商勾结行为。政商勾结的实质是权力与资本的结合①,主要表现为体制内部的政府官员与体制外部的商人互动,在此过程中包含着一种交换逻辑,官员有权力,商人有资本,官员利用权力换取金钱,商人利用资本使权力为自己服务,双方各取所需,便形成了政商勾结、权钱交易的本质。政商勾结在判决书中出现的次数最多,本文所选取的99位落马县委书记,无一例外均出现了政商勾结行为,且当前官员腐败最为典型的表现就是政商勾结,这足以说明当前政商关系异化易导致官员腐败的事实。

首先,我国当前实行社会主义市场经济体制。经济职能是政府最重要的职能之一,政府通过确定五年计划、制定宏观经济政策、制定并完善市场规则等行为来影响并促进经济的发展。党和政府对经济发展的规制、引导作用也越来越大,政经交织是一个不争的事实。

其次,在政治锦标赛模式的影响下,招商引资、发展经济成为官员任期内的主要任务,为推动地方经济的快速发展而出现自由裁量权的使用不当、越轨行为的发生也就成了无法避免的事实。

再次,在当前经济发展现状下,各种工程项目建设以及政府购买公共服务盛行,作为项目承建者、公共服务提供者的民营企业来说,政府官员是信息所有者,为解决信息不对称问题获取工程项目的承包建设权,便采用不正当手段"围猎"政府官员。县委书记自然而然也就成了商人主动"围猎"的对象。

最后,在县域城镇化高歌猛进背景下,县域政府通过谋项目、争项目、建项目,搭建项目平台,以项目作为枢纽,将县域内的融资平台、企业、银行和民众等治理主体整合进入项目"治理共同体"中,撬动和整合土地、财政、金融、产业和公共服务等资源要素,激发出巨大的发展能量,快速推动县域城

---

① 郑善文,高祖林:《构建亲清政商关系的治理向度》,《理论导刊》,2021年第10期。

市化进程①。对县域政府官员的考核也围绕着一定阶段内招商引资的数量和质量来展开,政商的交流频繁、密切是普遍现象,这也就解释了当下在教育、医疗等民生工程领域项目招标投标过程中"项目上马,干部落马"的现象。

(二)卖官鬻爵

除政商勾结型腐败以外,买官卖官型腐败是县委书记腐败行为中数量排在第二的。"卖官鬻爵"出自《宋书·邓琬传》"至是父子并卖官鬻爵",形容政治腐败,统治阶级靠出卖官职、爵位聚敛财富。在现代社会表现为一些主要领导干部,通过买官卖官、官官相护等形成体制内部的政治同盟关系,进行政治金钱交易。我国非常重视对领导干部的选拔工作,中央有一套关于干部培养、选拔、任用、管理、监督的制度。2019 年中共中央印发了新的《党政领导干部选拔任用工作条例》,再次强化了党组织的领导和把关作用,完善选人用人制度机制,必须坚持"党管干部"原则。从选拔程序上看,党政领导干部的选拔科学合理、公平公正、严谨有序。但在现实中,干部选拔工作在党委的领导下,由组织部门具体实施,书记作为党委的一把手,有非常大的话语权。且县委书记作为县域的一把手,在县域体制内的人事安排、调动、干部的选拔、晋升过程中仍有很大的话语权。因此,有些县委书记将组织、人民赋予的权力当作发家致富的工具,违背干部选拔任用的规定和流程,明码标价,大肆卖官,俨然成为县域内的"政治商人"。99 份判决书中,卖官出现了 46 频次。还有一些县委书记,把"卖官"的钱用来"买官"。99 份判决书中,买官出现了 4 频次。

(三)滥用职权

滥用职权经常是以"滥用职权罪"的形式出现,滥用职权罪是法学领域的专有名词,是指国家公务人员出于不正当目的故意超越个人权限,违反法

---

① 田先红:《项目化治理:城市化进程中的县域政府行为研究》《政治学研究》,2022 年第 3 期。

律规定做出某种行为,给公共利益造成严重损害,从而危害国家机关正常活动的开展。① 县委书记滥用职权行为主要体现在两个方面,即违反规定和干预司法活动。

民主集中制是我国政治制度的核心机制,中国共产党从诞生之日起,就把民主集中制作为自己的组织原则,用于指导党的全部活动。党的十八届六中全会通过的《关于新形势下党内政治生活的若干准则》中提到,坚持民主集中制原则必须实行集体领导和个人分工负责相结合,"三重一大"问题必须经集体讨论做出决定。但在现实中却会出现党委集体领导变成党委书记个人领导的情况。在县级政权内,出现了不少"一言堂""家长制"的作风。99 份判决书中,违反规定出现了 45 频次。

另外滥用职权也给司法活动的独立开展造成了一定的不良影响。99 份判决书中,干预司法出现了 6 频次。此处列举的只是县委书记干预的一般违法行为,而现实中还曾出现过县委书记违规干预刑事案件的情况,对司法活动的独立开展造成一定的负面影响。就本文所分析的 99 份判决文书中,凡是涉及滥用职权行为的,最终结果无一例外都给国家造成重大经济损失。

(四)侵占公共财产

侵占公共财产是县委书记这一群体出现次数最少的腐败行为。侵占公共资产是一种自体型腐败,指县委书记利用职务便利非法侵占公共资源来谋取个人利益。职务侵占型腐败发生的根源在于公职人员的个人利益与公共利益之间的冲突,也是公共人角色与经济人角色之间的对抗。县委书记和大多数人一样,同样具有"公共人"角色和"经济人"角色,"面对公共利益与私人利益冲突,利益冲突行为选择是公职人员心中'公共人'与'经济人'角色对抗的伦理困境"②。当利益冲突无法调和,"经济人"角色占据上风时,便会牺牲公共利益来牟取个人利益,出现腐败行为,最常见的表现就是利用

---

① 高志宏:《同行监督权的规范构造》,《行政法学研究》,2023 年第 2 期。
② 崔会敏:《防止利益冲突与廉政风险防控对接机制研究》,《河南社会科学》,2013 年第 1 期。

职务之便采取侵吞、骗取等不正当手段,非法占有公共财产。在 99 份判决书中,涉及虚构公务开支、非法占有和资金挪用行为出现 16 频次。

三、县委书记腐败行为发生的原因

(一)权力配置过于集中,考核压力层级传导

腐败的本质是权力的滥用,县委书记作为县域的"一把手",有绝对的权力优势,在权力天然的扩张性和压力型政府体制考核压力的双重作用下,容易出现权力滥用现象,导致腐败行为的发生。

无论是县委书记还是地方各级党委的一把手,权力集中的状况是历史和现实因素使然。新中国成立 70 多年来,我们所取得的伟大成就,无不得益于权力集中这种体制和制度的巨大优势。然而,随着时间的推移和社会环境的变化,权力过于集中,缺乏监督与制约,在某些情况下可能容易引发权力滥用的体制惯性[①]。"党政军民学,东西南北中,党是领导一切的",中国共产党作为执政党,是我国的最高政治领导力量。党的领导主要体现在两方面。宏观上,党的领导通过国家法定程序上升为国家意志;微观上,通过党政体制领导开展并参与具体的政治和行政事务。党的领导通过党的各级委员会来实现,在委员会内部实行党委集体领导和个人分工相结合的原则,党委内部的"一把手"叫作党委书记,掌握着其他领导不具备的权力。

除了权力过于集中外,压力型政府体制也对县委书记的权力异化起催化作用。压力型政府体制型构了上下层级政府之间的关系。上级政府采用量化分解和物质奖励的策略,运用一票否决式的方法推动下级政府保质保量地完成自己交付的各种任务。"[②]在压力型政府体制的影响和推动下,处于行政层级末端的政府往往承担着繁重的发展任务,面临巨大的考核压力。

---

① 杨华:《治理机制创新:县域体制优势转化为治理效能的路径》,《探索》,2021 年第 5 期。
② 荣敬本:《县乡两级的政治体制改革:如何建立民主的合作新体制》,《经济社会体制比较》,1997 年第 4 期。

因此,在基层政府便衍生出了一种发展主义导向,也可以叫作"政治锦标赛"。在这个赛场上,上级官员是裁判,下级官员是选手,比赛内容是以经济指标为主的各项发展任务。这对县委书记的权力运行和施政方式产生深刻影响。为了在政治锦标赛中不垫底甚至获胜,县委书记在行使权力的过程中便只注重结果,忽视了过程。在唯结果导向下,行使权力的手段难免出现差错、自由裁量权的空间也逐渐扩大。在压力型政府体制下县委书记权力腐败的逻辑链条:上级政府分配任务——为完成任务形成发展主义导向的政治锦标赛——以结果为导向,只注重权力行使结果,忽略权力行使的过程、方式和手段——权力滥用,出现越轨行为导致腐败。

(二)制度"笼子"不紧,监督制约不足

官员腐败行为的发生是制度因素和非制度因素共同作用的结果。从客观方面来讲,制度体系不够完善,制度建设存在滞后,"牛栏关猫"现象仍然存在,权力在一定程度上没有被关进制度的笼子里,对公共权力运行的制约与监督乏力,硬权力大行其道,权力制约不足仍然是官员腐败的重要诱因[①]。

2013 年习近平总书记在十八届中央纪委二次全会上指出:"要加强对权力运行的制约和监督,把权力关进制度的笼子里。"《中国共产党党内监督条例》规定:"建立健全党中央统一领导,党委(党组)全面监督,纪律检查机关专责监督,党的工作部门职能监督,党的基层组织日常监督,党员民主监督的党内监督体系。"除了党内监督外,还有人大、司法、群众、舆论、网络监督等各种监督方式。监督主体多元,监督方式多样,但监督实际效果却有待提升。就党内监督来说,还存在上级监督太远,同级监督太软,下级监督太难,纪委监督太晚的问题。除此之外,人大的监督和司法机关一样,对同级党委无法起到实质性的监督作用,且县委书记滥用职权干预司法活动的现象时有出现;"让人民群众监督政府"虽然是跳出历史周期率的第一个答案,但由于信息不对称和委托代理悖论,其监督的有效性还有待提升。舆论监督的

---

① 邱鸿雨,刘旭涛:《什么样的官员容易腐败:腐败成因的组态证据》,《公共管理与政策评论》,2023 年第 2 期。

主体是各类新闻媒体机构,当前还缺乏舆论监督的传统和土壤;网络监督是新生事物,同样面临无序监督的问题。在种种监督方式效果不佳情况下,监督制度作用的发挥不充分,无法发挥对公共权力应有的监督和制约效力。

没有规矩,不成方圆,政府和各类市场主体的交流更需要严格规范的制度来约束。一方面,当前政商制度化沟通平台建设滞后,这样就容易导致政商沟通交流不畅,政商关系异化。放管服改革中,有些地方政府官员拒绝权力下放,服务意识不足,"管家"思想浓厚。另一方面,"亲""清"政商关系演变为只"亲"不"清",部分公职人员与商人"勾肩搭背""称兄道弟",主动融入商人的"朋友圈",政商界限模糊不清,法治意识欠缺,清正廉洁意识丢失。就企业来说,"关系思维"有待改进,部分企业对政府存在依赖心理,热衷于和领导干部拉关系,迷恋于利用潜规则办事的老套路。在这种想法的影响下,作为县域"一把手"、拥有最高权力的县委书记,自然而然成为商人拉近关系的首选目标。个别企业更是突破道德和法律的底线,"围猎"国家公职人员,用权钱交易获取非法利益。此外,企业违法乱纪的成本较低,也使部分商人通过灰色手段谋求非法利益的念头难以打消。当前反腐败工作以查处违法乱纪的公职人员为主,对企业的惩罚力度不大,行贿犯罪成本较低,客观上纵容了商人的不法行为。

(三)不良文化影响深远,缺乏良好从政环境

文化环境的确会影响个人,很多官员都是在一定的文化环境中,受到不良文化氛围的影响和熏陶而逐渐在心中埋下了腐败的种子,最终出现腐败行为。

中国是一个有着几千年封建专制统治历史的国家,在漫长的封建社会发展过程中,形成了独特的政治文化,最典型的就是"官本位"思想和"人治"观念。虽然我国精神文明建设开展了很长一段时间,也取得了很大成就,人民群众的精神面貌焕然一新,社会风气极大转变。但在乡土气息浓厚的县域社会,传统政治文化依然影响着人们的思想观念、行为举止。

一是传统政治文化中的"官本位"思想。在"官本位"思想的影响下,部分县委书记把人民委托的公共权力当成私人权力,假公济私,公权私用,为

个人、为家族牟取利益。此外,县委书记掌握县域官场的人事大权,不少官员为了职务晋升唯上不唯下,主动和县委书记拉近关系、向县委书记输送利益,个别落马县委书记在主政时俨然将县域党政机关的职位按照大小高低明码标价,买官卖官盛行。二是传统政治文化中的"人治"思想和"家长制"观念。中国人治思想的代表是儒家的政治观,认为统治者的道德和品行是治国理政的关键,要重视对贤能人才的选拔利用。人治完全依赖于统治者个人的道德品行,不可避免出现治理的风险。另外,在"家天下"观念的影响下,中国古代的皇帝是国家最高统治者。"溥天之下,莫非王土;率土之滨,莫非王臣",在这种"家长制"观念的影响下,社会上形成了崇拜权威、依附权威的不良风气。

中国是一个重人情面子的社会。在遇到困难时,小到子女入学、家人就医,大到工作安排、职务晋升,人们首先想到的不是按照规则和制度来解决问题,而是发动自己的社会资源,通过找熟人、托关系、走后门来解决问题。人情面子在人际交往过程中发挥着重要的作用①。县委书记同样具有"社会人"角色,处于自己"关系网"的核心位置,在行使权力时会受到非制度因素的干扰,有时这种干扰甚至超过了规章制度的强制力。此外,在人情关系这张"大网"的笼罩下,公民容易形成一种不信法律信熟人的观念。以血缘地缘为基础的传统人情伦理是县域社会联系的重要纽带②,异化的人情文化恶化了社会风气,披着人情往来外衣的腐败行为更加隐蔽,难以监督,反腐难度和成本上升。

(四)个体主观意识驱使,腐败行为的内在动机推动

人的行为都受到心理意识的支配,不同的行为总是与特定的心理意识相关联③,体制压力、制度缺位、文化环境等都是外部因素,个人的腐败动机才是导致腐败行为出现的内在根源。

---

① 文顺英:《县委书记权力运行偏差研究》,西华师范大学硕士学位论文,2021。
② 王婷:《情境性分析视角下县委书记权力运行优化研究硕士学位论文》,《社会科学研究》,2022 年第 6 期。
③ 冯志峰:《浅析县委书记权力腐败的成因及其对策》,《内蒙古统战理论研究》,2011 年第 6 期。

个人的腐败动机包括腐败心理和个体思想意识。腐败心理是公职人员腐败行为发生之前或腐败行为发生过程中的心理活动和内心的真实想法。常见的官员腐败心理有六种,分别是贪婪心理、侥幸心理、补偿心理、失衡心理、特权心理、从众心理。贪婪心理是官员第一大腐败心理。如果说侥幸心理是官员腐败的"催化剂",那么贪婪心理则是官员腐败的"源动力"。县委书记落马几乎都是因为经济问题。侥幸心理是官员腐败的第二大心理,是腐败行为产生的"催化剂"。一些县委书记对腐败行为抱有"天知地知你知我知"的错误想法,部分县委书记多年贪腐未被发现,边腐边升,侥幸心理便占据上风,变本加厉疯狂敛财。县委书记的补偿心理体现在接受他人请托自己付出劳动应当接受回报的"劳有所得"和晋升无望,趁机"捞一把"的"有权不用,过期作废"两个方面。县委书记失衡心理的产生主要源于和自己日常频繁接触的商人的比较而产生的心理落差。在感受到自己和商人的收入、生活水平的巨大差距以及生活方式的不同后,一些县委书记内心就慢慢失去了平衡,产生一种自己比他们智商高、学历高、能力强但收入却比他们低很多的"相对剥夺感"。在失衡心理的影响下,面对商人的"围猎"和主动示好,部分县委书记便甘于"被围猎"并欣然接受商人的"馈赠",主动融入商人的"朋友圈"。部分县委书记受特权思想的影响错把公共权力当成"特殊"权力。还有一些县委书记具有从众心理,在工作过程中,在不良政治生态影响下,受"官场潜规则"的影响,内心逐渐发生微妙的变化,导致清正廉洁的底线被打破。

理想信念是立党兴党之基,也是党员干部安身立命之本[①]。理想信念更是共产党人的政治灵魂和精神支柱,是共产党人的精神之"钙"。丢失理想信念,忘记初心使命是落马县委书记腐败行为发生的内在原因。个别县委书记在受到不良传统政治文化和县域政治生态恶化的影响下,思想观念在潜移默化中发生改变,在面对商人"围猎"和下属拥趸以及形形色色的诱惑时,迷失了方向,突破了底线,放纵了自己。

---

① 邢帅:《中国共产党人坚定理想信念的时代意蕴》,《人民论坛》,2022 年第 18 期。

四、县委书记腐败行为的防治对策

(一)科学配置权力,创新官员考核

权力配置过于集中为权力扩张和用权"任性"埋下隐患,压力型政府体制下官员考核压力易引发权力异化的体制惯性。因此,科学配置权力,创新官员考核是减少县委书记权力腐败的重要举措。

1. 科学配置权力

权力结构是指权力的配置以及各种不同权力之间的相互关系。① 合理安排权力结构是指县委书记的权力配置不仅要有足够的资源要素,同时要符合权力运行的基本规律。权力结构安排除了要满足高效率的要求,更要考虑权力行使的科学性、合理性、正当性和规范性。科学配置权力主要是解决权力和责任对等的问题,保障权力行使过程的规范性。一方面,在现行政治体制框架和党内法律法规的规定下尽快建立公开透明的县委书记权力清单制度。另一方面,要明确县委书记的制度性权力和自由裁量权力。在涉及"三重一大"问题决策时,要遵循党委集体决策原则,拒绝出现县委书记"一言堂"等独断专行现象。让权力在阳光下运行,真正发挥权力的制度性功能。

此外,政府对微观经济事务干预过多,客观上给权力滥用提供了机会。政府要以放管服改革为契机,简政放权,转变职能,建设服务型政府。其中关键是推动电子政府建设进程,重塑社会关系。政府数字化转型推动政社在线互动,公民与政府部门打交道通过人机互动的方式进行,网上办事可以不求人,在现实中可以减少同官员拉关系的不良现象,减少暗箱操作和腐败空间②。县域社会是典型的熟人社会,县级政府数字化转型对县域社会关系

---

① 史军,夏志强:《从组织到行动:行政改革的社会建构转向》,《四川大学学报(哲学社会科学版)》,2023 年第 2 期。

② 马亮:《网上办事不求人:政府数字化转型与社会关系重塑》,《电子政务》,2022 年第 5 期。

的重塑具有极大意义。

2.创新官员考评机制

首先,考核主体多元化。构建体制内为主,体制外为辅的双轮驱动考核机制,"知屋漏者在宇下,知政失者在草野",多元考核主体能够保证考核结果的科学性、全面性,避免以偏概全。其次,考核方式多样化。对县委书记完成任务的考核应破除"唯 GDP"论的单一标准。应当因地制宜,根据当地发展实际对社会稳定、文化事业、人居环境、基层党建、社会风气、群众精神面貌等除经济指标以外的内容进行考察,参考多种指标,并根据重要程度进行排序,全面反映一个县委书记的执政能力和水平。最后,要科学运用考核结果。考核不是目的,而是手段,对县委书记进行考核评价是为了检测其执政能力和水平,及时发现问题,积极改正。要建立容错纠错机制,给县委书记适当的发展空间,让"干部敢闯,企业敢为,群众敢创"。

(二)建立完备的制度体系,把权力关进制度的"笼子"

实践表明,制度能够约束人的行为,极大减少不确定性,加强制度建设尤为重要。因此,要完善权力监督制度,真正把权力关进制度的笼子里,让制度监督制约权力。

1.完善权力监督制度

针对"上级监督太远"的问题,首先要加强政治监督,强化省委和市委两级的监督,明确监督责任,加强监督考核,县委书记的上级主管领导要负有廉政责任,按照"谁提名、谁签字、谁负责"的原则,县委书记出现问题,直属上级需要承担连带责任。其次要加强巡视巡察,要突出问题导向,针对廉政风险系数较高,群众反映问题较多的部门和领域重点巡视巡察。最后,要发挥派驻机构的监督作用,将"派的权威"和"驻的优势"充分发挥出来。

针对"同级监督太软"的问题,一是要明确县纪委监委的监督责任。在当前纪委的双重领导体制下,可以采取同级党委进行政治领导和方向引领,上级纪委指导具体工作的办法,降低县纪委对县委的依附,充分提高县纪委监委的独立性,使其敢于监督、善于监督。二是要发挥党委班子成员的监督作用。严格贯彻执行党内民主集中制,充分发扬党内民主,发扬斗争精神,敢于斗争,善于斗争。要发挥党内民主生活会的作用,认真开展批评与自我批评,班子成员相互提醒,让"红红脸、出出汗"成为常态。

针对"下级监督太难"的问题,首先要健全下级人员的激励和保护机制。做好信息输送者的保护工作,让下级官员能够放下包袱,敢说真话,敢讲实事。其次要落实重大事项全程纪实制度。除此之外,接受信息和检举要采取实名制原则,为的是避免恶意诽谤、诬告陷害给清正廉洁的县委书记造成不良影响,但要保护举报人的隐私,避免打击报复。

针对"社会监督太散"的问题,要加快推进数字政府建设。一是开展网络问政,畅通民意反映渠道。二是发挥新闻媒体的舆论监督作用。三是提升互联网时代数字监督效能。数字赋能监督已经成为互联网时代权力监督体系的重要组成部分,"数字监督集全天候的实时监督、全过程的留痕监督与全覆盖的集约监督于一体的监督机理,体现了数字监督在权力监督方面的本质属性和独特优势"[1],其能够实现线上线下结合,破除信息壁垒,突破县域社会人情网络关系,降低监督成本,提高监督效率的效果。

2.建立反腐败专门法律制度

法律是治国之重器,良法是善治之前提,良好的法律制度是有效惩治和预防腐败的有力武器。纵观当今世界上一些发达国家,都曾出台过专门的反腐败相关法律法规,比如英国的《公共机构腐败行为法》、韩国的《腐败防止法》、新加坡的《防止贪污法》、德国的《反腐败法》等,对我国当前反腐败专门法律制度的出台具有极大借鉴意义[2]。首先,要加快反腐败立法的步伐。需要将现行党内纪律、行政规章上升为国家法律,赋予各种规章制度法律层面的功能;并对现行法律进行整合完善,尽可能将公职人员职务犯罪的各种情况具体化,增强法律的适应性和可操作性。其次,要建立行贿黑名单制度。要建立行贿黑名单制度,坚持行贿受贿一起查,对行贿者也要加大惩治力度。再次,财产公示制度作为一项有效的预防公职人员腐败的制度,有

---

① 曾智洪,王梓安:《数字监督:大数据时代权力监督体系的一种新形态》,《电子政务》,2021年第12期。

② 杨绪盟,黄宝荣:《腐败与制度之"笼":国外反腐经验与启示》,人民出版社2014年版,第221-228页。

助于建立透明的行政环境,增强社会对官员的监督。因此,应立足国情,结合当前我国反腐败工作实际,建立具有中国特色的公职人员财产公示制度。最后,建立政商规范化交流制度。习近平总书记提出我国要构建"亲清新型政商关系",构建政商制度化沟通平台是必要举措,如此才能实现政商沟通交流透明化、公开化、规范化。

(三)加强廉洁文化建设,营造良好从政环境

2022 年 2 月,中共中央办公厅印发了《关于加强新时代廉洁文化建设的意见》,明确指出廉洁是中国共产党保持以红色为底色的必然要求,加强廉洁文化建设是深入推进全面从严治党的必然要求①。

1. 消除传统政治文化不良影响,净化官场风气

一是要破除"人治"和"家长制"的观念。党要领导立法、保证执法、带头守法,作为县委一把手的县委书记,更要具备法治意识和法治思维,让权力在法律确定的范围内行使,树立对法律的敬畏心理。二是要破除"官本位"思想。县委书记要牢记"全心全意为人民服务"的宗旨,树立正确的权力观,带头建设清清白白的同志关系,规规矩矩的上下级关系,建设良好的县域政治生态。

2. 树立正向人情文化观念,转变社会风气

廉洁文化是一种全民性、社会性文化,不仅仅体现在官场内部,更体现在社会上的每一个个体。因此,要加强社会廉洁文化建设,促使人民群众形成向上、向善、廉洁、自律的意识,树立正向的人情文化观念,转变社会风气,形成廉洁之风。一是廉洁文化进社区。发挥基层党组织的战斗堡垒作用和党员的先锋模范带头作用,通过党建引领的方式,促进廉洁思想入耳,入脑,入心,打造廉洁社区。二是廉洁文化进企业。转变政商交往观念,促使企业守法经营,加快技术创新等方式推动企业发展。三是廉洁文化进学校。青少年正处于世界观、人生观、价值观形成的关键时期,教育引导的作用意义重大。四是发挥新闻媒体的文化传播作用。网络新媒体要利用网络平台营

---

① 齐卫平:《论廉洁文化建设的三重意义》,《江西社会科学》,2022 年第 4 期。

造廉洁文化传播氛围,通过播放公益广告、纪录片和小程序在线互动等形式,让廉洁文化在网络空间得到传播和弘扬。

(四)加强思想道德教育,筑牢不想腐的思想堤坝

"破山中贼易,破心中贼难",腐败心理的滋生是腐败行为不断出现的根源。因此要强化官员的心理建设,及时开展心理健康测评,进行外部干预,促使官员树立廉政意识,同时强化官德教育,促使县委书记坚定理想信念,牢记初心使命。

1.抑制县委书记腐败心理,树立清正廉洁意识

"公生明,廉生威",处事公正才能明察是非,廉洁做人才能树立威望。廉洁从政是公职人员的基本要求,也是县委书记应该具备的底线思维。要利用社会学、心理学专业科学的手段对官员定期开展心理健康测评,对出现腐败苗头的官员及时进行心理干预,通过组织谈话、心理疏导、暂时回避工作等方式,进行心理健康恢复。也可在任前进行社会学腐败测试,检测人岗匹配度,对于腐败倾向度较高的人员,避免让其走向腐败风险系数较高的工作岗位,对个人也是一种保护,对组织后续工作的开展也是一种保障。

2.坚定理想信念,牢记初心与使命

习近平新时代中国特色社会主义思想,是马克思主义中国化的最新理论成果,是中国共产党集体智慧的结晶,县委书记要坚持用习近平新时代中国特色社会主义思想武装头脑、指导实践、推动工作[①]。理论上的成熟是政治上成熟的基础,政治上的清醒来源于理论上的坚定,县委书记要把加强理论学习上升到提升政治能力的高度上来,通过坚定理想信念来固本培元,强筋壮骨,拒腐防变。

县级政权作为较低的行政层级,直面广大基层,县委书记作为一把手,更要直面广大人民群众。因此,一旦县委书记出现作风问题和腐败行为,群众感触最深,不仅影响党和政府的形象,破坏社会公平正义,严重者造成党和群众人心向背,威胁党的执政基础。所以,县委书记要时刻弄清"我是谁,

---

① 郝思斯:《永葆党员队伍先进性和纯洁性》,《中国纪检监察报》,2023年2月14日第5版。

为了谁,依靠谁"的问题,初心使命是一辈子的事。始终把人民群众放在心上,不断夯实党的执政基础,任何时候都要与人民风雨同舟,实现"我将无我,不负人民"①。

---

① 温红彦,马原:《总书记心中的"无我"境界和担当》,《人民日报》,2023 年 3 月 3 日第 1 版。

新时代党的廉政文化建设：
历史脉络、现实困境与提升路径

潘　杰　　徐玉生①

廉政文化建设是防止权力异变的有效路径，是中国共产党执政能力的重要体现。新时代的廉政文化建设以中国优秀廉政文化为理论基础，经过形成、继承、转型、创新四个阶段的发展，取得了显著成就，为新时代的廉政文化建设和发展奠定了坚实基础。加强廉政文化建设是党的永恒话题也是新时代治国理政的重中之重，社会的快速发展对党的廉政文化建设提出了更高要求，不可避免地会遇到一些挑战，这就要求坚定理想信念、提高思想认识、时刻保持党的优良精神，从而持续推动新时代党的廉政文化建设高质量发展。

一、廉政文化建设的历史脉络

谈论廉政文化，就必须从廉政和文化出发。"廉"作为正面的伦理观念，早在《周礼》中就记载有"六廉"，以廉为根本，是对官员的考核标准。"政"在《论语·颜渊》中也有记载，有公平、公正之义。"廉"与"政"的结合最早见于《晏子春秋·内篇》，源于齐景公与上大夫晏子的一段对话，指出廉政就如清水一样洁净。"廉政"又引作"廉正"，官员要公正无私地行使手中的权力，并应具备公正廉明的从政理念、人文素养、政治制度和政治氛围。廉政

① 作者简介：潘杰，女，无锡太湖学院马克思主义学院助教；徐玉生，男，江南大学马克思主义学院副院长、教授、博士生导师。

文化,即以廉政思想为核心内容,以文化为载体的一种文化,是中国先进文化的重要内容,是人类社会政治文明和精神文明的重要组成部分。

(一)新民主主义革命时期廉政文化建设的形成发展

中国共产党自诞生之日起就旗帜鲜明地反对腐败。反对腐败、建设廉洁政治,是马克思主义政党的政治本色。党成立之初就确立了"消灭党员'特殊地位'与官僚腐化",严明党的纪律、建设廉洁政治、反对腐化等鲜明立场和重大原则,颁布了《中国共产党第一个纲领》,明确提出要搞好廉政建设。国民大革命时期,党中央发出《关于坚决清洗贪污腐败分子的通告》,这是党历史上第一个惩治贪污腐败分子的文件。为了稳固"四一二"反革命政变后的消极情绪,在党的五大上诞生了中国共产党历史上第一个中央监察机构——中央监察委员会,对于党的纪检监察工作的发展具有重要的奠基意义。抗日战争时期,提出了建设廉洁政府的政治纲领。解放战争时期,毛泽东在党的七届二中全会上指出,全党同志要拒腐蚀永不沾,要在"糖衣炮弹"面前保持定力,时刻保持警惕。在任何时候都要讲规矩、守底线,在任何时候、任何状况下都不越界、不越轨、不越底线,不能被贪腐之心绑架,做到为党和人民服务。

经过建党初期、大革命、土地革命、抗日战争、解放战争几个阶段的探索,党的廉政文化建设已初具雏形。

(二)社会主义革命建设时期廉政文化建设的继承发展

1949 年,毛泽东同志用"两个务必"告诫全党,在掌握了政权后,要以史为鉴,以史为镜,防止和克服骄傲自满情绪,对廉政建设要始终保持清醒的认识和高度的重视。在过去的十余年间,革命先辈们取得的胜利来之不易,不畏艰难、努力拼搏,在此背景下所形成的勤俭节约、艰苦奋斗精神是中国共产党人党风廉政建设的思想基础。新中国成立后,毛泽东等中央同志强调贪污腐败是极大的犯罪,要重视我党队伍中出现的贪污腐化、违法乱纪等情况,先后开展了整风整党运动、"三反运动"、重申"六不"原则,在好的党风的带领下,整个社会风气得到了明显的改善,有效地遏制了官僚主义和违法乱纪的蔓延,提高了党员干部的思想觉悟。

从制度入手进行廉政文化建设。制定了包括《中共中央关于精兵简政、增产节约,反对贪污、反对浪费和反对官僚主义的决定》《中华人民共和国惩治贪污条例》《关于处理贪污浪费问题的若干规定》《关于成立党的中央和地方监察委员会的决议》等在内的系列法规制度,为党政廉政建设奠定了制度基础和前提。30 年间,我国尽管取得了举世瞩目的成就,但是国民经济发展遭受挫折。生死关头,中国共产党人展现出自我革命的优良品格,发动关于真理标准问题的大讨论,在思想路线、政治路线、组织路线上进行全面的拨乱反正。① 通过建立党风廉政建设制度体系,开展党风政风、反贪污腐化斗争,有效遏制了党执政初期的腐败现象,维护了社会主义政治制度和经济制度,保障了社会主义革命和建设的顺利进行。

(三)改革开放新时期廉政文化建设的转型发展

随着党的十一届三中全会的胜利召开,以邓小平同志为主要代表的中国共产党人做出了改革开放的伟大战略决策,具有中国特色社会主义的改革开放事业取得了显著成效。但经济、政治、文化等各方面的快速发展造成了腐败现象滋生蔓延,涉及各个行业、多个领域。改革开放之后,我国主要是以经济建设为中心,集中力量发展生产力。不能因为反腐而去打乱社会发展的节奏,因此,要不失时机地加强党风廉政建设和开展反腐败斗争。在这个阶段,廉政文化建设主要是以经济建设为中心,坚持"两手抓、两手都要硬"的方针,既抓改革开放又抓惩治腐败,既做好经济建设又建好政治文明。党的十三届四中全会以后,以江泽民为核心的第三代中央领导集体提出治国必先治党、治党务必从严,确定领导干部廉洁自律、查办案件、纠正不正之风的三项工作格局。开展厉行节约、制止奢侈浪费的活动。实行党风廉政建设责任制,坚持党委统一领导,党政齐抓共管,纪委组织协调,部门各负其

---

① 徐玉生,高梦冉:《政党生命力曲线及其时代价值探赜》,《河南社会科学》,2022 年第 8 期。

责,依靠群众的支持和参与的方式继续推进反腐败斗争。要求各级领导干部在拒腐防变、反腐倡廉中一定要起表率作用,把从严治党的方针切切实实地落实到位。这个阶段党风廉政建设和反腐败斗争得到了持续推进。

马克思主义认为,权力是社会关系的一种表现形式,在一定的社会关系中,它表现为一方支配另一方的力量,"从本质上说,腐败现象是剥削阶级和剥削制度的产物。社会主义制度作为区别于历史上任何剥削制度的崭新的社会制度,为从根本上消除腐败创造了条件"①。党的十六大至党的十八大10年间,以胡锦涛同志为总书记的党中央提出坚决惩治腐败。有效预防腐败是体现中国共产党执政能力的重要标志,要坚持标本兼治、综合治理、惩防并举、注重预防的方针。同时,加强制度建设,严格执行党风廉政建设责任制,完善拒腐防变教育长效机制、反腐倡廉制度、权力运行监督机制等制度,从而形成较为完整的反腐制度体系。这也标志着我国反腐倡廉开始进入一个新的阶段。

(四)新时代廉政文化建设的创新发展

社会主义制度建设的不断完善促进新时代廉政文化建设实现创新发展。党的十八大以来,党中央以壮士断腕的决心和勇气加大了反腐力度,"打虎""猎狐""拍蝇"全面推进,反腐工作逐渐成为一种常态化趋势。以习近平同志为核心的党中央明确提出全面从严治党,并将其纳入"四个全面"有力推进。习近平总书记指出:"阳光是最好的防腐剂。"②要让权力在阳光下行使,各方面做到公开透明。阳光行政要求政府权力公开,自觉接受公众监督,彻底转变职能部门的观念,防止政府腐败,从而保证社会公平公正。新时代的廉政文化建设关乎政治属性,廉政文化是意识形态的重要组成部分。马克思主义认为,意识形态具有鲜明的政治属性,是为政权服务的。阳光可以给权力消毒杀菌,确保权力的健康行使。列宁曾指出:"没有公开性

---

① 江泽民:《江泽民文选》(第3卷),人民出版社2006年版,第175页。
② 中共中央纪律检查委员会,中共中央文献研究室:《习近平关于党风廉政建设和反腐败斗争论述摘编》,中央文献出版社2015年版,第126页。

而谈民主性是很可笑的。"①同理,没有公开性去谈阳光防腐也是可笑的。这就要求把权力运行的各个层次、各个领域和各个环节都置于阳光之下,正确行使权力,切实做到为民、务实、清廉。习近平总书记指出:"思想纯洁是马克思主义政党保持纯洁性的根本,道德高尚是领导干部做到清正廉洁的基础。"②要守住道德底线,以高尚道德砥砺品格,实现廉洁自我。要坚持用高的标准去教育和引导广大党员坚定理想信念,增强宗旨意识,践行廉洁自律。③ 推进反腐倡廉建设,要把纪律和规矩挺在前面,坚决落实《中共中央政治局贯彻落实中央八项规定实施细则》,同时坚持依法治国和以德治国相结合。

习近平总书记领导和谋划,推动新时代史无前例的反腐败斗争。党的二十大报告中指出,"党风问题关系执政党的生死存亡",要"把握作风建设地区性、行业性、阶段性特点,抓住普遍发生、反复出现的问题深化整治,推进作风建设常态化长效化"。④ 党的二十大以来,纪检监察机关坚决落实党中央决策部署,一刻不停歇推动落实中央八项规定精神,深化纠治"四风"顽瘴痼疾。"腐败是危害党的生命力和战斗力的最大毒瘤,反腐败是最彻底的自我革命。"⑤坚决同任何消极腐败现象作斗争,巩固党的执政根基。强调民心是最大的政治,要做到权为民所用,充分体现全心全意为人民服务的宗旨。一体推进"三不腐"方略,做到不敢腐、不能腐、不想腐,提升党性觉悟,强化操守修养。坚持无禁区、全覆盖、零容忍,坚持重遏制、强高压、长震慑,坚持受贿行贿一起查,坚持有案必查、有腐必惩。要将正风肃纪反腐与深化改革、完善制度、促进治理贯通起来,用好"四种形态",综合发挥惩治震慑、

---

① 列宁:《列宁选集》(第1卷),人民出版社2012年版,第417页。
② 中共中央纪律检查委员会,中共中央文献研究室:《习近平关于党风廉政建设和反腐败斗争论述摘编》,中央文献出版社2015年版,第141页。
③ 唐忠宝,徐玉生:《论新时代廉政组织与廉政文化协同反腐及其机理》,《河南社会科学》,2018年第3期。
④ 《高举中国特色社会主义伟大旗帜为全面建设社会主义现代化国家而团结奋斗:在中国共产党第二十次全国代表大会上的报告》,人民出版社2022年版,第68页。
⑤ 《高举中国特色社会主义伟大旗帜为全面建设社会主义现代化国家而团结奋斗:在中国共产党第二十次全国代表大会上的报告》,人民出版社2022年版第69页。

惩戒挽救、教育警醒的功效。在以习近平同志为核心的党中央领导下,反腐败斗争取得了压倒性胜利并全面巩固,但形势依旧严峻复杂,必须继续加强新时代廉政文化建设,强化系统思维、把握内在关联、精心筹划设计、严密组织实施,推动惩治威慑、制度约束、提高觉悟等一体发力,增强廉洁自律的政治自觉和拒腐防变的思想防线。

二、新时代党的廉政文化建设的现实困境

党的十八大以来,以习近平同志为核心的党中央结合基本国情,将全面从严治党纳入新时代治国理政的重要战略布局,反腐败斗争取得了压倒性胜利。社会的发展进步,国际的严峻形势给党的建设带来新的考验,纵深推进全面从严治党,既要看到新时代党的廉政文化取得的显著成就,也要清醒地看到新的挑战。要结合党情国情,密切联系实际,推动新时代党的廉政文化建设高质量发展。

(一)开展形式单一,廉政建设载体不足

廉政文化建设开展的形式较为单一,首先表现在形式上缺乏创意。主要的模式是网络宣传,对大众喜闻乐见的活动开展不多。廉政教育讲究入情入理、合情合理,但在实际建设中较少结合当地特色,与地方廉政文化联动不够,体验式和沉浸式活动开展较少,没有将廉政文化建设渗透到社会生活各个方面,让人难以感受到廉政文化的重要性,达不到共鸣。缺乏情感意识,廉政观念难以入脑入心,难以激发爱廉意识。

其次是内容较为乏味。由于廉政文化教育资源有限,除了社会上发生的贪污腐败事件,还可以多维度去思考廉政文化,从不同角度出发,侧重各个要点去发掘资源。没有充分认识到中华优秀传统文化中所包含的廉政文化,未能借古喻今、借古讽今,对于廉政文化建设的思考不够。在优秀传统文化中有很多廉政故事,廉政故事具有鲜明的思想导向、独特的价值引领和鲜活的育人功能,承载历代官吏清正廉洁、刚正坚毅、造福人民的崇高精神,

能够极大地调动积极性,但是在廉政文化建设过程中未能把这些故事讲活,以现实角度切中听者需求。

最后体现在平台上局限。不能够较好地整合互联网媒体平台资源,如地铁广播、企事业单位网页专栏及公众号等,未能够很好地运用网络科技手段交互式、全息式传播廉洁文化内涵及廉洁"公仆"的事迹,不能够为领导干部和普通大众带来听觉、视觉等多重感官维度的冲击,做到稳步推动廉政文化建设。

(二)廉政教育缺失,廉政建设底气不足

在中国传统文化中提到"学而优则仕",导致在教育过程中更多去关注知识技能、智力培育而忽视了廉洁育人、道德育人。廉政文化建设以弘扬廉政文化、传播廉政知识为主线,以有效预防抵制腐败、弘扬风清气正、鞭挞歪风邪气为目标,推进社会进步,构建公平正义、清正廉洁、和谐有序的社会。在廉政教育过程中,多数人受到惯性思维的影响认为廉政文化建设主体是领导干部,与群众关联不大,很少主动关注,重视程度不够,反腐思想意识薄弱。近些年,腐败案件时有发生,涉案人员既有领导干部也有普通群众,涉及各行各业,多个领域。这些案件时刻在敲响警钟,究其原因,除了自身原因之外,廉政文化建设教育不完善也是其中的原因之一。思想是行动的先导,习近平总书记强调:"必须坚持把思想建设作为党的基础性建设。"①但是总的来看,部分领导干部容易受到不良思潮的影响,对廉政文化建设缺乏全面系统的认识。除了在对国家公职人员的岗前培训里涉及廉政文化建设,在社会其他企事业单位较少涉及廉洁文化建设,未能将廉洁文化建设单列开来作为专题对在职人员进行培训。腐败不仅出现在政府部门,在社会其他行业也会存在,由于廉政教育的缺失,社会上的腐败案件也颇有涨幅,腐败现象一直难以根治,导致廉政文化建设流于形式,不法分子有机可乘。廉政教育作为提高领导干部、人民群众思想觉悟、品德修养的重要手段,必须

---

① 习近平:《习近平谈治国理政第四卷》,外文出版社 2022 年版,第 550 页。

加强力度,扩大覆盖面,使各行各业都能够形成廉洁风气。

(三)制度规范滞后,廉政建设存在缺口

廉政制度主要包括规章制度、行为准则、职业道德规范三方面内容,是领导干部或相关公职人员在工作实践中需要严格遵守的标准。制度体现规律性,具有根本性、全局性和长期性的特征,廉政制度在廉政文化建设中具有重要作用。腐败产生的根源在于制度缺失或制度漏洞,所以预防腐败制度建设始终是各国廉政治理的重中之重。党的十八大以来,党中央坚持全面从严治党,补齐党内法规制度短板,不断扎紧织密制度笼子,已经形成比较完善的党内法规体系,但是部分制度规范过于模糊,缺乏细节支撑,仍然存在空白和滞后情形,在应对和解决一些新问题时,心有余而力不足。制度反腐除了反腐制度,还应该包括人事制度、信息管理制度、风险防控机制等制度安排,需要统筹规划、筑成系统、久久为功。在中国共产党第十八届中央纪律检查委员会第六次全体会议上,习近平总书记首次提出"微腐败"概念,微腐败更多体现在基层,一些基层干部生活腐化、信念不牢,工作粗暴、以权谋私,官僚气息严重,这些都是"微腐败"的重要表现。有些基层地区地处偏远、交通不便、经济落后、信息闭塞,对于基层干部的培训制度不健全、奖惩制度不合理、责任体系不明确,导致基层廉政文化建设存在制度缺口,给腐败留下了滋生空间。

(四)组织领导力不够,廉政建设边缘化

廉政文化组织领导力不够,往往把这一重要工作推给纪检监察机关,未能从全局和政治的高度加以重视和组织领导,存在廉政文化建设边缘化问题。有些企事业单位,没有设置专业的纪检监察机关,廉政文化建设相关岗位职责不明确,存在责任模糊地带,造成不作为、少作为。部分检察监督岗位由单位领导或退休人员担任,难以发挥应有的监督作用,也暴露出纪检人员专业水平薄弱,监察意识不足,不能敏锐地发现廉政风险,往往督查效率不高。如果这些情况出现在高校、医院、国企等涉及钱财流动性较大的单

位,可能造成廉政风险的环节涉及面广,阻碍廉政文化建设。廉政文化建设是一项需要长期开展、有序推进的工作,组织领导力不够会阻碍廉政文化建设的有效推进。部门之间的职责推诿、领导干部的认知局限、廉洁意识的淡泊都将对廉政文化建设造成一定影响。开展廉政文化建设,多由纪律监察部门牵头,较多体现在政府单位、事业单位,受众群体更多是领导干部,对于普通群众的廉政教育无法深入开展。即使会向企业单位下发阶段性的文件,但具体实施效果如何,未能建立一个明确的监督机制去进行评测。

三、新时代党的廉政文化建设的提升路径

新时代对廉政文化提出了更高要求,党中央一直重视廉政文化建设,中共中央办公厅印发的《关于加强新时代廉洁文化建设的意见》明确提出全面从严治党既要靠治标,也要靠治本,只有正心修身、涵养文化,才能守住为政之本。通过融合科技、贴近生活、思想教育、传承文化等路径,推动廉政文化建设纵深发展,引导领导干部廉洁从政,群众廉洁修身。

(一)融合科技,运用新兴媒体

互联网具有共享性、交互性和实时性,要充分利用互联网,融合科技探索反腐倡廉新模式。在加强廉政文化建设的过程中,要重视新媒体技术的引入,使"廉政文化"网页和栏目专题化,运用抖音、小红书、微信公众号等新媒体手段,扩大廉政文化的覆盖面,用廉政文化占领思想阵地,提升廉政文化育人的实效性。社会的发展进步使科技普遍适用于治国理政,ChatGPT 也将对廉政文化建设产生广泛影响。自 2022 年 11 月底发布以来,ChatGPT 用户活跃,受到极高地关注,短短几天,注册用户数就超过了 100 万人次,其发展速度完胜了任何其他互联网应用,引领了互联网领域新的技术革命。将ChatGPT 用于廉政文化建设,能够大幅提升廉政治理决策的科学性、严密性、及时性和有效性。ChatGPT 能够根据决策者所提出的目标进行合理的分析、规划,结合经济发展状况、廉政制度等因素给出具体的可行方案,做出科学

决策。能够为不同人群、不同阶层的人提供广泛、专业、高效的廉政教育，形成"不想腐、不敢腐"的社会效应。人工智能技术将大大提高反腐倡廉的有效性，ChatGPT的使用将推进廉政文化建设更深层次更高质量的发展。

（二）贴近生活，创新教育方式

文化的传承与弘扬需要载体，廉政文化建设离不开物化的形式，廉洁教育对于弱化腐败动机具有不可替代的重要作用，加强廉政文化建设，就需要从日常生活中挖掘各种与廉政文化相关的元素，扩大廉政文化的影响力和吸引力，做到喜闻乐见，摒弃乏味、枯燥的教育方式。廉政文化是廉政建设的精神核心和价值之魂，宣传方式必须适应广大群众的实际生活，激起领导干部和普通群众的学习兴趣。一是定期开展廉政文化活动。借助各市宣讲团、高校教师等社会力量在街道、社区进行廉政文化宣讲；在商场、小区、地铁投放廉政文化电影；免费开放廉政文化教育基地，增强廉洁自律的意识；开展"清""正""廉""洁"的书法、文艺汇演、情景剧展示等。二是加大廉政文化基础设施建设，将廉政文化与基础设施有机融合。在公园、小区健身器材旁贴上标语、警句，投放LED显示屏，将廉政文化融入日常生活。三是加大廉政文化物质载体建设，在公众场所设置宣传栏、阅览室，创办刊物和公众号，同时利用网络平台强化廉政文化，达到以廉化人。四是加强廉政文化景观建设，文明城市的创建让越来越多的城市变得洁净和美丽，定期更换景观植物，让城市面貌焕然一新。可以在显著位置悬挂廉政标语，标挂反腐倡廉名言警句和警示教育牌，在潜移默化中发挥廉政育人作用。

（三）转变思维，提高思想认识

党的二十大报告中明确指出："加强新时代廉洁文化建设，教育引导广大党员、干部增强不想腐的自觉。"思想问题是一切问题的根源，通过转变思维，提高对廉政文化的认识，产生思想行为上的自觉，从根本上解决反腐倡廉问题。习近平总书记在十九届中央纪委六次全会上发表重要讲话强调："领导干部特别是高级干部要带头落实关于加强新时代廉洁文化建设的意见,从思想上固本培元,提高党性觉悟,增强拒腐防变能力。"领导干部要注重治本、注重预防,增强防腐拒变"免疫力",从源头上防治腐败。随着社会的发展进步,网络意识形态的侵蚀逐渐明显,部分干部、群众的思想认识、价值取向、信念追求等方面出现了认识偏差、价值错位,抵御外界风险诱惑能力较差,容易形成错误的价值判断和思想认识,需要增强忧患意识、居安思危,凝聚思想共识,构建健康的价值观。正人先正己,领导干部要做到"吾日三省吾身",不断筑牢心理防线,在面对各种权色诱惑时,敢于用习近平新时代中国特色社会主义思想武装头脑,克服错误心态。不能认为"收钱好办事",从收取小礼小惠滑到腐败"沼泽",越陷越深。自觉接受他人监督,不能在"糖衣炮弹"中迷失自我,要注重品行修养,增强清正廉洁的廉德修养,做到"常修为政之德,常思贪欲之害,常怀律己之心",忠言逆耳可以促使自己时刻保持清醒的头脑。面对身边亲友的"拆台子""扫面子",要转变思维,听之受益,从中思考是否存在这些问题,不能独断专行,一意孤行。要保持宽广胸襟,主动听取不同声音,加强交流,防止决策失误、工作失向。

(四)借古治腐,传承廉政文化

2022 年中共中央办公厅印发的《关于加强新时代廉洁文化建设的意见》中强调,要注重继承和发扬我们党清正廉洁的优良传统,挖掘和利用中华优秀传统文化,不断推进廉政文化建设理论和实践创新。中华民族具有丰富的廉政文化遗产,传统文化中蕴含着丰富的廉政文化思想,其中许多廉政论述对于新时代的廉政文化建设起到不可替代的作用。清廉为官、清廉政府是中华民族的历史传承。如明代薛瑄在《从政录》中说:"有见理明而不妄取者;有尚名节而不苟取者;有畏法律保禄位而不敢取者。"将廉洁分为三等,分别对应三种境界,"不妄取者""不苟取者""不敢取者"①。清代廉吏张伯行在出任江苏巡抚时,为谢绝送礼行贿专门写了《禁止馈送檄》:"一丝一粒,我之名节;一厘一毫,民之脂膏。宽一分,民受赐不止一分;取一文,我为人

---

① 王爽:《政德:传统文化中的执政智慧》,华文出版社 2019 年版,第 172 页。

不值一文。谁云交际之常,廉耻实伤;倘非不义之财,此物何来?"①从这篇56字的文章可以看出张伯行的浩然正气。这些清官廉吏所倡导的节俭修身、廉洁奉公、勤政爱民等道德观念、价值理想和情操美德,为新时代廉政文化建设提供了宝贵的、丰富的精神文化资源。廉政文化作为中华优秀传统文化和社会主义先进文化的重要组成部分,是一种先进的文化,能够涵养党员干部的廉政价值观,提升思想道德情操和高尚人格,教化、引导约束和鼓励人们。因此,要加强对廉政文化的继承,将名言、典故转化为廉政教育资源,将优秀传统廉政文化与当前党风廉政建设有机结合,做到借古喻今,达到借古治腐的效果。

(五)完善机制,强化组织领导

制度反腐,是我国反腐斗争的重要策略,必须统筹全局,建立健全新时代廉政文化建设制度。在新形势下,要结合时代发展,以各个时期的廉政制度为借鉴,建设新时代廉政制度,防止制度滞后。对以前存在的薄弱环节与不足之处查缺补漏,防止制度规范空白、空缺。一是制定严格的任用提拔制度。制定任免标准,划分管理权限,落实责任。党的二十大报告中指出:"建设堪当民族复兴重任的高素质干部队伍。"对于领导干部的选用、聘用,必须选贤举能,选择思想觉悟高,工作能力强的干部。二是认真执行廉政建设责任制。廉政建设的核心是反腐倡廉建设,在廉政建设的过程中,部分干部"事不关己 高高挂起"的工作风气令人寒心,认为廉政建设只是纪检部门的事情,忽视了其他部门协同配合的重要性。这就要求去认真执行廉政建设责任制,提升干部思想的纯洁性,强化其言行一致,在提高干部理论素养与工作能力的同时,贯彻为人民服务的宗旨,促进形成求真务实、艰苦奋斗的工作作风。② 三是完善民主监督制度。监督制度发挥着重要的保障作用,建立多种反馈渠道如微信公众号、网站专栏、邮箱、信箱等对领导干部的言行

---

① 王爽:《政德:传统文化中的执政智慧》,华文出版社2019年版,第175—176页。
② 杨永华:《陕甘宁边区法制史稿》(宪法、政权组织法篇),陕西人民出版社1992年版,第467—468页。

举止进行监督,能够督促其形成"清""正""廉""洁"的作风。民主监督能够与纪检机关部门相互联结,提高反腐倡廉的效率,密切党与群众之间的联系。要以民主监督为基础,查缺补漏,从源头上防止腐败,提升党内的廉政自觉。

新时代廉政文化建设是治国理政的重要组成部分,也是长期以来思考的话题,在任何时候都需要认真对待。党和国家一直重视廉政建设并与时俱进地调整总体思路和基本方式。进入新时代,面对百年未有之大变局和各种考验,党中央指出,全面从严治党既要猛药去疴、重典治乱,也要正心修身、守住为政之本。清正廉洁对于做人做事都具有重要意义,在面对廉洁意识淡薄、政治立场动摇等问题时要积极吸纳古代廉政文化的优秀成分以及在各个时期形成的廉政资源,不断地提升政治觉悟,守住道德底线。